普通高等教育汽车类专业精品规划教材

车辆工程导论

主　编　李　昊
副主编　武志斐　崔亚平

北京理工大学出版社
BEIJING INSTITUTE OF TECHNOLOGY PRESS

内容简介

本书针对车辆工程专业低年级学生编写，以帮助学生了解车辆工程行业发展现状，了解车辆工程专业的课程设置、实践内容和主要的科技创新活动；帮助学生尽快地找到车辆工程专业的学习方法，建立学生对车辆工程专业的情感和责任心并引导其专业兴趣的发展，为后续的专业学习打下良好的基础。

全书共分 7 章，主要内容有车辆工程行业认识、车辆工程专业认识、车辆工程师之路、汽车基本原理与构造、汽车试验与标准、新能源汽车技术和无人驾驶汽车。

本书可作为高等学校车辆工程专业的专业导入课程教材，也可供对车辆工程专业感兴趣的人员学习和参考。

版权专有　侵权必究

图书在版编目（CIP）数据

车辆工程导论 / 李昊主编. — 北京：北京理工大学出版社，2019.9（2024.2 重印）
ISBN 978-7-5682-7608-5

Ⅰ.①车⋯　Ⅱ.①李⋯　Ⅲ.①车辆工程 – 高等学校 – 教材　Ⅳ.①U27

中国版本图书馆 CIP 数据核字（2019）第 210530 号

出版发行 / 北京理工大学出版社有限责任公司
社　　址 / 北京市海淀区中关村南大街 5 号
邮　　编 / 100081
电　　话 / (010) 68914775（总编室）
　　　　　 (010) 82562903（教材售后服务热线）
　　　　　 (010) 68948351（其他图书服务热线）
网　　址 / http://www.bitpress.com.cn
经　　销 / 全国各地新华书店
印　　刷 / 三河市华骏印务包装有限公司
开　　本 / 787 毫米 × 1092 毫米　1/16
印　　张 / 13.25　　　　　　　　　　　　　　　　　　责任编辑 / 钟　博
字　　数 / 312 千字　　　　　　　　　　　　　　　　　文案编辑 / 毛慧佳
版　　次 / 2019 年 9 月第 1 版　2024 年 2 月第 3 次印刷　责任校对 / 周瑞红
定　　价 / 39.00 元　　　　　　　　　　　　　　　　　责任印制 / 李志强

图书出现印装质量问题，请拨打售后服务热线，本社负责调换

前 言

汽车是一种复杂的机电产品，汽车的设计和制造涉及机械电子、能源化工、信息科学等多个学科，具有鲜明的多学科交叉融合特点。目前，中国在全球汽车制造业中的市场份额约为30%，已经成为世界汽车制造大国。国家信息中心的分析指出，汽车行业与相关行业的就业关系比例为1:7，即汽车行业中每增加一个就业岗位，就会带动相关行业增加7个就业岗位，为汽车人才的培养提出了具体的需求。

随着汽车产业的高速发展，汽车的技术也在飞速变革，新能源汽车、电动汽车、智能汽车已经由最初的概念逐步成为现实。2016年，中国的新能源汽车产、销量已居世界第一位，特别是纯电动汽车的产、销量达到41.7万辆和40.9万辆。汽车已经由最初的单纯依靠内燃机驱动转向混合动力驱动和纯电力驱动。在汽车制造材料的发展方面，"以塑代钢"、轻型蜂窝材料、合金材料、3D打印等新材料和新工艺成为汽车制造材料发展的一个趋势；汽车智能化、网联化发展是汽车技术发展的又一趋势。大数据、云计算和移动互联技术的迅速发展，为汽车技术的变革提供了一个新的平台。德国的"工业4.0"、中国的"中国制造2025""互联网+"概念的提出，使融合先进传感设备和控制执行设备的新型"车路感知智能网联汽车"成为新一代的汽车。作为机械工程学科下属的二级学科，车辆工程专业的培养目标是培养具备车辆工程领域设计理论、制造技能及应用能力的专门人才。基于汽车工业的特点，要求高校培养的车辆工程技术人才具备多学科的视野和不断创新的能力。

在本书编写过程中，编者结合教学实际及车辆工程专业的主要特点，以导论性课程为基础，并参考同类教材和相关文献，从教学实际出发，力求使教材内容概念表达准确、知识结构合理、教学安排层次清晰，并进一步突出导论课程的主要特点。全书共分7章，前5章从汽车的发展历史讲起，分别介绍汽车行业的发展、专业的发展、人才的培养、汽车的基本结构和试验方法；后2章为汽车前沿技术，分别介绍新能源汽车技术的发展情况和最新的无人驾驶汽车技术的发展现状。每章后面附有扩展阅读材料，可扩展学生的视野，使学生了解更多相关知识。

本书由燕山大学李昊教授担任主编，太原理工大学武志斐副教授和燕山大学车辆与能源学院高级实验师崔亚平担任副主编。李昊编写了本书第1~3章，武志斐编写了本书第4、6、7章，崔亚平编写了本书第5章。研究生赵阳、李贺、张校锋、温俊亮、汪运鹏、张熙等为本书部分文字和绘图工作提供了帮助。

由于编者水平有限，书中不妥和疏漏之处在所难免，欢迎读者批评指正。联系方式：lihao@ysu.edu.cn。

编 者
2019年4月

目 录

第1章 车辆工程行业认识 ··· 1
  1.1 汽车与人类文明 ··· 1
    1.1.1 飞蓬转而知为车 ··· 1
    1.1.2 发动机的演变 ··· 4
    1.1.3 汽车的发明 ··· 6
  1.2 世界汽车工业 ··· 8
    1.2.1 国外主要汽车企业 ··· 8
    1.2.2 汽车工业史上的重大变革 ··· 12
  1.3 中国汽车工业 ··· 14
    1.3.1 中国的汽车梦 ··· 14
    1.3.2 中国主要汽车公司 ··· 16
    1.3.3 在中国的世界汽车子公司 ··· 19
  1.4 汽车行业与社会 ··· 21
    1.4.1 汽车在国民经济中的地位 ··· 21
    1.4.2 汽车与环境 ··· 23
  扩展阅读 ··· 29

第2章 车辆工程专业认识 ··· 30
  2.1 车辆工程专业的发展历程 ··· 30
    2.1.1 2012年之前的车辆工程专业 ··· 30
    2.1.2 2012年之后的车辆工程专业 ··· 32
  2.2 车辆工程专业的培养目标和课程体系 ··· 35
    2.2.1 车辆工程专业的培养目标 ··· 35
    2.2.2 车辆工程专业的课程体系 ··· 37
  2.3 车辆工程与其他学科的关系 ··· 38
    2.3.1 车辆工程与数学 ··· 38
    2.3.2 车辆工程与力学 ··· 39
    2.3.3 车辆工程与材料 ··· 40
    2.3.4 车辆工程与人文 ··· 41
  扩展阅读 ··· 45

第3章 车辆工程师之路 ··· 52
  3.1 车辆工程师概述 ··· 52

3.1.1　工作内容和行业前景……………………………………………………52
　　　3.1.2　车辆工程专业人才的类型……………………………………………52
　　　3.1.3　车辆工程师的类型……………………………………………………55
　3.2　车辆工程师的基本素养……………………………………………………………64
　　　3.2.1　车辆工程专业人才的知识构成…………………………………………64
　　　3.2.2　车辆工程专业对人才实践能力的要求…………………………………66
　　　3.2.3　车辆工程专业对人才创新意识的要求…………………………………69
　3.3　车辆工程科技活动…………………………………………………………………71
　　　3.3.1　中国大学生方程式汽车大赛系列赛事…………………………………71
　　　3.3.2　全国大学生"飞思卡尔杯"智能汽车竞赛………………………………79
　　　3.3.3　中国智能车未来挑战赛…………………………………………………82
　扩展阅读…………………………………………………………………………………84

第4章　汽车基本原理与构造……………………………………………………………88
　4.1　汽车行驶的基本原理………………………………………………………………88
　　　4.1.1　汽车行驶过程……………………………………………………………88
　　　4.1.2　汽车制动过程……………………………………………………………89
　　　4.1.3　汽车控制过程……………………………………………………………92
　4.2　汽车"心脏"的构造…………………………………………………………………95
　　　4.2.1　发动机的分类……………………………………………………………95
　　　4.2.2　发动机的工作原理………………………………………………………97
　　　4.2.3　发动机的性能指标………………………………………………………101
　4.3　汽车底盘结构认识…………………………………………………………………102
　　　4.3.1　汽车总体构造……………………………………………………………102
　　　4.3.2　汽车底盘…………………………………………………………………103
　4.4　汽车车身……………………………………………………………………………109
　　　4.4.1　汽车造型变迁……………………………………………………………109
　　　4.4.2　汽车色彩…………………………………………………………………114
　　　4.4.3　车身与车架构造…………………………………………………………117
　扩展阅读…………………………………………………………………………………119

第5章　汽车试验与标准…………………………………………………………………120
　5.1　汽车试验的发展……………………………………………………………………120
　　　5.1.1　汽车试验的发展历程……………………………………………………120
　　　5.1.2　汽车试验的发展趋势……………………………………………………121
　　　5.1.3　汽车试验的分类…………………………………………………………123
　5.2　汽车试验标准及过程………………………………………………………………125
　　　5.2.1　汽车试验标准的特点和分类……………………………………………126
　　　5.2.2　道路试验方法通则………………………………………………………127

  5.2.3 试验的过程 …………………………………………………… 129
 5.3 汽车试验设备与设施 ……………………………………………… 132
  5.3.1 典型试验设备 …………………………………………………… 132
  5.3.2 室内模拟试验 …………………………………………………… 138
  5.3.3 试验场地的功能、类型和相关设施 ………………………… 149
 扩展阅读 ………………………………………………………………… 156

第6章 新能源汽车技术 ………………………………………………… 160
 6.1 新能源汽车的发展现状 …………………………………………… 160
  6.1.1 新能源汽车的定义 …………………………………………… 160
  6.1.2 新能源汽车的发展背景 ……………………………………… 163
  6.1.3 新能源汽车的发展趋势 ……………………………………… 164
 6.2 电动汽车的分类 …………………………………………………… 164
 6.3 新能源汽车的储能 ………………………………………………… 165
  6.3.1 蓄电池 ………………………………………………………… 165
  6.3.2 燃料电池 ……………………………………………………… 166
  6.3.3 太阳能电池 …………………………………………………… 168
  6.3.4 超级电容器 …………………………………………………… 168
  6.3.5 飞轮储能 ……………………………………………………… 169
  6.3.6 液压储能 ……………………………………………………… 170
 6.4 电动机驱动系统 …………………………………………………… 171
 6.5 能量管理系统 ……………………………………………………… 174
  6.5.1 能量管理系统的功能 ………………………………………… 174
  6.5.2 能量管理系统的类型 ………………………………………… 175
  6.5.3 制动能量的利用 ……………………………………………… 177
 扩展阅读 ………………………………………………………………… 179

第7章 无人驾驶汽车 …………………………………………………… 180
 7.1 无人驾驶汽车的产生、发展与体系结构 ………………………… 180
  7.1.1 无人驾驶汽车的产生 ………………………………………… 180
  7.1.2 无人驾驶汽车的发展 ………………………………………… 181
  7.1.3 无人驾驶汽车的体系结构 …………………………………… 182
 7.2 无人驾驶汽车的环境感知 ………………………………………… 184
  7.2.1 环境感知的常用传感设备 …………………………………… 185
  7.2.2 基于机器视觉的道路识别 …………………………………… 188
  7.2.3 行驶环境中的目标检测 ……………………………………… 189
 7.3 无人驾驶汽车的定位与导航 ……………………………………… 190
  7.3.1 GPS与定位数据融合技术 …………………………………… 190
  7.3.2 地图创建技术与SLAM ……………………………………… 192

  7.3.3 无人驾驶汽车路径规划 ………………………………………… 193
 7.4 无人驾驶汽车的控制技术 ……………………………………………… 194
  7.4.1 无人驾驶汽车运动控制 ………………………………………… 194
  7.4.2 无人驾驶汽车稳定性控制 ……………………………………… 196
  7.4.3 车联网与车路协同 ……………………………………………… 197
扩展阅读 …………………………………………………………………………… 201
参考文献 …………………………………………………………………………… 203

第1章 车辆工程行业认识

1.1 汽车与人类文明

1.1.1 飞蓬转而知为车

1. 车轮的出现

"飞蓬转而知为车"出自《淮南子·说山训》中"见窾木浮而知为舟,见飞蓬转而知为车"。"飞蓬"是一种草,它的叶子呈轮状而随风旋转,传说我们的祖先因此受到启发而发明了车轮,但这只是一个传说。实际上,车轮的发明有其发展过程,并非只是受到启发就能将车轮制造出来。在掌握锋利而坚固的工具之前,人类不可能制造出车轮,因为用石器根本无法完成这种复杂的制作(即使是实木的圆板车轮也制造不出来,更不必说带辐条的车轮了),因此,车轮诞生的时间是在青铜器时代之后。最早的车轮是实心的,人类在社会的发展过程中,逐渐认识到将重物放在圆木上拖着走可将其转运,并且比较省力。后来人们用实木圆板代替圆木转运重物。这种实木圆板轮子制造方法简单,只需用木钉将木板固定在一起,再将它安在车轴上即可。

空心带有辐条的车轮最早出现在美索不达米亚,美索不达米亚是纵贯伊拉克境内的幼发拉底河与底格里斯河之间的区域,当时从中亚迁徙到美索不达米亚的苏美人建立了最早的城市,并开始了对车轮和战车的研究。一种说法是他们从陶工那里受到了启发,因为陶工们用旋转的轮子制造陶器。大约在公元前3000年,美索不达米亚的工匠挖去了实木车轮中的一些木料,制造出了空心车轮,这就是最早的带辐条的车轮(图1.1)。车轮的发明和制造节省了人的体力,开创了人类使用交通工具进行人或货物运载的新纪元。

图1.1 最早的带辐条的车轮

2. 车的产生

自从车轮出现之后,车也应运而生。根据史料记载,在公元前1600年的商代,我国就可以生产出相当高级的两轮车,其车轮是辐条形式的。到西周时期(约公元前771年),制造马车的技术就已经相当成熟,马车也逐渐盛行。2014年,我国考古队在陕西周原遗址发现的西周时期大型马车,可以证实当时马车的盛行程度。出土的马车轮毂上包着铜片,车厢壁上装饰着青铜兽面,拉车的马匹还佩戴着皮质套具,考古人员推断这辆马车是商周时代最为"豪华"的大型马车。在春秋战国时期

（公元前770—前221年），马车被当作战车使用，这促进了造车技术的进一步发展。自秦始皇统一六国之后，中国的经济空前发展，文化繁荣昌盛，国家大兴修路（当时称为驿道），形成以咸阳为中心的四通八达的陆地交通网。陕西秦始皇兵马俑博物馆的馆藏国宝级文物——秦陵铜马车的制造工艺就可以证实当时造车技术的先进程度。该铜马车主体为青铜所铸，成功地运用了铸造、焊接、镶嵌、销接、活铰连接、转轴连接等各种工艺技术，并将其完美地结合为一个整体。陕西临潼秦始皇陵出土的铜马车（图1.2）的样式，可以代表秦代车辆的制造水平。

图1.2　陕西临潼秦始皇陵出土的铜马车

三国时期，诸葛亮为了北伐曹魏，亲自率军北出祁山。为了在崎岖的山路上运送粮草，诸葛亮设计制造了一种名为木牛流马的运粮车。据说这种运粮车可以自己行走，从而省去不少人力，但其实并非如此，这种运粮车就是一种装了闸的人推四轮小车。三国时期还有一位辅佐魏明帝的工匠大技师叫马钧，他发明了指南车（图1.3），这种车无论向什么方向行驶，车上小人的手始终指向南方。此外，中国是世界上最早发明里程记录仪器的国家，早在公元3世纪时就已经发明了用来记录里程的记里鼓车（图1.4）。这种记里鼓车每行驶500 m，车上的小木人就击鼓一次；每行驶5 000 m，另一个小木人就会敲锣一次。指南车和记里鼓车均是根据齿轮传动原理工作的。这些车辆的出现足以证明我国在1 700多年前造车技术达到的水平，它们是我国造车技术的卓越成就。在宋代，有位进士叫燕肃，是一位机械工匠，他向皇帝详细奏表了指南车和记里鼓车的制造方法，经允许，他重新制造了指南车和记里鼓车。

图1.3　指南车

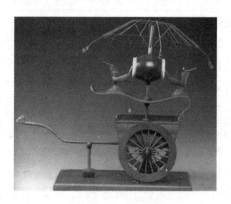

图1.4　记里鼓车

公元前1600年，古埃及也已经使用两轮马车作为战车（图1.5）。16世纪的欧洲已经进入"文艺复兴"的前夜，欧洲的马车制造技术大幅提高。中世纪的欧洲大量发展了两轴四轮马车，这种马车安装有转向盘。在车身方面，出现了活动车门和封闭式结构，并且在车身和车轴之间用弹簧连接，使乘坐之人感觉更加舒适。

图1.5 古埃及战车

以上所有的车均是依靠人力或者畜力作为驱动力行驶的，但人类对车的探索仍然在继续，人们渴望制造出能自己行驶的车辆。早在1420年，有人制造了一种滑轮车（图1.6），人可以坐在车里面，依靠人力拉动绳子带动滑轮转动，虽然车可以行驶，但很费力，毕竟人的体力有限，而且这种车的速度甚至比人的行走速度还低，所以没有得到推广。1600年，荷兰人西蒙·斯蒂芬发明了双桅风帆车（图1.7），该车在风力的驱使下创造了令人难忘的一幕：28名乘客坐于其中，该车的行驶速度曾经达到34 km/h。但由于这种车在逆风和无风时都无法行驶，因此没有太大的使用价值。1649年，德国钟表匠郝邱制造出了一台发条车（图1.8），这种车需要先上发条才能行驶，并且走一段距离后还要再上发条，导致工作强度太大，因此也没有得到推广。

图1.6 滑轮车　　　　图1.7 双桅风帆车　　　　图1.8 发条车

车是人类不断探索、勇于实践的智慧结晶。从车轮的发明到马车、独轮车、作战的战车、指南车、记里鼓车、发条车、滑轮车等，都是人们不断创新的体现。车的发明不仅使人们省去了搬运货物的体力，还为人们的出行带来了方便。但是人们依旧渴望制造出具备更加优良性能的自走车辆，这就促使人类发明和创造出可以提供动力的机械设备来驱动车辆行驶。人们对自走车辆的幻想与探索不断推动着车辆的发展。

1.1.2 发动机的演变

1. 瓦特改良的蒸汽机

以人力或畜力为动力的车辆有诸多局限性,所以人们不断探索更加先进的驱动设备以驱动车辆行驶,这便促进了发动机的产生和发展。回顾发动机产生和发展的历史,它经历了外燃机和内燃机两个发展阶段。外燃机就是燃料在发动机的外部燃烧,发动机将这种燃烧产生的热能转化成动能。瓦特改良的蒸汽机就是一种典型的外燃机。内燃机是相对于外燃机而言的,这一类型的发动机与外燃机的最大不同在于燃料在其内部燃烧。内燃机的种类繁多,常见的汽油机和柴油机就是典型的内燃机。

过去人们依靠人力或者畜力、风力等转动机器,为了改变这一现状,瓦特经过30年的苦心钻研,改良了蒸汽机。这个过程并不像人们说的瓦特看到水壶里喷出蒸汽,把壶盖子顶开,就触动了他改良蒸汽机那么简单。完成蒸汽机的改良并非瓦特一人之功,他是在两个好朋友——鲍尔顿和马特克的帮助之下完成的。改良蒸汽机的出现将研制汽车的进程向前推动了一大步。

瓦特改良的蒸汽机是外燃机,它是车辆自备动力源驱动汽车行走的标志。但蒸汽机的发明并不单单推动了车辆的发展,更是第一次工业革命的标志。瓦特改良的蒸汽机推动了工业的飞速发展,人类进入了蒸汽时代,从此以机器代替手工业的时代来临了。到17世纪后期,蒸汽压力装置、活塞运动机构等技术纷纷出现。不久之后,瓦特改良了蒸汽机(图1.9),将蒸汽冷凝产生真空进而产生动力的方式改为直接利用蒸汽压力的方式,制造出了曲轴(变往复直线运动为回转运动的机构),不仅使蒸汽机进入了实用阶段,并且加速了依靠自身动力(而不是人力或畜力)驱动车轮回转车辆的诞生。

2. 内燃机的产生

外燃机是通过煤炭或柴火等燃料燃烧产生的热量把锅炉中的水烧开,从而产生蒸汽推动活塞运动,进而通过曲轴转化为

图1.9 瓦特改良的蒸汽机

回转运动,完成能量的转化进而使车辆行走。外燃机不仅使用麻烦(需要人为烧火),能量利用率也非常低,仅有10%左右,能量浪费严重,所以,人们就产生了利用燃料燃烧急速膨胀并产生热能的特性,使燃料在气缸中直接燃烧,实现化学能直接转化为机械能,推动车辆行走的想法。这种想法促进了内燃机的诞生。相对于外燃机而言,内燃机是通过燃烧内部燃料产生高温高压,进而利用高压推动机械运转的设备。

1749年,英国的斯垂特首次提出了燃料与空气混合成可燃混合气的理论。1801年,法国化学家菲利浦采用通过煤干馏过程得到的煤气和氢气作为燃料,制成一台活塞发动机,从此内燃机迈出了开拓性的一步。

3. "三大循环"

19世纪初,蒸汽机在工业和交通运输中的作用越来越重要,但关于蒸汽机把热能转变为机械能的理论却未形成。法国军事工程师卡诺(Carnot,1796—1832)于1824年出版了

《关于火的动力的思考》一书，总结了他早期的研究成果。卡诺以找出热机不完善性的原因作为研究的出发点，阐明从热机中获得动力的条件就能够改进热机的效率。卡诺分析了蒸汽机的基本结构和工作过程，撇开一切次要因素，由理想循环入手，以普遍理论的形式，得出了关于消耗热而得到机械功的结论。他指出，热机必须在高温热源和低温热源之间工作，"凡是有温度差的地方就能够产生动力；反之，凡能够消耗这个力的地方就能够形成温度差，就可能破坏热质的平衡"。

1866 年，德国的工程师奥托在"卡诺循环"的基础上，经过研究与思考，提出了"奥托循环"，制造出了立式的四行程煤气内燃机。这种发动机具有转动平稳、噪声小等优良性能，并且对工业影响很大。该内燃机通常用汽油作为燃料，故也称为汽油机。同年，奥托在他的得力助手梅巴哈的帮助下制造出了一台卧式的四行程煤气内燃机，这就是闻名于世的奥托内燃机（图 1.10）。奥托于 1877 年 8 月 4 日获得了四行程内燃机的专利，人们一直将四行程的内燃机循环运作过程称为"奥托循环"，奥托也因此作为内燃机的奠基人被载入史册。

自四行程煤气内燃机问世后，制造发动机的技术不断成熟，内燃机具有更加优良的性能。当时内燃机的燃料主要是煤气和汽油，但是在当时的条件下，这两种燃料的携带和存储极为不便。在 19 世纪末，石油产品是极为罕见的，价格也非常高。寻找更合理的

图 1.10　奥托制内燃机

燃烧方式，用廉价的燃料代替昂贵紧缺的煤气和汽油，实现内燃机高效率、低成本地运行成为当时急需解决的问题。

1892 年，狄塞尔提出了压燃式柴油发动机的理论，提高内燃机的压缩比，利用压缩产生的高温高压点燃油料。后来，这种压燃式发动机循环便被称为"狄塞尔循环"。迪塞尔出生于巴黎，由于其父母是德国移民而遭到法国当局驱逐，家中窘困潦倒。但他从小刻苦学习，在慕尼黑高级技术学院毕业之后成为一名冷藏工程师。在工作中，狄塞尔深感当时的蒸汽机效率极低，因此萌发了设计新型发动机的念头。在积累了一些资金后，狄塞尔辞去了冷藏工程师的职务，自己开办了一家发动机实验室。针对蒸汽机效率低的弱点，狄塞尔专注于开发高效率的内燃机。当时尼古拉斯·奥托发明的点火式内燃机技术已经比较成熟，但发动机的燃料是煤气，储存、携带均不便，于是狄塞尔决定选用植物油来解决机器的燃料问题。因为植物油点火性能不佳，无法套用奥托内燃机的结构，狄塞尔决定另起炉灶，提高内燃机的压缩比，以压燃油料。有了这种压燃的想法之后，经过不断的探索和实验，狄塞尔终于在 1897 年取得了成功。这一年，狄塞尔发明的压燃式柴油发动机被正式认可并公开。压燃式柴油发动机是驱动装置动力工程的又一项伟大发明，狄塞尔也因压燃式柴油发动机而名垂青史。图 1.11 所示为狄塞尔发明的世界上第一台柴油发动机。

这种柴油发动机功率大、油耗低，可使用劣质燃油，显示出辉煌的发展前景。1936 年，由奥格斯堡机械制造厂生产的柴油发动机被戴姆勒 - 奔驰汽车公司认可，并安装于梅赛德斯 - 奔驰牌 260D 型轿车上（图 1.12）。这是世界上第一辆柴油发动机轿车。

图1.11 狄塞尔发明的世界上第一台柴油发动机　　图1.12 1936年梅赛德斯-奔驰牌260D型轿车

1.1.3 汽车的发明

1. 蒸汽汽车的出现

自瓦特改良了蒸汽机之后，汽车的发明及推广就有了技术前提，不久就出现了世界上第一辆蒸汽汽车，这辆蒸汽汽车是在瓦特改良蒸汽机之后，由法国人居纽（Cugnot）在1769年制造的（图1.13）。这是一辆用来牵引火炮的蒸汽三轮汽车，一个硕大的锅炉被放置于汽车前轮处，蒸汽是由烧柴火产生的，蒸汽进入气缸，使两个活塞交替运动。但是由于没有曲轴，因此活塞的作用力通过车爪传递给前轮。锅炉、气缸等部件的重量都加在前轮上，使该蒸汽汽车操纵十分困难。蒸汽机的燃料在锅炉中燃烧把水烧开，将蒸汽送入气缸，推动活塞和曲柄连杆机构工作。最早的一辆蒸汽三轮车虽然在行驶过程中损坏了，但这辆车成为汽车走向实用化的标志，开创了轮式车辆自备动力装置进行驱动的新纪元。1770年，这辆车经过修理，作为世界上第一辆蒸汽汽车被收藏于巴黎国家技术及机械产品博物馆中。

图1.13 世界上第一辆蒸汽汽车

蒸汽汽车是世界上最早的可载人的自备动力的汽车，这是毫无疑问的。虽然这辆汽车的时速仅为3.6 km/h，操纵性也相当差，并且只行驶了大约1 km就出现锅炉爆炸的现象，汽车损毁严重，但这也是汽车朝着实用化方向迈进的第一步，对汽车工业的历史有着深远的影响。在此之后，各国机械师开发设计蒸汽汽车的热情高涨，逐渐出现了实用的蒸汽汽车。1825年，英国人哥而斯瓦底·嘉内（Golds Worthy Gurney）制成了第一辆蒸汽公共汽车。18

世纪后半期,蒸汽汽车逐渐开始进入实用阶段,这个阶段是汽车进入以自备动力自走行驶的划时代的阶段。从此汽车史开启了自走车辆的新纪元。

2. 内燃机汽车

虽然以蒸汽机为动力驱动车辆行驶的技术在当时是很先进的,但是内燃机汽车也逐渐登上了汽车工业历史的舞台。内燃机汽车的发明当属卡尔·本茨的第一辆三轮汽车。1885年9月,卡尔·本茨在曼海姆制成了一台四行程小型汽油发动机,并将其装在一辆三轮汽车上。1886年1月9日,卡尔·本茨用这辆汽车向德国皇家专利局申报了汽车发明专利,这一天自然而然就成为内燃机汽车的诞生日。1886年11月2日,德国皇家专利局正式批准发布该车是世界上第一辆三轮汽车——"奔驰1号",其专利号为37435,专利名称为"气态发动机汽车"。卡尔·本茨的第一辆三轮汽车是单缸四行程汽油发动机汽车,这辆汽车的参数如下:车身质量为254 kg,排量为0.785 L,功率为0.654 kW,最高车速为18 km/h。轮胎是3个实心橡胶轮胎,已经具备了现代汽车的基本特点。对世界上第一辆汽车的外形和车速进行分析,可发现它的性能并不比马车优越,甚至速度和装载量还比不上马车,但是它的贡献远远超过其本身的性能。1885年,卡尔·本茨和德国人戴姆勒各自制成了以汽油内燃机为引擎的三轮汽车。但由于技术问题,卡尔·本茨的汽车总是抛锚,被别人嘲讽为"散发着臭气的怪物",怕出洋相的卡尔·本茨甚至不敢在公共场合驾驶它。1888年8月,一直在卡尔·本茨身后默默支持他的夫人——贝尔塔·林格作出了一个勇敢的决定:她带上孩子,驾驶着卡尔·本茨的汽车,一路颠簸到了100多千米外的普福尔茨海姆探望孩子的祖母(图1.14)。随后,贝尔塔·林格马上给卡尔·本茨发电报称"汽车经受住了考验,请速申请慕尼黑博览会"。

同年9月12日,卡尔·本茨的发明在慕尼黑博览会上造成了非常大的轰动,当时的报纸如此描述:"星期六下午,人们含着惊奇的目光看到一辆三轮马车在街上

图1.14 本茨夫人(贝尔塔·林格)试车

行走,前边没有马,也没有辕杆,车上只有一个男人,马车在自己行走,大街上的人们都感到万分惊奇。"慕尼黑博览会后,大批客户开始向卡尔·本茨订购汽车。此后,他的事业开始蓬勃发展,拥有了德国最大的汽车制造厂,开始生产名扬四海的奔驰汽车。卡尔·本茨经过5年的努力,成功研制了性能非常先进的"维克托得亚"牌汽车,为奔驰带来了极高的荣誉,这也显示了奔驰今后要走的高端产品路线。同样被称为"汽车之父"的还有戴姆勒(1843—1900)。1881年,戴姆勒同威廉·迈巴赫合作开办了当时第一家汽车工厂。1883年8月15日,戴姆勒和迈巴赫发明了汽油内燃机。1885年年末,戴姆勒将马车改装,增加了转向、传动装置并且安装了功率为1.1 kW的内燃机,装上4个车轮,车速达到了14.4 km/h。1885年,戴姆勒发明了第一辆四轮汽车。该车采用单缸四行程水冷发动机,排量为0.46 L,转速为650 r/min,功率为0.82 kW,最高车速为14.4 km/h。这是世界上第一辆装有汽油发动机的四轮汽车。

汽车的发明是人类改变交通方式的又一创举,充满了人类智慧的光芒。在社会发展过程

中,人们不断地探索,精益求精地研究,不断地改变着世界。无论蒸汽汽车还是内燃机汽车,都是人类伟大的发明,人们对具备自身动力驱动车轮行驶的车辆的幻想变成了现实。

1.2 世界汽车工业

1.2.1 国外主要汽车企业

国外主要汽车企业有德国戴姆勒-奔驰汽车公司、德国大众汽车公司、美国福特汽车公司、美国通用汽车公司、美国克莱斯勒汽车公司和日本丰田汽车公司,见表1.1。

表1.1 国外主要汽车企业

公司名称	创办时间	所在地	创始人
德国戴姆勒-奔驰汽车公司	1926年	德国斯图加特	卡尔·本茨、戴姆勒
德国大众汽车公司	1937年	德国沃尔夫斯堡	波尔舍
美国福特汽车公司	1903年	美国密歇根州迪尔本	亨利·福特
美国通用汽车公司	1908年	美国密歇根州底特律	威廉·杜兰特
美国克莱斯勒汽车公司	1925年	美国密歇根州海兰德帕克	克莱斯勒
日本丰田汽车公司	1933年	日本爱知县丰田市和东京都文京区	丰田喜一郎

1. 德国戴姆勒-奔驰汽车公司

德国戴姆勒-奔驰汽车公司于1926年6月由奔驰发动机公司和戴姆勒机动车公司合并而成。该公司是德国汽车制造业大垄断组织之一,也是世界上较大的商用汽车跨国制造企业之一,其总部位于德国斯图加特。该公司素以生产有质高价的梅赛德斯-奔驰轿车闻名于世,虽然在第二次世界大战期间公司遭到重创,但战后在美国的帮扶之下,该公司迅速地恢复了生产。戴姆勒-奔驰汽车公司在20世纪50年代积极引进大用途卡车制造工艺,开发制造六缸发动机,在技术革新的前提下兼顾改善管理模式,实现了公司的迅速发展。20世纪60年代,由于小轿车和商用车的生产和经营业务继续获得发展,该公司在汽车行业中一直处于举足轻重的地位。

任何一个公司的发展都不可能总是一帆风顺的,德国戴姆勒-奔驰汽车公司(以下简称"奔驰公司")也不例外。20世纪70年代,该公司多次遭到石油危机和经济危机的强烈冲击,但在合理的管理经营下仍然保持以往的生产盛况。20世纪90年代初,在经济衰退的同时,美国、日本的竞争对手又步步紧逼,奔驰公司举步维艰。1991年,奔驰公司的纯利润下降了63%,1992年全年共销售52.7万辆汽车,远低于过去每年60万辆的销售量。更可悲的是,奔驰公司在销售上遭到宝马公司的压制,为了摆脱这种困境,奔驰公司在两方面作出重大调整,一是压低生产成本,二是增加新车型。此外,奔驰公司还打破陈规,在海外开拓发展,投资建厂。奔驰公司还采取了一系列促进销售、扩大跟踪服务的措施,如在欧洲范围内发放卡车用户协议修理卡,持卡者可以在2 700个奔驰公司欧洲维修点维修车辆,增配零件,并且不收取费用;在欧洲范围内实行小轿车以旧换新等销售方法。不久之后,奔驰公司逐渐摆脱阴影,获得了更好的发展。

奔驰公司旗下品牌有迈巴赫、Smart、AMG、乌尼莫克、奔驰等。

2. 德国大众汽车公司

德国大众汽车公司是一家总部位于德国沃尔夫斯堡的汽车制造公司，也是世界四大汽车生产商之一的大众集团的核心企业，该公司的创始人是世界著名的汽车设计大师波尔舍。1934年1月17日，波尔舍向德国政府提出一份为大众设计生产汽车的建议书。不久，建议被时任总理的阿道夫·希特勒批准，后来由波尔舍组建了一个由34万人入股的大众汽车股份有限公司，年产量为100万辆。

大众汽车公司在发展过程中也是一波三折，在沃尔夫斯堡的"大众汽车城"里，第一批"甲壳虫"汽车问世，但仅仅生产了630辆就因第二次世界大战而停产了。在动荡的年代，发展实业是很艰难的。第二次世界大战后，大众汽车公司划归西德政府，在西德政府的帮扶之下，汽车生产又逐步恢复。由于"甲壳虫"汽车价格低廉，符合大众的消费水平，因此这种汽车很快风靡德国和欧洲，在不久后的1955年，"甲壳虫"汽车已经出口到100多个国家。继"甲壳虫"汽车后，大众公司不断进行技术革新，优化产业模式，在1980年实现了四轮连续驱动大客车的大批量生产并推出了20世纪80年代世界最畅销的高尔夫汽车，从而成为欧洲最大的汽车公司。

大众品牌一步步强大起来，有很大一部分原因是已经成为汽车传奇的"甲壳虫"，但大众汽车公司不断创新开发新车型也是其制胜的关键。可以说，7款"甲壳虫"车型和迄今已推出6代的"高尔夫"汽车是大众汽车公司发展史上的里程碑。2 150万辆"甲壳虫"汽车、2 300万辆"高尔夫"汽车和1 300万辆帕萨特汽车，进一步奠定了大众汽车品牌走向成功的基础。实业制胜的唯一度量是市场占有度和技术革新。继"甲壳虫"汽车之后，大众汽车公司又一次创造了奇迹。2002年，高尔夫汽车的产量超过了"甲壳虫"汽车，创下了大众汽车品牌的新纪录。这在原有传奇之上又缔造了传奇，进一步俘获了顾客的心。大众汽车品牌始终以顾客为上帝，为顾客提供最前沿的科技成果和独具匠心的设计，并且推出几乎所有汽车细分市场中质量最佳的产品。其轿车产品除了高尔夫、帕萨特、Polo等中、小型汽车外，还包括辉腾和途锐等顶级豪华汽车。高、中、低各种消费水平的车型款式都尽可能地满足顾客需求。

大众汽车公司旗下品牌有奥迪、宾利、布加迪、兰博基尼、斯柯达、西雅特、保时捷、大众、杜卡迪等。

3. 美国福特汽车公司

美国福特汽车公司同样也是世界上最大的工业垄断组织和世界重要的跨国企业之一。福特汽车公司成立于1903年6月16日，亨利·福特和11位合伙人在密歇根州于当日递交了成立公司的申请报告，从此，福特汽车公司开始了走向世界的伟大历程。福特汽车公司总部设在密歇根州迪尔本。10年之间，福特汽车已经销遍欧洲、南美和亚洲。

1908年，福特汽车公司制造出的第一辆属于普通百姓的汽车——T型车，开启了世界汽车工业革命的新篇章。1913年，福特汽车公司又开发出了世界上第一条流水线，这一创举使T型车的产量达到了1 500万辆。福特先生因此被尊为"为世界装上轮子"的人。世界上第一条汽车装配生产线的创举是汽车工业历史上第一次重大变革，大大提高了劳动生产率，降低了生产成本，对汽车工业历史有着深远的影响。此外，福特汽车公司旗下还拥有美洲豹汽车公司和阿斯顿·马丁·拉贡达公司，并且拥有马自达汽车公司33.4%的股份和起亚汽车公司近10%的股份。福特汽车公司在世界各地30多个国家拥有生产、总装或销售企业，是名副其实的世界超级大型汽车制造企业之一。福特卡车与轿车的销售网络遍及6大洲、200多个国家,经销商超过10 500家。福特汽车公司的企业和员工形成了国际网络,在世界各地从事生产、试验、研究、开发与办公的员工超过了37万人。从以上销量数据、销售网络范围、经销商数量、员工数量和技术人员数量,就可以看出福特汽车公司雄厚的实力和举世瞩目的成就。

如今福特汽车公司旗下拥有的汽车品牌有福特、林肯、水星、马自达、阿斯顿·马丁、路虎、捷豹、沃尔沃等。2000年《财富》杂志按销售额评出的世界500家最大企业名单中,福特公司排名第4。

4. 美国通用汽车公司

美国通用汽车公司成立于1908年9月16日,创始人是威廉·杜兰特。通用汽车公司的前身是1907年由戴维·别克创办的别克汽车公司。1908年,美国最大的马车制造商威廉·杜兰特买下了别克汽车公司并成为该公司的总经理,同时推出C型车。为了推销这种汽车,威廉·杜兰特迅速建立了一个经销网络并吸引了大笔订单,但这些订单远远超出了公司的生产能力,这一点足以证明威廉·杜兰特超凡的商业头脑和前瞻的商业眼光。在威廉·杜兰特的带领之下,1908年,别克汽车公司成为全美主要汽车生产商。威廉·杜兰特很想结束当时汽车工业数百家公司并存的局面,因此大力支持本杰明·克里斯科有关将别克、福特、奥兹等几家主要汽车公司合并的建议,但协商因福特汽车公司要价高达800万美元而以失败告终。同年,威廉·杜兰特以别克汽车公司和奥兹汽车公司为基础,成立了一家汽车控股公司——通用汽车公司(General Motors,GM),1909年又合并了另外两家汽车公司——奥克兰汽车公司和凯迪拉克汽车公司。

100多年以来,通用汽车公司及其产品已触及全球无数消费者的生活。经历了多年的创新和发展,从1908年9月16日最不被看好的开始到斯隆著名的"不同的钱包、不同的目标、不同的车型"战略,从全球第一款量产跑车到第一款燃油效率达到每百千米3.53升燃油(80英里[①]每加仑[②])的汽车,从收购雪佛兰、欧宝、沃克斯豪这些世界著名汽车品牌到如今重点发展新型"绿色"动力推进技术,通用汽车公司发展的市场已远远超出公司诞生地,一步一个脚印地向全世界证明了通用汽车公司的飞速发展。

通用汽车公司旗下品牌有别克、雪佛兰、凯迪拉克、GMC、五菱、宝骏及霍顿。2018年7月19日,《财富》世界500强排行榜发布,通用汽车公司位列第21。

5. 美国克莱斯勒汽车公司

美国克莱斯勒汽车公司是美国著名的汽车公司,同时也是美国三大汽车公司之一。公司创始人克莱斯勒是一名机械天才,于1875年4月2日出生于美国堪萨斯州。克莱斯勒年轻时生活在堪萨斯州伊里斯镇,他对动手工作的喜爱胜过对读书的喜爱。18岁时,克莱斯勒设计了一辆小型的蒸汽机车,该机车具有依靠自己的动力进行操作的完整的气动式制动器。该蒸汽机车在装配起来之后,曾经成功地在克莱斯勒自己建造的1/8英里长的铁路轨道上运行。从以上克莱斯勒独自制造蒸汽机车并且独自建造一段铁路轨道的故事,可以确定克莱斯勒绝对是一个机械天才。由于同时具有机械和管理才能,克莱斯勒在工作上得心应手。"机遇寻找能处理它的人",这句话正符合克莱斯勒的性格。

---

① 1英里=1 609.344米。
② 1美制加仑=3.785 411 8升。

克莱斯勒汽车公司的发展过程也是充满了挫折和困难的，但在克莱斯勒正确的经营管理和立竿见影的措施之下最终获得了很好的发展。20 世纪 50—60 年代初，公司生产处于滑坡期；20 世纪 60 年代中期，公司经过改组，稳住了阵脚。1974 年以后，克莱斯勒汽车公司的业务又走下坡路，1978 年出现严重亏损，1980 年濒临倒闭。最后，政府给予了 15 亿美元的联邦贷款保证，克莱斯勒汽车公司才免于倒闭。后来在正确的发展策略和管理制度下，克莱斯勒汽车公司的规模逐渐壮大，因此它享有了比其他汽车公司更高的声望，展现出了比竞争对手更多的勇气，并且被喻为美国汽车制造业的设计领导者。

可以说，如今的克莱斯勒汽车公司是无与伦比的汽车公司，其产品涵盖小排量汽车、跑车、豪华轿车、轻型商用车、重型载重车及舒适型长途客车。

克莱斯勒汽车公司的轿车品牌包括迈巴赫、梅赛德斯-奔驰、克莱斯勒、道奇；商用车品牌包括梅赛德斯-奔驰、福莱纳、西星。克莱斯勒旗下的克莱斯勒服务集团提供汽车金融及其他汽车服务。

6. 日本丰田汽车公司

日本丰田汽车公司是一家总部设在日本爱知县丰田市和东京都文京区的著名汽车制造公司，隶属于日本三井财阀。日本丰田汽车公司的创始人为丰田喜一郎。1895 年，丰田喜一郎出生于日本。1929 年年底，丰田喜一郎亲自考察了欧美的汽车工业。1933 年，丰田喜一郎在"丰田自动织布机制造所"设立了汽车部。丰田喜一郎的同学隈部一雄从德国给他买回一辆德国 DKW 牌前轮子驱动汽车，经过两年的拆装研究，丰田喜一郎终于在 1935 年 8 月造出了一辆 GI 牌汽车。1937 年 8 月 28 日，汽车部宣告从"丰田自动织布机制造所"独立出来，作为一家拥有 1 200 万日元资金的新公司，"丰田自动车工业株式会社"从此踏上了自己崭新的征程。

由于日本是一个自然资源贫乏的国家，因此丰田喜一郎认为，开发燃耗功率高、可靠耐用的汽车对日本汽车工业来说是至关重要的。1939 年，丰田汽车公司成立了蓄电池研究所，开始着手电动汽车的研制。丰田汽车公司虽然在汽车方面没有多少经验，但却坚守一个信条：模仿比创造更简单，如果能在模仿的同时进行改进就更好了。虽然丰田喜一郎与其父的理念和策略都是以国情为出发点，但是突如其来的危机降临了。本就资源匮乏的日本又遭到了石油危机的沉重打击，1973 年，伴随着第四次中东战争的爆发，石油危机也爆发了。丰田汽车公司将新的起点瞄准在资源的有限性上，有力地开展了节省资源、节省能源、降低成本的运动。丰田汽车公司恪守一个"忍"字，蓄势以待，准备迎接重振雄风之日的到来。

1973 年和 1979 年的两度石油危机在极大程度上改变了美国的汽车需求结构，人们的选择热点开始由大型车转向了节省燃油的小型车，缺少小型车生产技术的美国汽车厂家逐渐失去了往日的竞争优势。为了摆脱困境，美国的汽车生产厂家再三敦促政府和议会尽快对进口日本汽车实施限制。为了不失去美国汽车市场，同时也由于担心那些特别钟爱燃耗性能优越的小型车的美国消费者会因此受到选择上的局限，日本各汽车生产厂家开始把在美国设立生产据点的问题作为新的经营课题。在这种情况下，丰田汽车公司决定与美国通用汽车公司进行合作生产，这样不仅可以为当地创造一些就业机会，同时还可以向美国汽车生产厂家转让小型车的生产技术。最终日本丰田汽车公司生产的小型车在美国重新拥有了市场。

1983 年，为了与本田雅阁系列轿车在北美市场上展开争夺，丰田汽车公司推出了佳美车系，从此便一发不可收拾，佳美几乎成了丰田除了花冠以外最受欢迎的车型。日本丰田汽车公司旗下品牌有皇冠、锐志、普锐斯、卡罗拉、花冠、威驰、酷路泽等。2018年《财富》世界500强排行中，日本丰田汽车公司位列第5。

1.2.2 汽车工业史上的重大变革

汽车工业史上的重大变革主要有三次。第一次变革是流水线大批量生产，这次变革是由美国福特汽车公司在推出T型车时引发的。自从发明了汽车装配流水线，世界汽车工业的中心从欧洲转向美国。第二次变革是汽车产品多样化。在第二次变革中，欧洲通过多品种车型的生产方式，打破了美国汽车公司在世界车坛上长期垄断不可战胜的神话，使世界汽车工业的重心又从美国转向欧洲。第三次变革是生产方式的变革——精益生产方式。在第三次变革中，日本通过完善生产管理制度，形成精益的生产方式，全力发展物美价廉的经济型轿车，日本成为继美国、欧洲之后世界上第三个汽车工业发展中心。

1. 第一次重大变革——流水线大批量生产

1913年，福特汽车公司在有"汽车城"之称的底特律市建成了世界上第一条汽车装配流水线（图1.15）。是什么原因促使福特汽车公司建造汽车装配流水线呢？当初亨利·福特凭借对汽车事业的热爱，曾两度创办福特汽车公司，却均以失败告终。但失败和挫折并没有击垮他，他的意志变得更加坚定。1902年6月16日，他第三次创办福特汽车公司，并且聘请了一位专家——库兹恩斯担任公司经理。库兹恩斯上任期间采取了三大措施：第一，生产物美价廉又耐用的产品打开销路。第二，通过提高劳动生产率来降低生产成本，为此福特汽车公司创建流水线作业生产线。不久，世界上第一条汽车装配流水线诞生了。此后装配一辆汽车的时间由原来的

图1.15 福特汽车公司建成了世界上第一条汽车装配流水线

12小时28分缩短到了9分钟，生产率提高了100多倍，大大降低了生产成本。第三，建立一个完善的销售网。到1912年，已有7 000家商行销售福特汽车，可见这三项措施成效显著。在这三项措施中，创建世界上第一条汽车装配流水线对汽车工业发展史影响深远。当时价格仅为450美元的T型车风靡全世界，短短7年时间，福特汽车公司一跃成为世界上最大的汽车制造商。

福特汽车公司在发展过程中，经历了辉煌与挫折，如今福特汽车公司是世界上第四大工业企业和第二大小汽车和卡车生产商，在全世界大约有36万名员工服务于汽车、农业、金融和通信领域。福特汽车公司在世界汽车工业中占据着举足轻重的地位，影响着汽车行业的发展和繁荣。

2. 第二次重大变革——汽车产品多样化

第二次世界大战以前，欧洲人就已经开始对美国汽车的一统天下表示不满。但是，由于当时欧洲的汽车公司尚不能进行汽车的大批量生产以降低售价与美国汽车公司竞争，于是，它们选择以新颖的汽车产品设计为出发点，使汽车尽量以适应不同的道路条件并满足国民爱好等方式与美国汽车公司抗衡，例如发动机前置前驱动、发动机后置后驱动、承载式车身、

微载式车身、微型节油车等，由此形成了由汽车产品单一到汽车产品多样化的变革。针对美国汽车车型单一、体积庞大、油耗高等弱点，欧洲的汽车公司开发了多姿多彩的新型车。例如，严谨规范的奔驰、宝马，轻盈典雅的法拉利、雪铁龙（图1.16），雍容华贵的劳斯莱斯、美洲虎，神奇的"甲壳虫"，风靡全球的"米尼"等车型纷纷亮相。多样化的汽车产品成为最大优势，规模效益也得以实现。

图1.16　雪铁龙

到1966年，欧洲汽车产量突破1 000万辆，比1955年增长5倍，年均增长率为10.6%，超过北美汽车产量，成为世界第二个汽车工业发展中心。到1973年，欧洲汽车产量又提高到1 500万辆，世界汽车工业的重心由美国转回欧洲。这就是汽车工业史上的第二次重大变革。

3. 第三次重大变革——精益生产方式

世界汽车工业的第三次重大变革发生在日本。日本汽车工业起步较晚，日本第一大汽车公司丰田汽车公司和第二大汽车公司日产汽车公司均创建于1933年。第二次世界大战前夕，日本政府颁布了《汽车制造业企业法》，表明对发展汽车工业给予支持。第二次世界大战中，日本政府关闭了美国在日本建立的汽车制造厂；第二次世界大战后，日本不再允许外国企业到日本建厂造车。尽管如此，20世纪50年代，日本的汽车工业仍然发展缓慢。进入20世纪60年代以后，经济型轿车的生产在日本逐年增加。1960年，日本人均国民生产总值为500美元，1966年人均国民生产总值突破了1 000美元，这为汽车的普及创造了条件。同时，日本各汽车公司及时推出物美价廉的汽车，其售价与20世纪50年代中期相比下降了30%~50%，于是日本出现了普及汽车的高潮。日本称1966年为"普及私人汽车元年"。

同时，以丰田汽车公司为代表的几家汽车公司将"全面质量管理"和"精益生产方式"两种新型的管理机制应用于汽车生产。前者要求工人承担更多的责任，把产品质量放在首要位置；后者要求做好技术服务，推行精益生产方式。两者紧密结合，相辅相成，全力发展物美价廉的经济型轿车，推动了日本汽车工业的高速发展。1973年，日本汽车出口量达到200万辆；1977年，日本汽车出口量达到400万辆；1980年，日本汽车出口量猛增至600万辆。

由于日本实现了汽车国内销售量和出口量双高速增长，因此迎来了日本汽车工业的发展高潮，创造了世界汽车工业发展的奇迹。1960年，日本汽车产量仅为16万辆，远远低于当时美国和西欧各主要汽车生产国的水平。但到1967年，日本汽车产量达到1 100万辆，超过美国汽车产量，跃居世界第一位，日本成为继美国、欧洲之后的世界上第三个汽车工业发展中心,即世界汽车工业的重心又发生了从欧洲到日本的第三次转移。这都归功于汽车工业史上的第三次重大变革——精益生产方式。

1.3 中国汽车工业

1.3.1 中国的汽车梦

1. 中华人民共和国成立前的汽车梦

我国汽车工业的发展史是一部艰苦奋斗的创业史,是一部自力更生的发展史。无论是技术引进还是自主开发,都蕴含了中国汽车人历尽六十多年风雨沧桑,仍砥砺前行的伟大历程。从1931年到2019年,中国汽车工业走过了不寻常的岁月。

1931年由张学良主导投资生产出来的民生牌75型载货卡车,是我国生产的第一辆汽车。1929年,张学良希望中国有自己的汽车厂,因此从美国引进了一部瑞雪牌汽车,将这部汽车分解再重新组装后,才生产出民生牌75型载货卡车。"9·18事变"爆发,日本侵略中国东三省,把中国汽车厂改为炮兵厂,原来生产的民生牌75型载货卡车也因为战争而全部毁坏。在那个战火不断的年代,中国汽车工业实际上是发展不起来的,国家政治经济的稳定是汽车工业发展的基础。

2. 中华人民共和国的汽车工业

中华人民共和国成立之初,汽车产业从零开始,当时甚至只有汽车使用和维修业。在这种艰苦环境中,毛泽东主席对中国汽车工业的发展寄予了厚望。1949年年底,当他第一次参观斯大林汽车厂的时候,便对随行人员说:"我们也要有像斯大林汽车厂这样的大工厂。"这句话开启了民族汽车工业的新纪元,也成为建造中国第一个汽车制造厂的催化剂。

1953年,在苏联的支援帮助下,第一汽车制造厂在长春动工兴建,标志着我国汽车工业的发展正式迈出了第一步。"建一汽、造汽车"一时间成为全国上下的大事。来自全国各个省份的知识分子、工业创业者们向长春涌来,用自己的双手撑起了中国第一汽车制造厂的造车大业。最终,中华人民共和国生产的第一辆解放牌载货汽车CA10(图1.17)于1956年7月13日正式试制成功。这不仅使第一汽车制造厂(以下简称"一汽")的三年建厂目标如期实现,也由此结束了中国不能自主批量制造汽车的历史,圆了中国人自己生产国产汽车的梦。

图1.17 第一辆解放牌载货汽车CA10试制成功

1956年4月，毛泽东主席在中央政治局扩大会议上说："如果哪一天我们能坐上自己生产的小轿车来开会就好了。"随着中国汽车工业逐步踏入正轨，国人也越发渴望能够制造自己的轿车。现代社会，轿车在国事活动中是重要的"礼器"，彰显着国之尊严与荣耀。在中华人民共和国成立的头几年，国家领导人的专属轿车基本上都是苏联的"吉斯"轿车。1958年2月，毛泽东主席亲临一汽视察，对陪同他视察的时任一汽厂长的饶斌说："什么时候能坐上我们自己生产的小轿车呀？"这番话不仅代表了主席的夙愿，更承载了全中国人的造车强国梦。

1958年5月12日，一辆车头镶嵌金龙，凝聚着一汽人辛勤汗水与智慧结晶的国产轿车诞生了，还留下了毛泽东主席手书的"中国第一汽车制造厂"的烙印。一汽把这款轿车命名为"东风"。一周后，"东风"轿车驶进中南海，"东风"轿车说明书被摆到了中国共产党第八次全国代表大会第二次会议的会议桌上。1958年5月21日，毛泽东主席观看并乘坐了"东风"轿车后高兴地说："终于坐上我们自己生产的小轿车了！"至此，一汽让中国轿车产业得以与世界接轨。

红旗牌轿车的历史始于1958年，当年5月12日诞生于一汽的我国第一辆国产小轿车被命名为"东风"，生产编号为CA71，但并没有真正投入生产。以此样车为基础，1958年8月，一汽第一台高级轿车试制成功并被命名为"红旗"。经多次试验后，红旗牌轿车定型样车被正式编号为CA72，这是我国有编号的第一辆真正的高级轿车，是我国汽车工业的标志和里程碑。1966年，红旗CA770投入批量生产，开始全面取代我国引进的苏联轿车。红旗牌轿车也因为其所包含的自力更生、奋发图强、赶超世界先进水平的精神，一直被视为中国汽车走自主品牌的精神象征。虽然几十年来红旗牌轿车每年的产量都屈指可数，但依然无法改变它作为中国汽车精神领袖的地位。

3. 中国现代化汽车工业

1982年是中国汽车产业发展的关键年。与此同时，汽车作为产业部门一次体制改革的重要尝试，经国务院批准，成立了中国汽车工业公司（以下简称"中汽"）。中汽在启动重型车、轻型车、发动机的大布局之后，为了解决中国汽车"缺重少轻，轿车是空白"的畸形产品结构，将轿车生产的尝试提上了日程。1982年6月，邓小平批示"轿车可以合资"。这开启了中国汽车对外开放的新篇章，而中国与外国企业新一轮的谈判开始了。

1984年10月，上海汽车集团股份有限公司和德国大众汽车公司合作成立了上海大众汽车有限公司（以下简称"上汽大众"）。上汽大众的成立也被认为是中国现代汽车工业的诞生，标志着我国汽车工业进入由计划经济体制向市场经济体制转变的转型期。从1985年开始，全球各大汽车企业都前来中国寻求合作机会，其间中国一汽和戴姆勒、丰田、日产、雪铁龙等公司进行了合作商讨；南京与菲亚特－依维柯进行了商谈；广州方面和标致汽车进行了商谈，并在1986年成立了广州标致，这是中国第二家合资汽车公司。

20世纪80年代是中国汽车产业新生的时代。那时中国汽车的配套工业状况和技术水平比欧洲、日本或者美国要落后30年，当时中国所有的配套商都是卡车的，而不是轿车的。很难想象，在上汽大众开始生产汽车的时候，甚至找不到一个有能力为桑塔纳汽车配套的企业，哪怕是一颗螺丝钉。在约10年的时间里，中国汽车打破了体制束缚，改变了整个中国汽车工业的发展理念，开始了奋力直追。在1986年，中国政府开始编制汽车行业的中长期发展规划，这份名为"2000年的汽车工业：世纪之交的中国汽车议程"的规划的主要内容源自中国的第七个五年计划。在这个计划中，中国提出了轿车、乘用车、轻卡、重卡等的发展计划。而在随后的第八个五年计划（1991—1995 年）中，中央政府启动了汽车类的大项目投资，后者开启了中国汽车行业从过渡期走向壮大的发展期。

纵观中国汽车工业史，从第一辆国产汽车到第一辆国产轿车"东风"，再到中国汽车工业的一个又一个"第一"，完成了中国汽车工业从无到有的突破，实现了国人拥有国产轿车的梦想。在世界高速发展的今天，汽车产业蓬勃发展，需要我们秉承前辈们的中国汽车梦继续前行，完成各种技术攻关来壮大我国的汽车产业，为完成我国成为世界汽车大国的中国梦不断前进。

1.3.2 中国主要汽车公司

在中国汽车行业发展的过程中产生了三类汽车企业，分别是国有企业、跨国企业及民营企业。据中国汽车工业协会统计（表1.2），2019 年 1—3 月，销量排名前 10 位的汽车生产企业依次是上汽集团、吉利控股、中国长安、东风公司、长城汽车、北汽集团、中国一汽、奇瑞汽车、安徽江淮、比亚迪汽车。本小节将选取其中一些典型企业进行介绍。

表 1.2 2019 年 1—3 月中国品牌汽车分车型前 10 家生产企业销量排名

排名	汽车		乘用车		商用车	
	企业名称	销量/万辆	企业名称	销量/万辆	企业名称	销量/万辆
1	上汽集团	62.35	上汽集团	49.74	东风公司	15.01
2	吉利控股	36.77	吉利控股	36.77	北汽集团	13.17
3	中国长安	35.41	长城汽车	24.73	上汽集团	12.61
4	东风公司	29.03	中国长安	23.07	中国长安	12.34
5	长城汽车	28.38	东风汽车	14.03	中国一汽	11.56
6	北汽集团	25.33	奇瑞汽车	13.17	中国重汽	8.77
7	中国一汽	15.60	北汽集团	12.16	安徽江淮	8.10
8	奇瑞汽车	15.12	比亚迪汽车	11.58	陕汽集团	5.71
9	安徽江淮	12.93	广汽集团	8.89	长城汽车	3.65
10	比亚迪汽车	11.58	众泰汽车	5.01	奇瑞汽车	1.95
10 家企业合计/万辆	272.51		199.14		92.87	
中国品牌企业合计/万辆	325.70		218.55		107.15	
占中国品牌比例/%	83.67		91.12		86.67	

注：以上企业数据均按集团口径统计。

1. 上汽集团

上汽集团（上海汽车集团股份有限公司，SAIC Motor）目前已经发展成为一家跨国型汽车厂商，其总部在中国上海。上汽集团是中国四大汽车厂商之一，与之并列的还有长安汽车、一汽集团及东风汽车。上汽集团努力把握产业发展趋势，加快创新转型，正在从传统的制造型企业，向为消费者提供全方位汽车产品和出行服务的综合供应商发展。目前，上汽集团的主要业务包括整车（含乘用车、商用车）的研发、生产和销售，正积极推进新能源汽车、互联网汽车的商业化，并开展智能驾驶等技术研究和产业化探索；零部件（含动力驱动系统、底盘系统、内外饰系统，以及电池、电驱、电力电子等新能源汽车核心零部件和智能产品系统）的研发、生产、销售；物流、汽车电商、出行服务、节能和充电服务等汽车服务贸易业务；汽车相关金融、保险和投资业务；海外经营和国际商贸业务；在产业大数据和人工智能领域积极布局。

整车主要涵盖乘用车和商用车的研发、生产和销售，主要包括上汽集团乘用车公司、上汽大通汽车有限公司、上海大众汽车有限公司、上海通用汽车有限公司、上汽通用五菱汽车股份有限公司、南京汽车集团有限公司、南京依维柯汽车有限公司、上汽依维柯红岩商用车有限公司和上海申沃客车有限公司等整车企业。自主品牌有荣威、名爵、上汽大通、跃进、五菱汽车、宝骏，合作品牌有上汽大众、上汽通用汽车、上汽通用五菱、申沃汽车、上汽依维柯红岩、南京依维柯。

零部件主要涵盖发动机、变速器、底盘、电子电气、制动系统、内外饰等汽车部件的研发、生产和销售，主要包括上海汽车变速器有限公司、联合汽车电子有限公司、上海汇众汽车制造有限公司及华域汽车系统股份有限公司等企业。其中，华域汽车共有28家直接投资企业，主要包括上海拖拉机内燃机有限公司、上海赛科利汽车模具技术应用有限公司、延锋汽车饰件系统有限公司、上海小糸车灯有限公司、上海实业交通电器有限公司、上海法雷奥汽车电器系统有限公司、上海三电贝洱汽车空调有限公司、上海纳铁福传动轴有限公司、上海皮尔博格有色零部件有限公司、上海乾通汽车附件有限公司、华域汽车电动系统有限公司等。

2. 吉利控股

吉利控股的全称为浙江吉利控股集团有限公司，是国内汽车行业十强中唯一一家民营的轿车生产经营企业，始建于1986年，经过30多年的建设与发展，其在汽车、摩托车、汽车发动机、变速器、汽车电子电气及汽车零部件方面取得了辉煌业绩。特别是1997年进入轿车领域以来，凭借灵活的经营机制和持续的自主创新，吉利控股取得了快速的发展，资产总值超过110亿元，连续五年进入全国企业500强，被评为"中国汽车工业50年发展速度最快、成长最好"的企业，跻身于国内汽车行业十强。吉利控股总部设在浙江省省会杭州，在浙江省的临海、宁波、路桥和上海建有4个专门从事汽车整车和动力总成生产的制造基地，在甘肃兰州和湖南湘潭分别建有整车制造基地，现已拥有年产30万辆整车、30万台发动机和30万台变速器的生产能力。尤其在收购沃尔沃以后，在沃尔沃的技术支持下，吉利控股在国内外的发展如日中天。吉利控股主要出口黎巴嫩、俄罗斯、科威特、伊朗、乌克兰、伊拉克、阿尔及利亚和沙特等国家。吉利控股在国内建立了完善的营销网络，拥有700多家品牌4S店和近千个服务网点；在海外建有近200个销售服务网点；投资数千万元建立国内一流的呼叫中心，为用户提供24小时全天候快捷服务。截至2018年年底，吉利汽车累计社会保有量已超过750万辆，吉利控股成为国内极具影响力的民营汽车公司之一。

吉利控股现有吉利豪情、美日、优利欧、美人豹、华普、自由舰、吉利金刚、吉利远景八大系列30多个品种的轿车，拥有1.0 L（三缸）、1.0 L（四缸）、1.0 L VVT－1、1.3 L、1.5 L、1.6 L、1.8 L、1.8 L VVT－1八大系列发动机，拥有JLS160、JLS160A、JLS110、JLS170、JLS90、Z110、Z130、Z170八大系列变速器。上述产品均已通过国家的3C认证，并达到欧Ⅲ排放标准，其中1.0 L（四缸）、1.0 L VVT－1发动机已经达到欧Ⅳ排放标准。

吉利控股拥有上述产品的完全自主知识产权。

吉利控股投资数亿元在临海建立了吉利汽车轿车开发中心和试验中心；在上海建立了新能源、清洁燃料、混合动力、电动汽车及经典车型研发中心；在宁波建立了发动机研究所、变速器研究所；在路桥建立了电子电气研究所；经过不断发展，吉利各研究院已拥有较强的轿车整车、发动机、变速器和汽车电子电气的开发能力，每年可以推出 4~5 款全新车型和机型；拥有一批行业顶尖的技术专家和技术力量，已经获得各种专利 320 项，其中发明专利 35 项；自主开发的 4G18VVT 发动机，升功率达到 57.2 kW，处于国际先进水平；自主研发的 Z 系列自动变速器填补了国内汽车领域的空白，并获得 2006 年度中国汽车行业科技进步唯一的一等奖；自主研发的 EPS 开创了国产品牌的汽车电子助力转向系统的先河。吉利控股被认定为国家级"企业技术中心""创新型企业试点单位""汽车及零部件出口基地企业"和博士后科研工作站。

3. 奇瑞汽车

奇瑞汽车股份有限公司是一家从事汽车生产的国有控股企业，成立于 1997 年 1 月 8 日，注册资本为 41 亿元。该公司以打造"国际品牌"为战略目标，经过 20 多年的创新发展，现已成为国内最大的集汽车整车、动力总成和关键零部件的研发、试制、生产和销售为一体的自主品牌汽车制造企业，以及中国最大的乘用车出口企业。该公司已具备年产 90 万辆整车、90 万台套发动机及 80 万台变速器的生产能力，建立了 A00、A0、A、B、SUV 五大乘用车产品平台，上市产品覆盖十一大系列共 21 款车型。奇瑞汽车以"安全、节能、环保"为产品发展目标，先后通过 ISO9001、德国莱茵公司 ISO/TS16949 等国际质量体系认证。2013 年，奇瑞汽车累计销量突破 400 万辆，产品远销 80 余个国家和地区，累计出口已超过 80 万辆，并连续 11 年成为中国最大的乘用车出口企业。奇瑞汽车的特色技术主要有两个：正向开发体系和 AUTO 均衡智造技术平台。

（1）正向开发体系。闭门造车的时代早已过去，在奇瑞汽车看来，从用户的切实需求出发才是开发一款车型的原点所在，所以奇瑞汽车率先在国内运用"由市场到市场"的 V 字形正向开发流程，通过科学的流程设计引导产品预研究和规划，决定产品定位和品质定位，最终实现"同步、高品质、客户至上"的产品目标，从而打造客户需要的具有国际竞争力的产品。

（2）AUTO 均衡智造技术平台。

①CHERYSMA 智衡整车精益体系。以领先的精益化整车设计全面提升感官质量，以国际水平的严苛工艺标准全面匹配驾乘感受，在造型、空间、操控稳定性和安全性上，CHERYSMA 智衡整车精益体系让产品拥有更符合国际标准的整车质量，充分满足客户的人性化需求。

②ACTECO 智效动力总成系统。包括 TGDI、CVT、6AT、DCT 等在内的国际一流动力总成技术，可以提供超越驾驶者期望的澎湃动力，并通过细腻高效的动力传输，有效减少动能损失，大幅增加燃油能效，在动力和能耗之间达成最优的黄金平衡点。

③CLOUDRIVE 智云娱乐行车系统。创新性地通过云技术将车辆娱乐系统与 CanBus 行车系统完美融合，实现真正意义上的行车环境个性化和实用化。以人车交互与娱乐一体的智能科技和令人惊叹的未来感，为每一位客户带来前所未有的愉悦行车体验。

④C.LAB 奇瑞四大顶尖实验室。以全新研发理念和前瞻开发平台为基础，奇瑞汽车拥

有一批国内乃至国际顶尖水准的实验室。在整车开发流程的各个环节，通过试验发现并解决问题，以此奠定了奇瑞汽车产品的坚实品质保障。

⑤M&C 精益感官工程实验室。拥有世界先进的外精测样架 Meisterbock 和外形件监测工具 Cubing。严苛的工艺确保了每一辆奇瑞汽车产品的精益品质，让信赖触手可及。

1.3.3 在中国的世界汽车子公司

1. 合资汽车公司

目前还不允许外国汽车制造商在中国设立独资公司，只能通过与中国企业合作，通过合资或其他形式的合作生产本公司的产品。由于中国汽车工业起步晚，技术相对落后，加上发达国家对中国的技术封锁，为了避免国内汽车企业在国际冲击之下全军覆没，出于对中国汽车工业的保护，目前不允许独资，只能合资。

中国政府从 20 世纪 80 年代早期开始允许外国汽车制造商在中国设厂，不过政府希望能确保这些外国汽车制造商不会扼杀刚刚萌芽的本土汽车工业，因此，要求国外汽车制造商以与中国汽车制造商合资并分享技术的形式在中国开展业务。每个外国汽车制造商最多只能与两家中国公司合作。

（1）上汽集团：上汽大众、上汽通用、上汽莲花等；

（2）一汽集团：一汽大众、一汽奥迪、一汽丰田、一汽马自达等；

（3）广汽集团：广汽本田、广汽丰田、广汽菲亚特、广汽三菱等；

（4）东风汽车：东风标致、东风雪铁龙、东风尼桑、东风本田、东风裕隆、东风悦达起亚等；

（5）长安汽车：长安马自达、长安福特、长安铃木等；

（6）北汽集团：华晨宝马、北京奔驰、北京现代等。

本部分不对该内容进行详细讲解，感兴趣的读者可以自行查阅资料。

2. 在中国的汽车各部件生产厂家

1）汽油发动机

在国产汽车技术还不到位的时期，日本三菱几乎垄断了所有不能自产发动机的自主品牌汽车的汽油发动机供应，很多自主车企用过三菱汽油发动机。因为在那个特殊的时代，欧美系汽车不给我国提供技术，只有三菱汽车由于陷入财政危机不得不向我国提供技术，以换取金钱续命，所以当时绝大部分的自主车用过三菱的机器。

用过三菱汽油发动机的自主车企并不包括奇瑞汽车，因为奇瑞汽车与奥地利内燃机大户 AVL 联合研发，直接收购了 AVL 的 18 项专利，所以奇瑞汽车几乎没有用三菱汽油发动机。奇瑞汽车获得了这些 AVL 设计的专利使用权之后进入了自主研发时代，至今奇瑞汽车生产的机器也是由 AVL 进行测试、调试的。

2）柴油发动机

在轻型柴油发动机方面，五十铃无疑是王者。这家日本柴油发动机和商用车巨头早在 1984 年和 1985 年就在中国重庆和江西南昌分别成立了庆铃汽车和江铃汽车，开始生产五十铃皮卡、轻卡和与之配套的 4JB1 发动机。随着福特全顺、福田风景等轻客的下线，五十铃发动机更是在轻客市场找到了蓝海。现在，中国绝大多数的皮卡、轻卡、轻客上用的柴油发动机均采购自五十铃或使用五十铃技术生产。

在重型柴油发动机方面，美国康明斯公司独占鳌头。这家美国独立发动机制造商仅在整机生产方面就在中国建立了4家合资公司，分别为东风康明斯、西安康明斯、重庆康明斯和福田康明斯，配套范围则涵盖了东风、陕汽重卡、重庆铁马、福田欧曼等重卡企业，宇通、金龙、青年、中通等客车企业，以及三一重工、中联重科、徐工等工程机械企业。

3）电喷系统

为了满足越来越严格的排放要求，目前国内生产的所有汽车上都必须安装电喷系统。汽车电喷系统（Auto Electronic Fuel Injection System）分为汽油电喷系统和柴油电喷系统。汽油电喷技术有较高的普及率，主要汽车企业均掌握了该技术；而柴油电喷技术却被美国德尔福、德国博世和日本电装等几家企业所垄断，因此我国车用柴油电喷系统也都被国外品牌霸占。德国博世、美国德尔福、日本电装（属于丰田汽车公司）垄断了绝大多数中国电喷市场份额，其中德国博世的市场份额一家独大，超过了60%。

4）重型变速器

美国伊顿、德国采埃孚两家公司不仅控制着全球重型变速器的研发和销售，更是几乎垄断了中国重型变速器市场。早在20世纪80年代中国改革开放伊始，伊顿和采埃孚就将重型变速器制造技术分别有偿转让给了陕西汽车制造厂和四川汽车制造厂，为当时同期引进的斯太尔重卡车型配套，两者后来演变为中国重型变速器市场的两大霸主：法士特和綦江齿轮。现在，两家国际变速器巨头均已在中国设厂。1997年，美国伊顿在上海独资设厂生产重卡变速器，专注高端市场；2003年与法士特、湘火炬合资成立伊顿法士特齿轮（西安）有限公司，为中国重汽、东风、一汽、福田等厂家配套；2004年又与一汽合资成立一汽伊顿变速器有限公司，主要配套解放重卡。德国采埃孚于1998年在苏州独资设厂生产客车用变速器；2004年与上汽合资设厂生产轿车用变速器；2005年在杭州独资设厂生产卡车用变速器；2010年又与多年的合作伙伴綦江齿轮实现合资，进一步拓展中低端市场。

5）轿车变速器

日本爱信精机公司是全球最大的自动变速器生产商及全球第五大汽车零部件公司，其已将触角延伸到了中国汽车工业的各个角落。1996年合资成立的唐山爱信齿轮有限责任公司生产手动变速器，之后于2003年变为外商独资企业，于2004年合资成立天津艾达自动变速器有限公司，生产自动变速器。据不完全统计，使用爱信变速器的外资品牌有保时捷、悍马、雷克萨斯、沃尔沃、吉普、三菱、马自达、现代、起亚、铃木、菲亚特、阿尔法罗密欧、五十铃、日野、大发等；使用爱信变速器的合资品牌有上海通用、上汽大众、一汽大众、一汽奥迪、北京奔驰、东风标致、东风雪铁龙、一汽丰田、广汽丰田、长安铃木等；使用爱信变速器的自主品牌有比亚迪、东南、长城、华晨、长安、名爵、荣威、一汽奔腾、东风风神、广汽传祺。

6）汽车内外饰部件和天窗系统

以美国江森自控、德尔福（原通用汽车零部件分部）、伟世通（原福特汽车零部件分部）、法国佛吉亚为代表的跨国零部件巨头，不但为国内汽车厂商制造座椅、仪表台、扶手、车门内饰、车顶内饰、保险杠、车灯、雨刮、空调等内饰、外饰部件，更是在车型设计之初就参与内饰与外饰的设计。上述几家公司为绝大多数的国内乘用车生产企业设计、制造内饰与外饰部件。

从高端的劳斯莱斯、宾利到低端的奇瑞、夏利，车上用的天窗都来自同一公司——德国伟巴斯特公司。德国伟巴斯特公司于1936年获得第一个天窗专利,现在在全球汽车天窗的市场占有率超过70%。德国伟巴斯特公司为绝大多数的国内合资品牌、自主品牌供货。

7) 轮胎及汽车外观和发动机设计

轮胎的品牌很多,包括低端的韩国锦湖、韩泰,中端的美国固特异,意大利倍耐力,日本邓禄普、普利司通、优科豪马,以及高端的法国米其林。而在汽车外观设计方面有"全球四大":博通、宾尼法瑞那、乔治亚罗、意迪亚。来自意大利的这4家公司为全球所有主流汽车公司设计过外观。

另外,在汽油发动机设计方面,当今全球有三大独立发动机设计公司——奥地利的AVL、德国的FEV、英国的Ricardo,再加上专注于柴油发动机领域的意大利VM,4家公司垄断了国内自主品牌的发动机设计。

1.4 汽车行业与社会

1.4.1 汽车在国民经济中的地位

1. 汽车产业的发展对社会经济的影响

(1) 汽车产业创造了巨大产值。

汽车产业的发展壮大对我国国民经济发展起着越来越重要的作用,它已经成为我国的支柱产业之一。近年来,我国汽车产业稳步发展,为我国经济增长做出了不可估量的贡献。汽车产业作为我国主导产业,不仅自身得到了快速的发展,而且对我国产业结构体系的引导功能也通过其带动作用实现。

①汽车金融服务。在1998年之前,我国汽车市场发展非常迟缓,其原因之一就是没有汽车消费信贷支持,私人购车比例非常小,大部分产品主要销售给公务人员及商旅人员。自1998年《汽车消费贷款管理办法(试点办法)》颁布之后,我国私人购车迅速升温,在促进我国汽车产业发展的同时自身也得到快速发展。1998年之后的7年之内,汽车信贷总额从4亿元增加到2004年的2 000亿元,增长了约500倍。汽车信贷在汽车产业大发展中逐步壮大。

②钢铁工业。随着中国汽车工业的迅猛发展,汽车用钢市场呈现高速增长的趋势。2005年,中国汽车用钢已达到1 400万t,同时可以发现,中国汽车用钢比例3%相对于发达国家比例10%依然偏低,所以汽车用钢在我国仍有较大的增长空间。

③石油工业。与钢铁工业相似,随着我国汽车工业的发展,汽车耗油量快速提高。2005年,中国汽车耗油量约为9 000万t,占成品油消费量的比例达到34%。同时,由于我国汽车普及率低于世界平均水平,因此汽车耗油将进一步提高。但是能源瓶颈将会限制汽车产业的发展,值得关注。

除此之外,汽车产业还对有色金属、橡胶、塑料和玻璃等产业及提供装备的其他产业有巨大的促进作用,还对石油炼制、电子、汽车维修、销售、驾驶员培训、道路、运输、餐饮、旅居、金融和保险等行业有不同程度的促进作用。

(2) 汽车产业对劳动力产生积极影响。

汽车产业本身既是资本和技术密集型产业,同时也是一种劳动密集型产业,而且它的生产和使用对其他相关行业具有强大的联动效应，由此就可以创造大量的就业机会。汽车及其相关产业的各个生产和管理环节所要求的工作技能都不一样，所以可以容纳不同层次的劳动者。而且，随着汽车产量的增加、使用的普及化和汽车产品的高科技化，汽车及相关产业所能够提供的就业机会将越来越多，范围将越来越广。

汽车制造业对劳动就业的带动效应显著。例如，在美国，汽车主机厂的一个就业机会关联到上、下游11个就业机会；在我国，汽车主机厂的一个就业机会关联到上、下游24个就业机会。在汽车开发、制造、应用直到报废的整个生命周期中，汽车开发制造所占的比例较小，但后市场所占比例约为70%。这就说明，在汽车的终身消费过程中，汽车服务所占的比例相当大，其所提供的就业机会也非常多。

（3）汽车产业增加了税收，推动了科技创新。

汽车产业的快速增长促进了汽车行业整体税收的增长，也促进了国际税收的增长。汽车产业不仅在汽车生产过程中创造税收，而且在汽车使用、销售、维修等过程中创造税收，且后者的税收往往大大高于前者。随着汽车产业的发展，汽车税收在国家总税收中所占的比例越来越大。同时，随着汽车的进出口，也带动了汽车零部件等相关产业的出口贸易。

汽车结构比较复杂，汽车产业搏击其他行业的范围非常广，汽车的发展史其实就是人类科学技术的进步史。各种不同类型的汽车的发展，促进了石油、电力、煤炭、建筑等部门的现代化；大型集装箱货运汽车，改变了公路运输部门的面貌；人们对汽车智能化的需求，促进了各种先进配套产品及电子信息技术的发展；汽车事故和污染的产生，推动了交通科学和环境科学的发展。在"中国制造2025"的推动下，汽车产业结构升级发展，汽车新技术、新工艺的不断更新发展和进步，将直接推动与汽车相关产业的技术更新和技术改造。

2. 汽车产业的现状

1）汽车市场

据中国汽车工业协会统计，2016年1—7月，汽车全行业完成工业总产值3 723.82亿元，同比增长29.44%；产品销售收入为3 598.88亿元，同比增长31.05%；利润总额为221.90亿元，同比增长51.14%。主要经济指标增长都比较大，实现了增产增收。汽车产业作为国民经济支柱产业的地位越来越突出，交通运输设备制造业对工业增长的贡献率首次跃升至40个工业行业之首。以汽车制造业为主的交通运输设备制造业已取代电子信息通信业，成为名副其实的领头羊。

随着市场需求的不断扩大，我国汽车产业的发展潜力也非常大。据有关部门分析，近几年我国汽车消费市场的消费结构已发生了很大变化。载货汽车的需求量仍将持续增长，特别是次发达地区，如西部地区对中重型货车、多种专用汽车、矿用车和大中型客车的需求将明显增加。农村汽车市场对轻、微型客货车的需求也会有较大增长。随着国家有关鼓励私人购车政策的出台，预计个人购车比例将逐年快速增长，特别是轿车、客车，尤其是微型客车的需求量会有较大增长，市场份额将进一步提高。为此，国家将积极发展售价在8万元左右的经济型轿车，以满足中国家庭的需要。

汽车产业发展形势喜人，但同时也面临着巨大的风险和挑战。特别是中国"入世"以后，国门完全打开，我国的汽车产业与国外发达国家的汽车企业处于同一个大市场，将不可避免地面临激烈的竞争与挑战。现在的主要问题是：缺乏完整的汽车开发能力和自主的品牌，零部件制造体系相对薄弱，汽车产业的管理和服务体系仍十分落后，企业规模还难以与国外大公司抗衡，所有这些问题都必须认真面对。打通国际大市场，给中国汽车产业的发展带来了新的机遇，使我国汽车企业有机会在与强手的合作与竞争中学习他们的先进技术、管理和服务经验，不断完善自己；同时，也逼迫我国汽车企业把自己做大做强。为了应对国际汽车市场的激烈竞争，国家将致力于汽车产业的战略重组，优化资源配置，培育出2~3家主营业务突出、核心能力强、拥有自主知识产权、具有较强国际竞争力的大型企业。只要自强不息、艰苦奋斗，中国汽车产业的发展前景将是一片光明。

2）汽车用品市场

汽车用品市场高速发展，汽车后市场的巨大潜力逐步展现出来，中国汽车用品的热潮得到了全线升级，从发源城市广州开始蔓延，到北方龙头城市北京和华东繁华中心上海，继而辐射性地进入全国各城市，汽车用品的星星之火已成燎原之势。全国各大汽车用品城、交易市场的建立，将各地汽车用品商家集中，推动了市场中更好的沟通交流。纵观全国汽车用品市场，其呈现出以下几个特点：

（1）专业化的汽车用品广场迅速兴起。随着汽车用品市场不断走向规范化，汽车用品也在适应需求，走向国际化与专业化，专业汽车用品广场的崛起无疑会对汽车用品市场的提升起到很大的作用。

（2）汽车用品市场深入全国各地。在三大汽车用品中心城市广州、上海、北京的基础上，全国汽车用品市场增多，不断向二三级城市延伸，如山东的临沂、淄博、潍坊，江苏的常熟、苏州、常州都出现了汽车用品城或汽车用品一条街。

（3）汽车用品销售巨头值得关注。这些汽车用品公司的经营范围包含汽车电子、快修、汽车影音、轮胎、轮毂、美容装饰、隔热防爆等项目，不但经营项目齐全，经营业务还包括二手车、拖车、置换车和办理相关手续等，而且还在卖场里设置休息区、影音体验区并提供置换车等服务。

（4）家电巨头在汽车电子行业里开始发力。许多家电巨头决定以雄厚的资金和品牌进入这个行业，其中康佳斥资一亿多元，高调进入汽车电子市场，创维收购汽车影音技术公司并建立生产线，这些家电巨头的高调进入改变了汽车电子品牌的格局。

（5）零售外资品牌的强势介入。据有关数据显示，到目前为止，已经有不下30家国外知名汽车服务企业宣布了进军中国市场的计划。众所周知，汽车用品行业是目前国内极具发展潜力的朝阳行业之一。

1.4.2 汽车与环境

汽车是近代史上伟大的发明之一。但是，汽车也是一把双刃剑，在推动人类社会进步，带给人们快捷、便利、舒适的同时，也对现代社会产生了许多负面影响，如空气污染、能源消耗、交通堵塞、交通事故、汽车占地、汽车噪声和汽车电磁波干扰等。

1. 汽车带来的问题

1）空气污染

汽车带来的环境问题有多种，其中尤以空气污染最为严重（图1.18）。空气污染会破坏地球的生态环境，给人类带来不可弥补的损失。而且，空气污染性质最为严重、范围最为广泛，使人难以防范。就北京而言，每年汽车数量以百分比的速度迅速增长，但由于汽车制造技术水平相对较低，应用排气净化技术的步伐也相对缓慢，导致目前汽车污染物的排放量高于发达国家。道路交通状况较差，汽车的再维修、再保养差等因素，导致汽车排气污染问题日益突出。

汽车所排放出来的污染物来自汽车排气管所排放出来的废气，这些废气主要是汽车燃料燃烧不充分所产生的，其主要成分为一氧化碳、碳氢化合物、氮氧化物、二氧化碳、铅及其他微粒。其中碳氢化合物的成分最为复杂，有刺激人眼的醛类化合物，还有强烈的致癌物等。其他污染物分别来自汽车曲轴箱的废气和供油系统的泄漏，这部分污染物主要为碳氢化合物。

2）能源消耗

目前的汽车内燃机多为汽油内燃机和柴油内燃机，需要消耗大量的汽油和柴油。另外，汽车上所使用的其他液体，如发动机润滑油、齿轮油、自动变速器油、润滑脂等基础油，也都源于石油。我国汽车保有量的快速增长，大大加速了我国石油消耗总量的上升及石油对外依赖度的上升。

目前我国石油消耗总量已经位居世界前列，持续增长的石油消费所导致的石油进口将严重

图 1.18 汽车尾气带来的空气污染

威胁我国的能源安全，并有可能阻碍我国经济的持续发展。同时，大量的能源消耗还造成了严重的环境污染，汽车排放污染已成为我国大中城市中心地带空气污染的主要来源。

3）交通堵塞

交通阻碍问题在人们的社会生活中已经成为一种"文明病"，国内、外一些大、中城市和主干道路，特别是一些发展中国家的大、中城市和主干道路，都无法避免这个现实问题。

交通堵塞不仅影响人们的出行时间和心情，还降低了一条道路原来能供应的车辆通行能力，增加了车辆的油耗和污染排放。因此，针对道路交通所出现的交通堵塞现象日益严重的现状，人们在不断探索，积极寻求良方妙策，以解决实际问题。

4）交通事故

世界卫生组织于 2018 年发布报告称，全球每 24 s 就有人因交通事故丧命，每年因交通事故丧命的人数达到 135 万人。报告指出，5~29 岁的儿童及年轻人最主要的死亡原因是交通事故。自 2015 年开始，因交通事故死亡的人数每年递增 10 万人。因此，交通事故已成为"现代社会的第一公害"。

随着我国汽车数量的增多和汽车进入家庭，社会各界越来越关心交通事故的发生。因此，我国的道路管理更加严格，道路建设历程增多，对人的安全教育也加强了。随着驾驶员和行人行为的改善、公路和车辆设计的优化及交通法规的完善，相信我国交通事故的发生率呈现不断下降的趋势。

5）汽车占地

汽车的使用必须有供其行驶的道路和停车位，这也意味着汽车需要占用大量的土地。随着汽车保有量的增加，公路通车里程要延长，停车位要进一步增加，所以汽车占用的土地会越来越多。据交通部门估算，公路每延长 1 km，意味着约 1 000 t 沥青，400 t 水泥及大量的

钢筋、砂石等填料将铺在人们世代耕种的土地上。平坦、排水性能良好的耕地特别适合修路，但是铺上沥青的土地几乎不可能逆转为良田。对多数城市的生活小区和单位来说，为了解决居民或职工停车难的问题，已经或多或少地减少了绿化面积或露天休闲场所面积。以上这些都是汽车占地所引发的问题。

6) 汽车噪声

随着人们对汽车乘坐舒适性要求的不断提高，人们对汽车噪声也有了更深刻的认识和更严格的要求，各汽车制造商也均把改善和解决汽车噪声问题作为努力的方向。应该说，汽车噪声已成为困扰汽车产业发展的重要因素之一。

汽车噪声不仅直接危害人们的身心健康，破坏乘坐的舒适性，而且还严重影响汽车行驶的安全性，增加交通事故的发生概率。在我国，小轿车车外加速噪声中，发动机噪声约占55%；大、中型汽车车外加速噪声中，发动机噪声约占65%。汽车底盘噪声的强度仅次于或大致相当于发动机噪声。汽车上各噪声源发出的噪声，经过不同的途径传播到驾驶员耳旁。对于有驾驶室的汽车，由底盘传来的振动可能使驾驶室的壁、顶、门和窗成为新的二次噪声源，当与驾驶室的金属结构处于共振状态时，二次噪声将更为严重。

7) 汽车电磁波干扰

在汽车的电气设备中有很多导线、线圈等电气元件，它们有不同的电容和电感，而任何一个具有电感、电容的闭合电路都会形成振荡。因此，在汽车的电气设备中有很多振荡回路。当火花放电时，就会产生高频振荡并以电磁波的形式放射到空中，切割无线电或者电视天线，从而引起电磁波干扰。在汽车的电气设备中，点火系统的干扰最为严重。此外，发电机、调节器及灯开关等也会产生干扰。

2. 我国相应的措施

1) 国家第六阶段机动车污染物排放标准

"国家第六阶段机动车污染物排放标准"包括《轻型汽车污染物排放限值及测量方法（中国第六阶段）》《重型柴油车污染物排放限值及测量方法（中国第六阶段）》两部分，是为贯彻《中华人民共和国环境保护法》《中华人民共和国大气污染防治法》，防治压燃式及气体燃料点燃式发动机汽车排气对环境的污染，保护生态环境，保障人体健康而制定的。其由中华人民共和国生态环境部、中华人民共和国国家质量监督检验检疫总局（以下简称"国家质检总局"）分别于2016年12月23日、2018年6月22日发布，《轻型汽车污染物排放限值及测量方法（中国第六阶段）》自2020年7月1日起实施，《重型柴油车污染物排放限值及测量方法（中国第六阶段）》自2019年7月1日起实施。接下来主要介绍《轻型汽车污染物排放限值及测量方法（中国第六阶段）》（以下简称"轻型车国六标准"）。

近年来，中国机动车污染物排放标准逐步提升，2001年，国家第一阶段机动车排放标准开始实施，经过7年的发展，目前全国实施国家第四阶段排放标准，重点区域实施第五阶段排放标准，单车污染物排放降低90%以上，有效促进了汽车行业的技术升级。为进一步强化机动车污染防治工作，从源头减少排放，落实《国民经济和社会发展第十三个五年规划纲要》有关"实施国Ⅵ排放标准和相应油品标准"的要求，中华人民共和国生态环境部、国家质检总局出台了"轻型车国六标准"。

"轻型车国六标准"在技术内容上具有6个突破：一是采用全球轻型车统一测试程序，全面提高了测试要求，有效减少了实验室认证排放与实际使用排放的差距，并且为油耗和排放的协调管控奠定了基础;二是引入了实际行驶排放(Real Driving Emissions,RDE)测试,改善了车辆在实际使用状态下的排放控制水平,利于监管,能够有效防止实际排放超标的作弊行为;三是采用燃料中立原则,对柴油车的氮氧化物和汽油车的颗粒物不再设立较松限值;四是全面强化对VOCs的排放控制,引入48小时蒸发排放试验及加油过程VOCs排放试验,将蒸发排放控制水平提高到90%以上;五是完善车辆诊断系统要求,增加永久故障代码存储要求及防篡改措施,有效防止车辆在使用过程中超标排放;六是简化主管部门进行环保一致性和在用符合性监督检查的规则和判定方法,使操作更具有可实施性。

为保证汽车行业有足够的准备周期来进行相关车型和动力系统变更升级,以及车型开放和生产准备,本次"轻型车国六标准"采用分步实施的方式,设置国六a和国六b两个排放限值方案,分别于2020年和2023年实施。同时,对大气环境管理有特殊需求的重点区域可提前实施"轻型车国六标准"排放限值。目前,标准实施的行业生产和油品条件也已初步具备。多家轻型汽车生产企业已基本完成符合"轻型车国六标准"样车的开发工作。国家质检总局、国家标准化管理委员会也已于同期批准发布了第六阶段车用汽、柴油国家标准。

下一步,中华人民共和国生态环境部将积极协调有关部门,切实保障"轻型车国六标准"的实施,进一步加大机动车环保达标监督检查力度,推动车用油品升级,切实改善城市空气质量。

2)使用节能与环保汽车

(1)使用小排量轿车。与大排量轿车相比,小排量轿车的车型小巧,操控灵活且经济省油,而这些优点也有助于降低能源消耗,减少空气污染。另外,目前我国多数轿车乘坐人数较少,所以使用大排量、大功率汽车在一定程度上浪费资源,而生产小型车,由于其座少、车体小,甚至车门都可以减少,所以有一定的好处。

(2)采用汽车节能技术。汽车节能技术可分为发动机本身的结构性措施和汽车驾驶技术措施。

从发动机的结构上进行改进,实现节能的具体措施有:改进燃烧室,提高压缩比,改善进、排气系统,可变配气相位,采用绝热燃烧室,采用新式燃料供给系统,采用稀混合气,减少怠速油耗和强制怠速油耗,减少发动机内部摩擦损失,回收废气能量,实现发动机的柴油化,电子、计算机对发动机的最佳控制等。

在汽车使用过程中可提高驾驶技术,降低能源消耗的具体措施有:发动机起动后要充分预热,汽车起步加速要平稳、柔和,合理选择和变换挡位,维持经济车速行驶,加速踏板应轻踩及柔和控制,行车中冷却液温度要适宜,合理利用滑行,保持汽车底盘的技术状态良好等。

(3)研究新能源汽车。为减少石油能源的消耗,降低汽车的排放污染,人们也纷纷投入了大量人力、物力、财力来开发汽车代用燃料和研制新型动力装置。开发出来的代用燃料油有液化石油气(LPG)、液化天然气(LNG)、压缩天然气(CNG)、甲醇汽油、乙醇汽油、二乙醚等,研制的新型动力装置及汽车有转子发动机、燃料电池发动机、氢气发动机、混合动力汽车、电动汽车和太阳能汽车等。

3)完善城市公共交通

快速增长的汽车数量给城市交通体系带来了巨大的压力,为解决城市交通拥挤问题,城市管理部门应进一步加强路面疏导，增加道路交通建设和管理的科技含量，完善高速公路网络，加强公共交通建设。其中，比较有效的措施是贯彻公交优先思想，完善城市公共交通，具体可以从以下几个方面进行努力：大幅提升公交服务水平，大力发展公共交通（包括轨道交通）；大力开展交通宣传，进行交通安全管理；通过交警勤务管理改革，提高交通管理队伍的综合实力和快速反应能力；制定和开展智能交通管理系统（Intelligent Traffic Management System，ITMS）的规划和建设。

为解决城市空间用地有限、城市路网加密潜力有限的问题，政府还可以采取措施制约过多汽车进入城区，鼓励有车族到郊区购房，到市区乘坐公共交通工具。例如，有些城市倡导"每月少开一天车"。

9月22日是世界无车日，世界无车日最早是由法国一些年轻人提出的。1998年9月22日，法国一些年轻人最先提出"In Town, Without My Car!（在城市里没有我的车）"的口号，希望平日被汽车充斥的城市能够获得片刻的清净。这个主张得到城市居民的热情支持，发展成为全国性的运动。一年后，也就是1999年9月22日，法国66个城市和意大利92个城市参加了第一届"无车日"活动。2000年2月，法国首创的无车日倡议被纳入欧盟的环保政策框架内。短短几个月时间，欧盟的14个成员国和其他的12个欧洲国家决定加入欧洲无车日活动。目前，很多国家和地区都支持9月22日为世界无车日。

4）减少交通事故

交通事故是在一定条件下发生的动态过程，具有很大的随机性和偶然性，事故原因往往错综复杂，不是人、车、路、环境等因素中某一因素单独所致，而是各因素相互作用的结果。因此，预防交通事故是一项系统工程，必须从加强交通安全教育、提高车辆的安全性、不断改善道路条件和优化道路交通安全环境等各方面综合考虑来建立预防道路交通事故的措施。

（1）加强交通安全教育，提高驾驶员的素质、水平和职业道德。首先，驾驶员应具有良好的身体素质；其次，驾驶员技能要过硬；最后，驾驶员要讲交通职业道德，具有高度的责任感和安全意识，严格遵守交通法规，从思想上真正认识违反交通规则的严重后果。

（2）对社会人员进行交通安全教育。人的交通安全意识薄弱，存在违章现象，是造成交通事故的主要因素。因此，可利用一切新闻媒介和宣传手段对社会人员进行交通安全教育和交通法规宣传，加强和提高人们的交通安全意识和交通法制观念，使人们遵守交通规则。

（3）加强车辆维护，提高汽车的安全性能。良好的车辆技术性能是保证安全驾驶的基础。除了要建立完善的汽车安全检测制度和基于检测的车辆维修制度外，驾驶员日常应勤于维护车辆，及时消除隐患，保证车况良好，杜绝带病上路。

（4）完善道路安全设施，不断改善道路条件。严格按照国家或行业标准，整改不符合要求的交通标志、标线、标牌、斑马线、过街天桥、通道及各种交通安全设施；改善道路纵断面线形，降低纵坡；改善平面线形，裁弯取直，消除瓶颈，消除路边障碍物，确保交叉口和弯道的视距；提高路面的粗糙度及排水能力，改善路面的防滑性能；加固、加宽路面和路基；对各种交通流实行物理分隔（快车道、公共交通车道、非机动车道、人行道）等。

（5）加强道路交通管理，优化道路交通安全环境。交通管理部门应运用高科技手段及时查处违章车辆，排除事故隐患，如在一些超速现象严重的路段定点设岗，用雷达测速仪对超速车辆进行查处；在雨、雾、雪等气候条件下应制定交通管制预案，合理控制交通流量，疏导车辆通行；在交通流量超过道路通行能力的路段可以通过限制交通流量的方法来保证交通安全，同时路段的管理者在流量调整阶段向车辆发布分流信息，提供绕行路线。

（6）保护弱势人群，加强校车监管。近几年来各类校车事故引起社会的广泛关注和讨论，为预防和避免儿童在校车行驶过程中受到交通事故的意外伤害，有关部门要加强对校车的交通安全管理工作。

5）倡导汽车文明

进入汽车时代并不意味着拥有了汽车文明。常见的不文明用车行为：一是不注重自身及他人安全，如超载、超速、酒后驾驶、疲劳驾驶、无证驾驶；二是不管不顾，缺乏公德，如在小区里开快车、乱鸣笛、乱停车、占用自行车道、等红灯时占用斑马线；三是存在破坏环境、有损市容的行为，如从车内向外扔垃圾、吐痰、上身赤裸开车，停车休息时脱鞋将脚架在仪表台上等；四是不诚信友爱，如发生交通事故后，肇事者逃逸或拖延赔偿受害方的损失，遇到需要救助的车友时，视而不见、见死不救；五是开"霸王车""斗气车"，如在车道中横冲直撞，甚至相互竞赛等。

汽车文明包含的内容有高效有序的交通管理，公平合理的路权分配，推己及人的文明意识，克制、谦让的驾车习惯。应倡导汽车文明，共同构建文明出行的社会风尚，促进整个社会早日走进汽车文明时代。

扩展阅读

中国汽车工业的奠基人——饶斌

饶斌（1913—1987），吉林省吉林市人，祖籍南京，生于吉林，原名饶鸿熹，中国汽车工业的奠基人，享有"中国汽车之父"的盛誉。

1953年6月9日，毛泽东主席签发《中共中央关于三年建成长春第一汽车制造厂的指示》，这一天成为中华人民共和国汽车工业的发祥日。有全国人民的支援，壮志满腔的饶斌全身心投入轰轰烈烈的建设热潮之中，他不仅是汽车厂厂长，也是建筑公司经理，工作强度很大，以至于回到家常常饭菜没有端上桌，人已酣然入梦。为掌握汽车工业制造技术和建筑技术，他虚心向技术人员和有经验的老工人求教，成为能够推车送浆和操作机床、摘掉不懂汽车工业"白帽子"的领导干部。1956年7月14日，一汽总装线上开出由中国人自己制造的第一批"解放"牌载货汽车，结束了中国不能自己制造汽车的历史。

1964年，中国经济形势好转，毛泽东主席说："建设第二汽车厂是时候了。"筹建二汽的工作理所当然地又落到饶斌头上。项目选址确定在湖北十堰。此后，赶上"文化大革命"，整个"文化大革命"期间，政治走向一直阻挠着二汽的建设。和建设一汽相比，饶斌不仅呕心沥血地领导了二汽的基本建设和设备安装，还要用高度的政治智慧应对极"左"思潮的干扰。在一汽，他工作了7年，而在二汽，一干就是16年。

1987年7月15日，饶斌回到一汽参加"解放"牌卡车出车30年纪念大会。会上，他突然激动地讲起了轿车："我老了，不能和大家一起投身第三次创业。但是，我愿意躺在地上，化作一座桥，让大家踩着我的身躯走过，齐心协力把轿车造出来，去实现我们中国几代汽车人的轿车梦！"说完，他的泪水潸然而下。十几天后，他病倒在上海，时任上海市长的江泽民对医生说："这是我的老首长，是汽车工业的创始人，要不惜一切代价医治他。"1987年8月29日，饶斌在上海逝世，享年74岁。

第 2 章　车辆工程专业认识

2.1　车辆工程专业的发展历程

2.1.1　2012 年之前的车辆工程专业

1. 我国主要车辆工程专业

车辆工程专业是现在高等学校中的热门专业。随着汽车制造业的兴盛，车辆工程专业正在积极发展和完善，各大高等学校对其的重视程度也与日俱增。车辆工程就是关于各种车辆的研究、设计、制造、使用及管理的一门科学技术，其分类应属于机械类。该专业学制四年，学生毕业后可被授予学士学位。这个专业有着漫长的发展史。

早在 20 世纪 30 年代，我国就有大学开设了汽车专业或课程，如清华大学机械工程学系就设立了飞机及汽车组，成为我国最早设置汽车专业的大学。清华大学的汽车工程系成立于 1980 年，目前该系的车辆、动力、机械工程学科均为国家重点学科。车辆工程被列入国家高等学校和北京市特色专业建设点，拥有汽车安全与节能国家级重点实验室。其师资力量强大，主要研究方向为汽车动力学、汽车动力系统、先进汽车设计等。毕业生大部分选择继续深造。

吉林大学的车辆工程专业设置在汽车工程学院中，该学院在汽车工业领域享有盛誉。吉林大学的汽车工程学院（原吉林工业大学汽车工程系）成立于 1955 年，由原交通大学、华中工学院和山东工学院的相关专业整体搬迁组建而成。该学科于 1978 年、1981 年先后首批获得硕士、博士学位授予权，1987 年被批准为国家重点学科，1989 年获准设立博士后流动站，1998 年获准建设汽车动态模拟国家重点实验室，1997 年成为国家"211 工程"首批重点建设学科，1998 年成为首批获准设立"长江学者"特聘教授岗位的学科之一，2001 年再次被批准为国家重点学科，2009 年车辆工程专业成为首批国家特色专业，2012 年车辆工程专业获得工程认证，是全国近百个车辆工程专业的唯一代表。多年来，该学科为我国汽车行业培养了人数众多的技术和管理人才，并在汽车整车与底盘设计、汽车及其零部件制造、混合动力汽车设计理论与控制技术等多个学科领域拥有汽车仿真与控制国家重点实验室，具有国内领先的研究和技术积累优势，具备跟踪汽车领域国际前沿技术和承担国家重大科研项目的能力。

同济大学车辆工程专业设置在同济大学汽车学院中。1988 年，同济大学机械设计及制造专业（汽车方向）正式向全国招生，同年 10 月成立了汽车研究室。1991 年，同济大学汽车工程系正式成立，1998 年获得车辆专业博士授予权和建立机械工程一级学科博士后流动站资格，2002 年正式成立了同济大学汽车学院。该学院以追求可持续发展世界一流学科为发展目标，以科研教学为发展基础，以立德树人为发展根本，快速成长为国内新能源汽车、智能汽车和空气动力学科学研究、技术开发与人才培养高地，成为全国高校中特色鲜明、实力雄厚、影响力广泛的汽车学院。同济大学汽车学院面向汽车、动力和交通等行业，依托车辆工程、动力机械及工程、载运工具运用工程三大学科，针对新能源汽车和智能驾驶汽车的专业人才需求，形成了汽车工程、汽车电子、车身与空气动力学、试验技术、新能源汽车动力系统、汽车安全智能驾驶、汽车产品管理营销等教学科研方向，构建了完备的本、硕、博贯通人才培养体系，以德语、英语双外语教学为培养特色。

湖南大学的车辆工程专业设置在机械与运载工程学院（长丰汽车工程学院）中，该学院前身为1908年兴办的机械科，以及由此发展出的机械工程系，是湖南大学历史悠久的院系之一，原名为机械与汽车工程学院，于2008年6月正式更名为机械与运载工程学院。该学院建有机械工程系、车辆工程系、工程力学系、航空航天系4个系，建有国家高效磨削工程技术研究中心、汽车车身先进设计制造国家重点实验室、汽车电子与控制技术教育部工程技术研究中心、中国汽车技术与发展研究中心、湖南省汽车车身工程技术研究中心等多个国家级、部省级科研机构。

2. 车辆工程学科的发展

我国的汽车工业开始于第一个五年计划。在第一个五年计划期间，建成了长春第一汽车制造厂、洛阳第一拖拉机制造厂，我国拥有了汽车及拖拉机制造能力。随着制造业的不断发展，以及对相关人才需求的不断增加，各高校的车辆工程专业也在不断发展。

20世纪50—60年代，该专业的主要对象是汽车拖拉机，其主要研究汽车和发动机的设计制造、装配和保修；20世纪80年代该专业又有了较细划分，其分为汽车、汽车运用及修理、汽车拖拉机、汽车运用工程，其中汽车运用工程只是汽车拖拉机工程专业的专门化方向，这些改变主要与当时的师资力量和社会需求相适应。

20世纪90年代，为了解决我国专业划分过细的状况，教育部又进行了3次大规模的专业调整工作（1993年、1998年、2012年）。1993年根据经济社会发展的需要，国家形成了体系完整、比较科学合理的统一规范《普通高等学校本科专业目录》，将学科分为10个门类，下设71个二级学科门类，专业由671种减少到504种。这次调整专业数目进一步减少，突破了与行业部门相对应的传统模式，成为我国大学专业设置、划分走向科学化、规范化的标志。

1998年全国大学的专业调整的目的是适应社会主义市场经济和加快改革开放的需要，改变高等学校长期存在的专业划分过细、范围过窄、专业门类重复设置的现状。专业数目由504种减少到249种。其调整特点：按照学科设置专业，强调人才培养的社会适应性。1998年的专业调整中取消了汽车专业，汽车与拖拉机专业并入了机械设计制造及其自动化大专业，载运工具运用工程专业并入了交通运输大专业。除吉林大学被特批设置车辆工程专业（机械类下的目录除外）外，其他院校不再设有以"车"冠名的专业，一时间汽车专业该何去何从成了一个大问题。表2.1列出了不同历史时期我国教育部门对汽车专业的定位情况。

表2.1 不同历史时期我国教育部门对汽车专业的定位情况

年代	专业	定位情况
20世纪50年代	汽车拖拉机	分为4个专业方向：汽车、拖拉机、汽车拖拉机发动机和汽车运输。学生毕业后能从事汽车、拖拉机或发动机的设计、制造、装配、运用、保修及试验工作

续表

年代	专业	定位情况
20世纪60年代	汽车拖拉机	学生毕业后能在汽车或拖拉机制造厂、运输企业中保修场站等部门从事汽车、拖拉机或发动机的设计、制造、装配、运用、保修及试验工作
20世纪80年代	汽车	本专业分设汽车专门化及车身专门化方向。学生毕业后能在汽车工业部门及其科学研究机构从事汽车设计及汽车方面的研究工作，并能在学校从事教学工作
20世纪80年代	汽车运用及修理	本专业所培养的人才要求能设计汽车及发动机的各个总成和零部件，能设计汽车机件的制造、修理及技术保养工艺过程，能设计保养、修理、试验及卸装用的各种机械仪器和工具，能进行汽车和发动机的各项研究试验工作
20世纪80年代	汽车与拖拉机	本专业培养从事汽车与拖拉机设计、试验、研究和制造的高级工程技术人才。本专业学生主要学习机械设计的基础理论与方法，以及汽车、拖拉机性能的分析方法，解决汽车与拖拉机的整机与零部件的设计问题
20世纪80年代	汽车运用工程	本专业旨在培养能应用现代科学技术手段进行汽车运用试验、研究和从事汽车运输、使用系统设计与管理的高级工程技术人才。本专业学生主要学习公路运输车辆及其装备、电子技术、运输规划和管理等方面的基础理论和科学方法
20世纪90年代	车辆工程	本专业的研究对象是汽车、机车车辆、拖拉机、军用车辆及工程车辆等陆上移动机械的理论、设计和技术问题
20世纪90年代	载运工具运用工程	本专业主要研究载运工具的运行品质、安全可靠度和监测维修等理论和技术，涉及机械工程、材料科学与工程、电子科学与技术、管理科学与工程及系统工程等多学科和现代信息技术、计算机技术、综合集成技术等高新技术

进入21世纪，我国汽车产业进入加速增长期。2000年我国汽车销量达到200万辆，2002年达到300万辆，2007年达到800万辆，2009年达到1 379万辆，2010年达到1 826万辆，2011年达到1 850万辆，汽车产业成为我国第五大支柱产业。因此，各大高校纷纷加大了对汽车专业的投入，积极申办车辆工程专业，教育部将其批为目录外专业，专业代码为080306W。随着汽车专业人才的需求量加大，2003年，汽车服务工程专业（目录外专业）首次获批准招生，专业代码为080308W。

2.1.2 2012年之后的车辆工程专业

在2012版的《普通高等学校本科专业目录》中，除1998—2011年设置的目录外专业，一部分纳入基本专业，一部分转为特设专业。车辆工程专业首次从目录外专业转正为目录内专业，专业代码由080306W改为080206。中国汽车工业协会的数据显示，2017年全年汽车销售量达到2 887.9万辆，其中新能源汽车发展势头强劲，销量接近80万辆。因此，不少院校新增了车辆工程专业。至 2017 年,全国设置有车辆工程专业的高校已达 239 所。这些高校有的原来就设有汽车与拖拉机专业或汽车运用专业,有的在机械或交通专业的基础开办了新专业。1999—2018 年度经教育部备案或批准设置车辆工程专业的学校名单(部分)见表 2.2。

表 2.2 1999—2018 年度经教育部备案或批准设置车辆工程专业的学校名单(部分)

年份	学校名称	数量
1999	清华大学、吉林大学、武汉理工大学	3
2000	合肥工业大学、江苏理工大学(现江苏大学)、湖南大学、重庆大学	4
2001	北京航空航天大学、长安大学、中国农业大学、大连铁道大学、辽宁工学院、同济大学、南京航空航天大学、山东工程学院、洛阳工学院、湖北汽车工业学院、华南理工大学、西南交通大学、四川工业学院、西北工业大学	14
2002	河北工业大学、燕山大学、河南科技大学、哈尔滨工业大学、黑龙江工程学院、扬州大学、南京理工大学、福州大学、福建农林大学、武汉科技大学、广西工学院、重庆交通学院、重庆工学院、西南林学院	14
2003	北京科技大学、山东大学、北京机械工业学院、沈阳工业大学、淮阴工学院、杭州电子工业学院、浙江科技学院、安徽工业大学、安徽工程科技学院、福建工程学院、南昌大学、山东建筑工程学院、山东交通学院、长沙理工大学、广东工业大学、华南农业大学、西南农业大学、昆明理工大学、兰州交通大学	19
2004	沈阳航空工业学院、浙江工业大学、集美大学、九江学院、山东科技大学、青岛理工大学、华南热带农业大学、云南农业大学、西安理工大学	9
2005	中国石油大学(华东)、中北大学、上海理工大学、厦门理工学院、南昌大学科学技术学院*、临沂师范学院、潍坊学院、中原工学院、西安科技大学	9
2006	太原理工大学、内蒙古农业大学、哈尔滨理工大学、安徽农业大学、安徽科学院、华东交通大学、南昌工程学院、烟台大学、山东农业大学、邵阳学院、广东白云学院、北京理工大学珠海学院*	12
2007	南京农业大学、北京林业大学、大连理工大学、河北科技大学、河北农业大学、太原理工大学现代科技学院、内蒙古科技大学、沈阳航空工业学院北方科技学院、上海工程技术大学、南京工程学院、安徽农业大学经济技术学院、广东技术师范学院、广西工学院鹿山学院*	13
2008	东北大学、西安交通大学、华侨大学、石家庄铁道学院、燕山大学里仁学院*、太原科技大学、沈阳大学、佳木斯大学、上海电机学院、南京林业大学、江苏技术师范学院、河南理工大学、襄樊学院、安徽工程科技学院机电学院*、广东技术师范学院天河学院	15
2009	中南大学、天津工程师范学院、北京化工大学北方学院*、中北大学信息商务学院*、内蒙古工业大学、长春大学、东北农业大学、哈尔滨工业大学华德应用技术学院*、苏州大学、南京工业大学、金陵科技学院、集美大学诚毅学院*、聊城大学、烟台大学文经学院*、洛阳理工学院、成都学院	16

续表

年份	学校名称	数量
2010	大连民族学院、河北工程大学、盐城工学院、安徽理工大学、滨州学院、黄河科技学院、湖南农业大学、广西大学、吉林大学珠海学院*	9
2011	北京交通大学、北京建筑工程学院、北华航天工业学院、北华大学、长春师范学院、东北石油大学、江苏科技大学、宁波工程学院、佛山科学技术学院、湖南涉外经济学院、湖南科技大学、新乡学院、潍坊科技学院、华东交通大学理工学院、江西科技学院、三明学院、河海大学文天学院*、蚌埠学院	18
2012	东北林业大学、天津科技大学、大连大学、齐齐哈尔工程学院、常熟理工学院、宁波大学、郑州科技学院、郑州华信学院、钦州学院、桂林航天工业学院、三亚学院、四川理工学院、攀枝花学院、兰州工业学院、西安科技大学高新学院*、河北农业大学现代科技学院*、北京交通大学海滨学院*、苏州大学文正学院*、长江大学工程技术学院*、苏州大学应用技术学院*、河北工程大学科信学院*、浙江工业大学之江学院*	22
2013	辽宁工程技术大学、长春工业大学、常州大学、常州工学院、西北农林科技大学、同济大学浙江学院、龙岩学院、福州大学至诚学院、济南大学、曲阜师范大学杏坛学院、河南工程学院、湖北理工学院、南华大学、贵州大学、云南工商学院、陕西理工学院、兰州交通大学博文学院	17
2014	河北科技学院、吉林化工学院、三江学院、滁州学院、厦门大学嘉庚学院、江西农业大学、鲁东大学、南昌工学院、烟台南山学院、青岛黄海学院、山东华宇工学院、郑州轻工业学院、郑州航空工业管理学院、河南理工大学万方科技学院、湖南交通工程学院、肇庆学院、桂林电子科技大学、贵州工程应用技术学院、西安建筑科技大学、咸阳师范学院、西安思源学院	21
2015	河北科技大学理工学院、长春工业大学人文信息学院、华北理工大学、河北建筑工程学院、唐山学院、长春科技学院、上海第二工业大学、江苏师范大学、南通理工学院、温州大学、嘉兴学院、江西工程学院、景德镇陶瓷学院科技艺术学院、黄冈师范学院、武汉商学院、韶关学院、广东理工学院、西安航空学院、甘肃农业大学、西安交通工程学院	20
2016	北京城市学院、山西农业大学、南京工业大学浦江学院、浙江水利水电学院、安庆师范大学、安徽文达信息工程学院、青岛恒星科技学院、信阳学院、商丘学院、郑州成功财经学院、河南工学院、重庆邮电大学移通学院、西南交通大学希望学院	13
2017	浙江大学、天津中德应用技术大学、山西工程技术学院、大连科技学院、合肥学院、江西理工大学、德州学院、商丘工学院、郑州财经学院、郑州工程技术学院、重庆人文科技学院、云南经济管理学院	12
2018	华北水利水电大学、唐山师范学院、吉林工程技术师范学院、宁德师范学院、厦门工学院、广州大学松田学院*、广州航海学院、塔里木大学	8
	合计	268

注：学校名称加有"*"者为经教育部批准和确认的独立学院。

2.2 车辆工程专业的培养目标和课程体系

2.2.1 车辆工程专业的培养目标

车辆工程专业的培养目标是培养具备车辆工程基础知识和专业技能，能在企业、高校及科研院所从事车辆设计、制造、试验检测、管理、科研及教学等工作的车辆工程领域复合型高级工程技术人才。该专业要求学生系统学习和掌握机械设计与制造的基础理论，学习微电子技术、计算机应用技术和信息处理技术的基本知识，接受现代机械工程的基本训练，具有进行机械和车辆产品设计、制造及设备控制、生产组织管理的基本能力。

高等学校车辆工程专业培养人才的目的，是塑造能为祖国社会主义现代化建设服务的第一线的车辆工程师。车辆工程专业所培养的未来工程师属于技术家的范畴。本科阶段的学习中最为重要的是打好扎实的技术科学理论基础。学生在学习过程中既要重视基础科学和科学技术的学习，又要重视本专业工程基础，而且在学好基础科学和技术科学理论的基础上，要更加重视本专业工程技术相关技能的学习和应用。

我国几所高校车辆工程专业的培养目标见表2.3。

表2.3 我国几所高校车辆工程专业的培养目标

高校名称	车辆工程专业的培养目标
清华大学	培养德智体全面发展的汽车工程高级技术人才，本科毕业生应具有扎实而全面的工程科学和技术基础知识，了解并重视与汽车技术发展有关的人文社会科学知识，有较强的实践能力和创新精神，能从事与汽车工程有关的设计、试验、教学和管理工作
北京理工大学	培养具有社会责任感和工程职业道德，具备扎实的数学、力学等自然科学知识和良好的人文社会科学素养，系统地掌握车辆工程领域所必需的基础理论和专业知识，具有国际视野和国际交流与合作能力，以及较强的工程实践能力和创新意识，掌握汽车总体、主要零部件、电子控制及信息、电动汽车等现代汽车技术，能够在车辆工程领域从事产品开发与设计、生产制造、试验和科学研究的工程专业技术人才
吉林大学	培养适应社会主义现代化建设和未来社会与科技发展需要的，德智体全面和谐发展与健康个性相统一，具有创新精神、实践能力和国际视野，并富有良知和责任感，具备从事机械工程工作所需基础知识，掌握车辆工程专业理论，具备科学研究、设计开发与技术管理等能力的车辆工程高级专门人才
同济大学	培养面向未来汽车工业发展，德、智、体、美全面发展，"知识、能力、人格"三位一体，掌握车辆工程（汽车）学科的基本原理和基本知识，具有扎实的基础理论、宽厚的专业知识，获得工程师的基本训练，具备良好的职业素养，较强的工程实践、工程研究及创新能力，能从事车辆工程（汽车）领域内的设计制造、科研开发、应用研究、市场营销、物流等方面的工作，具有较强的社会责任感、国际视野和国家认证的创新性实践型卓越汽车预备工程师。设有6个专业方向，即汽车设计、汽车发动机设计、汽车电子、汽车营销与物流、汽车车身与空气动力学和汽车实验学

续表

高校名称	车辆工程专业的培养目标
湖南大学	培养具有坚实的自然科学、工程技术基础和一定的人文社会背景知识,具有良好的思想、业务、文化和身心素质,良好的交流能力和团队合作精神,良好的获取知识、应用知识的能力,能在整车及零部件制造、能源、交通运输、航天航空等领域从事车辆整车、零部件的设计开发、试验研究及管理等工作,具有一定专长的"宽厚、复合、开放、创新"型的高级工程技术人才
武汉理工大学	培养具有坚实的自然科学基础、机械科学与工程专业基础,良好的人文社会科学基础,拥有良好的工程素质、较强的工程实践能力和创新精神,具有较强的车辆工程专业能力,以及良好的交流和沟通、组织管理能力,全面发展的具有国际视野的工程技术及管理人才。本专业毕业的学生,既可从事车辆工程领域的产品开发、生产及应用、工艺设计及控制、新技术开发及工程服务等方面的工作,也可承担企业管理、生产技术管理及企业市场经营等工作
江苏大学	培养知识结构合理、具有创新精神的从事以汽车为主的车辆设计、制造、研究、试验、运用与管理等工作的高级工程技术人才。通过学习,毕业生应具有扎实的数学、力学、电工电子学、计算机应用及车辆工程等方面的基础理论和相关的专业知识,掌握现代汽车的设计理论与应用技术。通过学习,学生具备进行汽车产品研究、设计、制造与开发、试验与检测、维修和管理的能力
燕山大学	面向汽车行业的发展要求,培养拥有高度社会责任感,工程职业道德,国际视野,人文社会素养和良好的数学、力学等自然科学知识,具备较强的交流能力和团队合作精神,系统掌握车辆工程领域所必需的基础理论、专业知识并具有较强的工程实践能力与创新意识,掌握汽车总体技术、主要零部件制造技术、电子控制技术、信息化技术等现代汽车技术,具有良好的知识获取与应用能力,能够在车辆工程领域从事产品开发设计、工程技术管理、生产制造、测试试验和科学研究的专业工程技术人才

车辆工程专业的培养目标是让学生在知识结构、能力结构和素质结构 3 个方面全面发展,各个结构涵盖的主要内容见表 2.4。

表 2.4 车辆工程专业人才素质的构成

知识结构	能力结构	素质结构
(1) 自然科学与人文社会科学; (2) 车辆工程基础; (3) 试验技能; (4) 工程应用与解决问题的技能; (5) 相关学科的综合知识	(1) 团队合作能力; (2) 领导能力; (3) 交流能力; (4) 判断能力; (5) 科学试验、分析解决本专业工程技术问题的能力; (6) 自学能力和适应科技发展的应变能力; (7) 社会综合能力	(1) 创新; (2) 强烈的工作热情和责任感; (3) 对变化环境的适应性; (4) 开拓进取的创业精神; (5) 坚韧的意志

本专业学生毕业 5 年后,应当具有以下能力:

(1) 能够有效运用工程技术手段设计车辆工程中较为复杂问题的解决方案。

（2）能够在车辆工程或相关领域学习研究生课程。
（3）能够在多学科背景团队中工作、交流，担任负责人或其他工作角色。
（4）具备终生学习能力并不断扩展知识面。
（5）具备国际交流合作能力，吸收国内外先进技术。
（6）具有高尚的道德和人文科学素养。

2.2.2 车辆工程专业的课程体系

《国家中长期教育改革和发展规划纲要（2010—2020）》明确指出：扩大应用型、复合型、技能型人才培养规模。这是我国在经济高速发展的历史背景下对人才培养的战略部署。针对车辆工程专业学生的实践能力和科研能力的不足，车辆工程专业的课程减少了理论课程的学时，删减了热力学基础等理论性较强的专业课学时，增加了实践课的学时。在课程设置中，坚持以市场需求为导向，培养适应社会主义现代化建设需要、基础扎实、知识面宽、富有创新精神、具备车辆设计制造知识及运用能力的高级技术人才。

车辆工程专业的课程设置与学分分布（某高校）见表2.5。

表2.5 车辆工程专业的课程设置与学分分布（某高校）

课程类别	课程性质	学分
公共基础课程	必修	26
文化素质课程（理工类）	选修	13
数学与自然科学基础类课程	必修+选修	34
专业相关课程	必修+选修	67
实践环节	必修+选修	20
综合论文训练	必修	15
合计学分		175

1. 课程设置

车辆工程专业的主要课程有电工与电子技术、机械制图、计算机基础、材料力学、理论力学、流体传动、金属制造工艺、机械原理、机械设计、公差配合与互换性、工程材料、汽车构造、汽车理论、发动机原理、汽车设计、汽车制造工艺、汽车电控、汽车试验技术等。

其中，汽车设计、汽车理论、汽车构造是车辆工程专业本科生必修的重要课程。

（1）汽车设计。本课程系统地介绍了汽车设计理论与计算方法，包括整车及底盘各主要总成设计所需要的基本知识。本课程内容包括汽车总体设计；离合器、机械式变速器、万向传动装置、驱动桥、悬架、转向系统和制动系统等各总成设计应满足的要求、结构方案分类与分析，主要参数的确定原则，零部件的计算载荷确定方法，强度计算方法，主要结构元件分析；最新设计方法及其在汽车设计中的应用等。

（2）汽车理论。本课程主要介绍与汽车动力学有关的汽车各主要使用性能：动力性、燃油经济性、制动性、操纵稳定性、行驶平顺性、通过性，以及在满足这些整车性能要求的基础上提出的选择汽车设计参数的一些原则，如汽车发动机功率的选择、传动系统传动比的确定、制动器制动力的分配、悬架参数、重心位置、轮胎型式、车辆几何参数的确定等。此外，本课程还包含各使用性能的评价指标与评价方法，通过建立有关的动力学方程，分析汽车及其部件的结构形式与结构参数对各使用性能的影响。

（3）汽车构造。本课程主要介绍汽车的总体及各部分构造，内容包括发动机基本知识、曲柄连杆机构、配气机构、汽油发动机燃料供给系统、柴油发动机燃料供给系统、发动机润滑系统、发动机冷却系统、传动系统、行驶系统、转向系统和制动系统等。

2. 实践教学

1）课程实验

课程实验是课堂理论教学的延伸，是实践教学的重要环节。通过实验，可以使学生加深对所学知识的理解，培养其从事汽车产品设计、制造、研究等方面的工作能力。专业课程的实验教学主要有汽车构造、汽车理论、汽车试验技术、汽车电控等课程的实验。

2）认识实习

认识实习是专业教育的一个实践教学环节，通过参观与本专业相关的企业，学习典型产品的构造，学生可以对典型产品有感性认识。认识实习为学生提供一个接触社会、了解企业的机会，扩展学生的知识面，有利于学生今后更好地学习专业知识。

3）生产实习

生产实习是使学生了解和掌握基本生产知识的实践环节，它印证、巩固和丰富已学过的专业知识，培养学生理论联系实际的能力。通过了解和掌握典型汽车零部件的结构、生产工艺、生产流程及生产设备，学生进一步增强感性认识，加深对加工方法、加工过程、工艺及设备的了解，为后续专业课程的学习打下基础。

4）课程设计

课程设计是汽车设计课程的重要实践性环节，是学生在校期间第一次比较全面的关于汽车设计的能力训练。通过课程设计实践，培养学生综合运用汽车设计课程和其他先修课程的理论知识与生产实际知识来分析和解决汽车设计问题的能力。

5）毕业设计

毕业设计是教学过程的最后阶段所采用的一种总结性的实践教学环节，通过毕业设计，学生可以综合运用大学所学知识和技能，进行全面、系统、严格的技术及基本能力的练习，也是对学生本科阶段学习成果的检验。

毕业设计实践培养学生综合运用所学基础课、技术基础课及专业课的知识，提高分析解决工程技术问题的能力；使学生受到查阅和收集文献、理论分析、制订方案、绘制工程图、总结和撰写论文等方面能力的训练。

2.3 车辆工程与其他学科的关系

2.3.1 车辆工程与数学

数学在车辆工程中的应用极为广泛。首先，车辆工程的本科学生从大一开始就要学习高等数学、线性代数、概率论与数理统计等课程；进入硕士阶段要学习数值分析、矩阵分析等课程；进入博士阶段还要学习现代数值计算方法、现代统计学基础等课程。

在人类历史发展和社会生活中，数学发挥着不可替代的作用，是学习和研究现代科学技术必不可少的基本工具。在车辆工程专业中，更是处处少不了数学这个重要工具。在汽车动力学分析中，对汽车操纵稳定性、汽车振动等方面都有大量的数学应用，如动力学模型的建立、动力学模型的求解。此外，还有优化知识的运用，通过一些算法设计出来的产品有更好的性能。汽车结构设计与结构优化也会运用到数学知识，结构设计需要分析设计结构的方法以及结构尺寸，结构优化设计在车辆工程领域应用最多的就是汽车轻量化设计。在混合动力汽车的控制策略研究中，主要是使用数学优化的方法进行计算，以对发动机或电动机的动力输出进行实时的控制。在车辆工程中，运用到数学知识的地方还有很多，这里不再一一列举，今后同学们深入学习后，会接触到更多相关知识。

2.3.2 车辆工程与力学

如何真正实现车辆的结构轻量化、节能降耗、安全可靠和物理失效控制等产品性能的最优，是车辆产品开发过程中重要的研究课题。而在这些研究中，都会涉及各种力学计算。

车辆轻量化就是在保证汽车的强度和安全性的前提下，采用现代设计方法和手段对汽车产品进行优化设计，以达到减重、降耗、环保、安全的指标。轻量化必然要减少车身金属材料的使用，即首先考虑结构轻量化，力求做到强度分配在车身整体上的合理性。因此，在轻量化设计中，首先确定主要载荷形式，其次了解载荷传递方式，进而选择合理的设计分析方法。图2.1所示为奥迪A8L承载式车身。

强度是指结构抵抗破坏的能力。车身零件在工作时，不容许出现结构断裂或塑性变形，也不容许发生表面损坏。车身强度是汽车车身结构在外力或内应力的作用下抵抗车身局部变形或疲劳失效的能力。

此外，车身设计还需考虑汽车的被动安全性，即在汽车不可避免地发生事故时，通过车内的保护系统来保护乘员，故应对车身部分结构进行加强，而有一些结构应具备吸能设计，以在碰撞时起到缓冲作用。图2.2所示为长城哈弗H6正面100%碰撞试验。

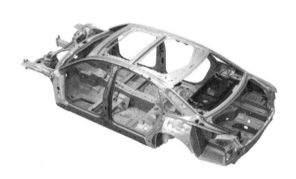

图2.1 奥迪A8L承载式车身

图2.2 长城哈弗H6正面100%碰撞试验

轻量化设计已经成为未来车辆结构新产品开发的主要发展趋势，但也可能导致结构振动加剧、耐久性下降和物理失效等一系列问题。就车辆结构失效问题而言，结构动应力过大一直是导致结构产生疲劳失效的主要原因之一。因此，对车辆关键部件的疲劳可靠性的研究非常必要。常规结构疲劳寿命分析的主要方法有基于应力法、基于应变法和断裂力学方法，这些均和力学相关知识紧密相关。

2.3.3 车辆工程与材料

材料的相关技术在车辆工程领域也有着广泛的应用。材料科学主要用于汽车轻量化方面，汽车轻量化的一种途径就是采用新材料。采用轻量化材料的原则是，在保证整个车身的强度和耐撞性的前提下，确保更换材料后的车身零件的强度和吸能能力不会降低。

未来汽车车身的发展方向，会根据不同部位的不同要求而采用不同性能的轻质材料。铝合金、镁合金、工程塑料、复合材料和高强度钢、超高强度钢等轻量化材料的应用会越来越广泛。

1. 金属材料在汽车上的应用

1）高强度钢材

铝、镁合金等轻质合金材料的应用，对传统钢材市场发出了挑战。面对这样的情况，世界上的很多钢铁企业开发出了密度更小、强度更高的车用高强度钢。这种先进的钢材是一种多相钢，该组织主要由马氏体和贝氏体组织按一定比例组成，使钢材具有优秀的应变硬化能力。在汽车上应用这种钢材，可以保证车身的强度，还可以减轻汽车的重量。

2）铝合金材料

铝合金的密度约为 $2.7\ g/cm^3$，在满足同等力学性能的条件下，可以比钢材减少约60%的质量，发生碰撞时可以比钢材多吸收50%的能量，且不需进行防锈处理。此外，铝合金还具有很高的回收率，比较符合可持续发展的要求。在当今的汽车制造企业中，铝合金的应用越来越多，车用铝合金材料中有70%以上都是铸造铝，主要用于发动机、传动系统及底盘行走系统等零部件。变形铝合金材料则主要用于热交换系统及车身系部件等。

3）镁合金材料

镁合金的密度约为 $1.74\ g/cm^3$，与铝相比，镁可使重量减轻21%；与灰铸铁相比，镁可使重量减轻50%。因此，镁合金可有效降低汽车重量。此外，镁合金材料的强度也较高，虽然刚度比钢材和铝合金低，但也能承受一定的负荷，可用于一些不太紧要的位置。目前，我国大概有20余种汽车零部件可以采用镁合金生产，如仪表盘骨架、座椅骨架、进气歧管、赛车车轮、转向盘骨架、壳体类零件等。

奥迪A8复合材料车身如图2.3所示，其分别采用了铝、钢、镁及CFRP碳纤维高分子复合材料4种材料；按种类再细分，材料种类达到29种，包括16种铝合金、11种钢材、1种镁合金和1种碳纤维复合材料。不同的钢材和铝材都有各自不同的特性，如铝合金材料对热敏感，采用传统焊接工艺会导致材料强度下降，而且受热易变形，会导致车身材料的拼合尺寸精度很难控制。如何将这些不同特性的材料坚固地连接在一起，不同材料间的连接工艺是关键。

图 2.3 奥迪 A8 复合材料车身

2. 非金属材料在汽车上的应用

1) 工程塑料

与金属材料相比,工程塑料具有更轻的重量和更好的耐腐蚀性,且其成型工艺较为简单,成本较低,因此在汽车制造领域得到越来越多的应用。汽车上使用的工程塑料主要包括热塑性塑料、热固性塑料和橡胶塑料。塑料材料最先应用于汽车的内饰,如仪表盘、转向盘、扶手、车门、保险杠、散热器罩等部件。近年来,塑料的使用量不断加大,占车身重量的10%~15%。

2) 纤维增强材料

常用的纤维增强材料主要有碳纤维增强材料、玻璃纤维增强材料和纤维增强金属。碳纤维增强材料具有较高的强度和弹性,主要应用于制造高档跑车车身。图2.4所示为由碳纤维增强材料制造的帕加尼跑车车身,应用了碳纤维增强材料的帕加尼跑车车重仅为1 350 kg。此外,奔驰尝试应用碳纤维材料制造溃缩区域,首先在SLR McLaren车型上应用。呈尖塔状的碳纤维溃缩柱由无数根碳纤维编织而成,虽然结构依旧无比坚硬,但在设计上它能够在正面碰撞时破碎成无数细小的碎片,以吸收大量的能量。目前,碳纤维材料在民用量产车领域的应用日渐广泛,很多厂商开始提供碳纤维的小组件,如后视镜壳、内饰门板、门把手、排挡杆、赛车座椅、空气套件等。玻璃纤维增强材料主要用于制造车体的外装件。

图2.4 由碳纤维增强材料制造的帕加尼跑车车身

2.3.4 车辆工程与人文

人文由一系列哲学和道德观点构成,它强调人(个人的和集体的)的价值和行为。人类关怀和生命关怀是人文的核心问题,其集中体现是重视人、尊重人、关心人和爱护人。

如今,汽车已经越来越融入人们的生活,车辆与人的关系也越来越密切。车辆工程专业设立的目的就是学习和研究与人相关的车辆,了解它的组成和工作原理,并在此基础上解决与人有关的各种问题,并且通过学习与研究进行各种创新。这一切都是为了服务于人类社会文明的发展。

1. 汽车文化

汽车文化是以汽车及其产业为载体,在人类发展过程中所创造的与汽车相关的物质财富与精神财富的总和,包含影响人类社会一系列行为、习俗、法律法规、观念的文化形态。

1) 汽车文化的特性

汽车文化的特性主要表现在文化的继承性、时代性、民族性、创新性、统一性与多样性、互动性等方面。

(1) 继承性。文化是人类世代相传的经验，继承性是文化的基础。汽车文化是一个不断积累和丰富的过程，经过历史的考验，优秀的汽车文化必然会有更长久的生命力，这种生命力使文化的继承性得以充分体现。否则，汽车文化将始终在最低层次不断重复，不可能进步。

(2) 时代性。在人类发展过程中，每个时代都有自己独特的文化印记。汽车文化在不断的发展变化过程中，自然也会打上那个时代的烙印，不同时期有其不同的特点。

(3) 民族性。共同的语言、在共同的地域、共同的经济生活和共同的文化特点形成了某民族的特色文化。汽车文化的民族性尤其明显，如美国车的豪迈与大气、德国车的精密与高效、意大利车的精悍与唯美、中国车的中庸与和谐等。

(4) 创新性。随着人类社会的前进，文化是不断发展变化的。传统与创新是永恒的课题。对汽车文化来说，创新是不竭的源泉，是实现汽车文化可持续发展的动力。

(5) 统一性与多样性。文化是全人类集体财富的总和，是人和人类的属性特征的体现。各个地域或民族的文化形式既具有共同的、同一的样式，又具有特色的成分，相互之间不可替代。汽车工业的集团化和国际化趋势越来越快，必然影响到汽车文化的属性。跨国公司这种跨国界、跨产品、跨文化的多品牌发展战略，使汽车文化融入了鲜明的国家和民族特色。

(6) 互动性。在历史发展进程中日趋频繁的文化交流，促进了各民族的互动与合作，使其相互影响，相互促进。汽车文化的发展也是一个相互借鉴与融合的过程。

2) 构建健康和谐的汽车文化

按照国际标准，若城市中每百户家庭拥有 20 辆汽车，就可以认为其进入了"汽车社会"。从汽车产业到汽车社会，从汽车社会到汽车文化，直到汽车社会需要的汽车文明，必须寻求人与人、人与车、车与车之间的多种关系转化为矛盾冲突之后的和谐之路。

(1) 培养社会责任感。汽车数量的增加直接导致安全、环保、节能方面的问题，增加了社会公共体系中资源和环境的压力。"汽车社会"的参与者（包括管理者、制造者、销售者、使用者）都对交通负有责任。管理者通过立法，约束、规范、引导参与者的行为，使之形成良好的习惯；制造者坚持"以人为本"的理念，生产满足人们日益增长的符合现代生活要求的产品；销售者不仅要推销产品，更要传播汽车文化；使用者应当努力践行汽车文化。

(2) 构建人、车、路和谐的社会氛围。人、车、路是构成道路交通的 3 个要素，既密切联系又相互制约。在参与道路交通的过程中，应当减少主观或人为的不安全因素，减少汽车对社会造成的危害。需要建立文明高尚的汽车礼仪、和谐宽容的汽车文化。使用者只有增强遵纪守法意识，弘扬优秀传统文化，才能形成人、车、路和谐的汽车文化。

(3) 提高公众的汽车文化传承意识。中华民族是具有创新精神的民族，因此必然能形成具有自己特色的汽车文化。然而文化的发展与积累不是一朝一夕的事情，汽车文化的形成需要全体国人不断凝练和丰富。在大学生中普及汽车文化知识，是增强汽车文化生命力的需要。此外，开展对社会大众的汽车文化熏陶也十分重要，尤其是对未成年人的汽车文化教育，经过一代代的传承与发展，汽车文化才会达到更高水平，社会也会更加美好。

2. 尊重生命权

生命权是人的最高也是最重要的人格利益,集中体现了人的价值与尊严,是人极为宝贵的权利之一。交通事故已成为"世界第一害",而中国是世界上交通事故死亡人数最多的国家之一。从20世纪80年代末中国交通事故年死亡人数首次超过5万人至今,中国(未包括港澳台地区)每年发生交通事故约50万起,交通事故死亡人数逐年减少,但仍旧连续十余年居世界第一,中国历年交通事故死亡人数官方统计见表2.6。

表2.6 中国历年交通事故死亡人数官方统计

年份	事故/万起	死亡/万人次	受伤/万人次	直接经济损失/亿元
2001	75.5	10.6	54.6	30.9
2002	77.3	10.9	56.2	33.2
2003	66.8	10.4	49.4	33.7
2004	51.8	10.7	48	23.9
2005	45	9.9	47	18.8
2006	37.8	8.9	43.1	14.9
2007	32.7	8.1	38	12
2008	26.5	7.3	30.5	10.1
2009	23.8	6.8	27.5	9.1
2010	23.8	6.8	27.5	9.1
2011	21.1	6.2	23.7	10.8

汽车技术以安全技术的研发和对生命权的尊重诠释了人文精神的真谛。各高校的车辆工程专业中各种专业课程均涉及汽车安全知识。车辆工程专业的本科生、硕士生、博士生毕业后皆可投身汽车安全技术领域,尽其所能地为保障人的生命财产安全贡献自己的力量。

汽车是多种人类科学技术的集中体现。高科技的广泛、密集使用,往往会使人产生某种恐惧感,担心人无法掌握和支配复杂的技术系统。因此,人性化的技术伦理价值原则要求汽车技术站在消费者的立场上,使大多数人都能容易地支配和享用最新科技成果。车辆工程专业的开设目的,就是通过多方面的研究与学习,将与汽车相关的科学技术掌握在优秀的科研人才手中,他们完美地利用科学技术成果服务于人,满足人的各种需求。这些人才使整个人类社会能够驾驭庞大复杂的科技力量。

3. 汽车生态伦理的代际关怀

在中国的传统文化中,素有代际关怀的伦理情愫。现在不止一个人提出,地球不属于当代人,当代人只是为后代人保管他们生存的家园。在作出关系到环境、生态、资源的发展决策时,即当对环境、生态、资源等代际共有的"财富"作出安排时,应该自觉考虑后代人的利益。代际伦理的概念首先是基于生态问题的突出及生态伦理观念的确立得以明确提出的,生态伦理孕育了代际伦理。汽车伦理应当从考虑后代人的利益出发,为汽车从业人员及汽车使用者提供道德指南,为汽车产业的可持续发展提供伦理支持。

2006年，BP世界能源统计的数据表明，根据目前探明的石油储量和现在开采能源的速度，全球可供开采的石油资源只能维持40年。石油的加速消耗，是汽车大量使用的直接结果。据研究，目前空气中21.7%的碳氢化合物、38.5%的一氧化碳、87.6%的氮氧化物、11.7%的二氧化碳、6.2%的二氧化硫和32%的微粒来自汽车，而在城市空气中，这一比例更高，大概87%的碳氢化合物、61%的一氧化碳和55%的氮氧化物来自汽车。在中国，随着机动车保有量的持续增长，全国机动车污染物排放总量持续攀升，大量的温室气体排放使全球气候正日益变暖，极端灾害性自然灾难频发，人类生存环境正日渐恶化。在中国尤其如此，从2008年的南方雪灾以来，我国各种大大小小的自然灾害就没有停止过，如南方部分省市的水灾、汶川地震、2009年年初的旱灾、西南几省的特大旱灾、重庆的洪灾、玉树地震、泸州市泥石流、南方多个省市的洪灾溃坝、甘肃泥石流、汶川泥石流、成宝铁路桥垮塌和车厢落水等。与自然和谐共处，维护人类环境成为各大汽车厂商的共识。从根本来看，寻找清洁无公害的新能源是最彻底的解决方式。目前新能源汽车的开发进程有两个方向：西欧大力发展轿车柴油化，不仅在技术上获得了突破，使柴油车的气体污染物排放大为减少，而且由于先进柴油车价格明显低于相对其他节能环保车，先进柴油车在市场上也获得了很大的扩展，即使是大排量的SUV也开始注重节能环保特性。以长城哈弗为例，新款哈弗H6搭载了长城最新的GW4B15发动机，是国内首款采用可变气门升程技术的发动机，在油耗方面表现有较大程度的提升。从节能方面衡量汽车技术，日本汽车无疑走在了世界的前列。以丰田汽车为例，1997年12月，第一辆混合动力汽车丰田普锐斯投入市场。其同时拥有燃油驱动系统和电驱动系统，其电动机排放为零，而内燃机则保证了行驶里程和性能的多样化。相对传统汽车，混合动力汽车能够减少50%~70%的颗粒物排放。混合动力汽车充分发挥了发动机和电动机的最大优势，提高了燃料的经济性，减少了排放。在环境恶化的背景下，节能和环保是汽车技术的使命和必然趋势。各个汽车品牌以对社会负责任的态度，积极发展汽车环保技术，使汽车的使用不以牺牲环境为代价。2006年，我国就已经成为仅次于美国的全球第二大新车市场，在未来20年将持续高速增长，如此迅猛的发展势头势必会使我国的环境进一步恶化。如何节能环保，做到可持续发展，成为摆在国人面前的问题。为了解决燃油危机，减少城市碳排放，中国政府于2018年推出了《乘用车企业平均燃料消耗量与新能源汽车积分并行管理办法》，通过政策引导各大汽车企业增加包括电动汽车的新能源汽车的研发与生产，中国的比亚迪在电动汽车领域走在了前列，2018年比亚迪累计销售了24.78万辆电动汽车。

车辆工程专业中设有新能源汽车的学习和研究方向，该研究方向培养在市场经济条件下，适应21世纪经济建设与社会发展需要的，具备新能源汽车理论、车辆设计与控制及试验技术等方面知识，能在新能源汽车设计、研究开发、试验及管理维修等部门从事新能源汽车整车、零部件的设计开发、试验研究及管理工作，具有社会主义觉悟、扎实的理论基础、较强的创新精神和实践能力的应用型高级工程技术人才与管理人才；致力于寻找新的环保能源，在满足人们对汽车整体需求的基础上，保护人们赖以生存的环境。

扩展阅读

教育部关于实施卓越工程师教育培养计划的若干意见

教高〔2011〕1号

各省、自治区、直辖市教育厅（教委），计划单列市教育局，新疆生产建设兵团教育局，有关部门（单位）教育司（局），部属各高等学校：

卓越工程师教育培养计划（以下简称"卓越计划"）是为贯彻落实党的"十七大"提出的走中国特色新型工业化道路、建设创新型国家、建设人力资源强国等战略部署，贯彻落实《国家中长期教育改革和发展规划纲要（2010—2020年）》实施的高等教育重大计划。卓越计划对高等教育面向社会需求培养人才、调整人才培养结构、提高人才培养质量、推动教育教学改革、增强毕业生就业能力具有十分重要的示范和引导作用。为实施好卓越计划，特提出以下意见。

一、卓越工程师教育培养计划的指导思想、主要目标、基本原则和实施领域

1. 指导思想。

以邓小平理论和"三个代表"重要思想为指导，深入贯彻落实科学发展观，全面贯彻党的教育方针。全面落实党的"十七大"关于走中国特色新型工业化道路、建设创新型国家、建设人力资源强国等战略部署。全面落实加快转变经济发展方式、推动产业结构优化升级和优化教育结构、提高高等教育质量等战略举措。

贯彻落实《国家中长期教育改革和发展规划纲要（2010—2020年）》的精神，树立全面发展和多样化的人才观念，树立主动服务国家战略要求、主动服务行业企业需求的观念。改革和创新工程教育人才培养模式，创立高校与行业企业联合培养人才的新机制，着力提高学生服务国家和人民的社会责任感、勇于探索的创新精神和善于解决问题的实践能力。

2. 主要目标。

面向工业界、面向世界、面向未来，培养造就一大批创新能力强、适应经济社会发展需要的高质量各类型工程技术人才，为建设创新型国家、实现工业化和现代化奠定坚实的人力资源优势，增强我国的核心竞争力和综合国力。

以实施卓越计划为突破口，促进工程教育改革和创新，全面提高我国工程教育人才培养质量，努力建设具有世界先进水平、中国特色的社会主义现代高等工程教育体系，促进我国从工程教育大国走向工程教育强国。

3. 基本原则。

遵循"行业指导、校企合作、分类实施、形式多样"的原则。联合有关部门和单位制定相关的配套支持政策，提出行业领域人才培养需求，指导高校和企业在本行业领域实施卓越计划。支持不同类型的高校参与卓越计划，高校在工程型人才培养类型上各有侧重。参与卓越计划的高校和企业通过校企合作途径联合培养人才，要充分考虑行业的多样性和对工程型人才需求的多样性，采取多种方式培养工程师后备人才。

4. 实施领域。

卓越计划实施的专业包括传统产业和战略性新兴产业的相关专业。要特别重视国家产业结构调整和发展战略性新兴产业的人才需求，适度超前培养人才。

卓越计划实施的层次包括工科的本科生、硕士研究生、博士研究生三个层次，培养现场工程师、设计开发工程师和研究型工程师等多种类型的工程师后备人才。

二、加强卓越工程师教育培养计划的组织管理

5. 我部联合有关部门成立卓越工程师教育培养计划委员会，主要负责卓越计划重要政策措施的协调、制定和决策，重要问题的协商解决，领导卓越计划的组织实施工作。委员会办公室设在我部高等教育司，承担委员会的日常工作，负责卓越计划工作方案的拟定，协调行业企业和相关专家组织参与卓越计划，具体组织卓越计划实施工作。

6. 我部联合中国工程院成立卓越工程师教育培养计划专家委员会，总体指导卓越计划的规划和实施工作，负责卓越计划方案的论证。

7. 我部成立教育部卓越工程师教育培养计划专家工作组，负责卓越计划实施工作的研究、规划、指导、评价，负责参与高校工作方案和专业培养方案的论证。

8. 我部联合行业部门成立行业卓越工程师教育培养计划工作组、专家组，负责行业内卓越计划实施工作的研究、规划、指导、评价，制订本行业内具体专业的行业专业标准，负责参与高校专业培养方案的论证。

9. 制订卓越计划培养标准。为满足工业界对工程人员职业资格的要求，遵循工程型人才培养规律，制订卓越计划人才培养标准。培养标准分为通用标准和行业专业标准。其中，通用标准规定各类工程型人才培养都应达到的基本要求；行业专业标准依据通用标准的要求制订，规定行业领域内具体专业的工程型人才培养应达到的基本要求。培养标准要有利于促进学生的全面发展，促进创新精神和实践能力的培养，促进工程型人才人文素质的养成。

10. 建立工程实践教育中心。鼓励参与卓越计划的企业建立工程实践教育中心，承担学生到企业学习阶段的培养任务。我部联合有关部门和单位对参与企业建立的工程实践教育中心，择优认定为国家级工程实践教育中心，鼓励省级人民政府择优认定一批省级工程实践教育中心，给予企业一定的支持。

11. 开展卓越计划质量评价。卓越计划高校的培养标准和培养方案要主动向社会公开，面向社会提供信息服务并接受社会监督。我部联合行业部门或行业协（学）会，对卓越计划高校的培养方案和实施过程进行指导和检查。建立卓越计划质量评价体系，参照国际通行做法，按照国际标准对参与专业进行质量评价。评价不合格的专业要退出卓越计划。

三、高校卓越工程师教育培养计划的组织实施

12. 高校自愿提出加入卓越计划的申请。专家工作组对高校工作方案及专业培养方案进行论证，我部根据论证意见批准参与卓越计划的高校的资格。卓越计划高校每年均可提出新参加卓越计划专业的申请，由行业专家组对专业培养方案进行论证，我部根据论证意见批准新增专业。我部每年公布一次卓越计划专业名单。

13. 高校制定卓越计划的本校标准体系。卓越计划高校结合本校的办学定位、人才培养目标、服务面向和办学优势与特色等，选择本校参加卓越计划的专业领域和人才培养层次，

并按照通用标准和行业专业标准，建立本校的培养标准体系。卓越计划高校应制定本校工程型人才培养学位授予实施细则。

14. 鼓励卓越计划学生来源的多样性。参与卓越计划的学生，可从校内各专业、各年级中遴选，举办普通专科起点升本科教育的参与高校也可少量招收基础扎实、实践能力强的高职学生。

15. 大力改革课程体系和教学形式。依据本校卓越计划培养标准，遵循工程的集成与创新特征，以强化工程实践能力、工程设计能力与工程创新能力为核心，重构课程体系和教学内容。加强跨专业、跨学科的复合型人才培养。着力推动基于问题的学习、基于项目的学习、基于案例的学习等多种研究性学习方法，加强学生创新能力训练，"真刀真枪"做毕业设计。

16. 创立高校和企业联合培养机制。高校和企业联合培养人才机制的内涵是共同制订培养目标、共同建设课程体系和教学内容、共同实施培养过程、共同评价培养质量。本科及以上层次学生要有一年左右的时间在企业学习，学习企业的先进技术和先进文化，深入开展工程实践活动，参与企业技术创新和工程开发，培养学生的职业精神和职业道德。

17. 建设高水平工程教育师资队伍。卓越计划高校要建设一支具有一定工程经历的高水平专、兼职教师队伍。专职教师要具备工程实践经历，其中部分教师要具备一定年限的企业工作经历。卓越计划高校要有计划地选送教师到企业工程岗位工作1~2年，积累工程实践经验。要从企业聘请具有丰富工程实践经验的工程技术人员和管理人员担任兼职教师，承担专业课程教学任务；或担任本科生、研究生的联合导师，承担培养学生、指导毕业设计等任务。改革教师职务聘任、考核和培训制度，对工程类学科专业教师的职务聘任与考核从侧重评价理论研究和发表论文为主，转向评价工程项目设计、专利、产学合作和技术服务等方面为主。

18. 积极推进卓越计划学生的国际化培养。卓越计划高校要积极引进国外先进的工程教育资源和高水平的工程教师，要积极组织学生参与国际交流、到海外企业实习，拓展学生的国际视野，提升学生跨文化交流、合作能力和参与国际竞争能力。支持高水平的中外合作工程教育项目，鼓励有条件的参与高校使用多语种培养熟悉外国文化、法律和标准的国际化工程师。积极采取措施招收更多的外国留学生来华接受工程教育。

19. 高校要积极推动工程教育向基础教育阶段延伸。要为中学培养懂得工程技术的教师，帮助中学开设工程技术选修课程，利用通用技术、综合实践活动等课程，开展工程技术的教育，培养中学生的动手能力和实践能力，提升学生的技术素质和工程设计的意识。到中学选拔热爱工程技术的学生，参与高校组织的工程实践活动。

20. 高校要为本校卓越计划提供专项资金。卓越计划高校要多渠道筹措经费，加大对参与专业的经费投入，资助教学改革、课程建设、教材建设、师资培训、校企联合培养、国际化培养、实训实习等费用。

四、企业卓越工程师教育培养计划的组织实施

21. 建立工程实践教育中心。工程实践教育中心应由企业主要管理人员负责，其任务是与高校共同制订培养目标、共同建设课程体系和教学内容、共同实施培养过程、共同评价培养质量，承担学生在企业学习期间的各项管理工作。

22. 卓越计划企业要配备经验丰富的工程师担任学生在企业学习阶段的指导教师，高级工程师应为学生开设专业课程。卓越计划企业应根据校企联合培养方案，落实学生在企业学习期间的各项教学安排，提供实训、实习的场所与设备，安排学生实际动手操作。在条件允许的情况下，接收学生参与企业技术创新和工程开发。

23. 卓越计划企业要与高校共同安排好学生在企业学习期间的生活，提供充分的安全保护与劳动保护设备，并对学生进行专门的安全、保密、知识产权保护等教育。

五、卓越工程师教育培养计划教育部支持政策

24. 我部对具有开展推免生工作资格的高校，在推荐生名额安排上重点支持专业学位的发展。各有关高等学校要向工程硕士专业倾斜，优先保证实施卓越计划所需的优秀生源。卓越计划高校可实行灵活的学籍管理，获得免试推荐研究生资格的学生可以保留入学资格 1～2 年，到企业实习或就业，再继续研究生阶段的学习。

25. 我部支持高校按照实施卓越计划的需求，改革工程类学科专业教师入职标准及职务聘任、考核和培训的相关办法。

26. 卓越计划高校申请新设战略性新兴产业相关专业予以优先支持。

27. 优先支持卓越计划高校参与专业的学生进行国际合作交流，包括公派出国留学、进修、实习、交换学生等；优先支持卓越计划高校参与专业的青年骨干教师出国到跨国公司研修；中国政府奖学金项目优先资助外国学生来华接受参与高校的工程教育；按照有关规定适度增加卓越计划高校自主招收中国政府奖学金生名额；对具备条件的参与高校申请中外合作工程教育项目予以优先支持。

28. 我部支持卓越计划企业的工程师继续教育。支持卓越计划企业开展在职工程师培训，提高在职工程师的理论水平，协助企业掌握新技术、新装备。支持设立国家级和省级工程实践教育中心的企业提升在职工程师学历层次，在职工程师参加硕士学位研究生考试或博士学位研究生考试，同等条件下优先录取；在职工程师参加在职攻读工程硕士专业学位研究生联考，在有关政策上给予倾斜支持。设立国家级和省级工程实践教育中心的企业可委托具有博士招生资格的卓越计划高校在职培养博士层次的工程人才，我部对受托高校为企业培养研究生层次工程人才，在研究生招生计划安排上给予支持。

29. 参与企业依据高校、企业、学生三方签订的联合培养协议，可以享有优先聘用权。

卓越计划实施期限为 2010—2020 年，各参与高校和参与企业要积极努力实施卓越计划，并将实施过程中发现的重要问题和解决问题的政策建议及时报告我部。我部制订的工程教育相关政策对卓越计划高校予以优先支持。卓越计划高校可按照现行管理体制向我部有关司局提出获得相关政策支持的申请。各地应根据本地区的实际情况，研究制定相关政策，鼓励本地企业参与卓越计划，并对本地参与卓越计划的高校予以重点支持。

中华人民共和国教育部
二〇一一年一月八日

教育部 中国工程院关于印发《卓越工程师教育培养计划通用标准》的通知

教高函〔2013〕15号

各省、自治区、直辖市教育厅（教委），有关部门（单位）教育司（局），教育部直属各高等学校：

经卓越计划专家委员会审定，现将《卓越工程师教育培养计划通用标准》印发给你们。请卓越计划参与高校参照本通用标准，结合各校特色和人才培养定位，优化试点专业人才培养方案，推进人才培养模式改革，不断提升工程技术人才培养水平。

教育部 中国工程院
2013年11月28日

卓越工程师教育培养计划通用标准

本通用标准规定卓越计划各类工程型人才培养应达到的基本要求，是制订行业标准和学校标准的宏观指导性标准。本通用标准分为本科、硕士和博士三个层次。

一、本科工程型人才培养通用标准

1. 具有良好的工程职业道德、追求卓越的态度、爱国敬业和艰苦奋斗精神、较强的社会责任感和较好的人文素养。
2. 具有从事工程工作所需的相关数学、自然科学知识以及一定的经济管理等人文社会科学知识。
3. 具有良好的质量、安全、效益、环境、职业健康和服务意识。
4. 掌握扎实的工程基础知识和本专业的基本理论知识，了解生产工艺、设备与制造系统，了解本专业的发展现状和趋势。
5. 具有分析、提出方案并解决工程实际问题的能力，能够参与生产及运作系统的设计，并具有运行和维护能力。
6. 具有较强的创新意识和进行产品开发和设计、技术改造与创新的初步能力。
7. 具有信息获取和职业发展学习能力。
8. 了解本专业领域技术标准，相关行业的政策、法律和法规。
9. 具有较好的组织管理能力，较强的交流沟通、环境适应和团队合作的能力。
10. 具有应对危机与突发事件的初步能力。
11. 具有一定的国际视野和跨文化环境下的交流、竞争与合作的初步能力。

二、工程硕士人才培养通用标准

1. 具有良好的工程职业道德、追求卓越的态度、爱国敬业和艰苦奋斗精神、较强的社会责任感和较好的人文素养。
2. 具有良好的市场、质量、职业健康和安全意识，注重环境保护、生态平衡和可持续发展。
3. 具有从事工程开发和设计所需的相关数学、自然科学、经济管理等人文社会科学知识。
4. 掌握扎实的工程原理、工程技术和本专业的理论知识，了解新材料、新工艺、新设备和先进生产方式以及本专业的前沿发展现状和趋势。
5. 具有创新性思维和系统性思维。
6. 具有综合运用所学科学理论、分析与解决问题的方法和技术手段，独立地解决较复杂工程问题的能力。
7. 具有开拓创新意识和进行产品开发和设计的能力，以及工程项目集成的基本能力。
8. 具有工程技术创新和开发的基本能力和处理工程与社会和自然和谐的基本能力。

9. 具有信息获取、知识更新和终身学习的能力。

10. 熟悉本专业领域技术标准，相关行业的政策、法律和法规。

11. 具有良好的组织管理能力，较强的交流沟通、环境适应和团队合作的能力。

12. 具有应对危机与突发事件的基本能力和一定的领导意识。

13. 具有国际视野和跨文化环境下的交流、竞争与合作的基本能力。

三、工程博士人才培养通用标准

1. 具有良好的工程职业道德、追求卓越的态度、爱国敬业和艰苦奋斗精神、较强的社会责任感和较好的人文素养。

2. 具有良好的市场、质量、职业健康和安全意识，注重环境保护、生态平衡、社会和谐和可持续发展。

3. 具有从事大型工程研究和开发、工程科学研究所需的相关数学、自然科学、经济管理等人文社会科学知识。

4. 系统深入地掌握工程原理、工程技术、工程科学和本专业的理论知识，熟悉新材料、新工艺、新设备和先进制造系统以及本专业的最新发展状况和趋势。

5. 具有战略性思维、创新性思维和系统性思维。

6. 具有综合运用所学科学理论、分析与解决问题的方法和技术手段，独立地解决复杂工程问题的能力。

7. 具有复杂产品开发和设计能力、复杂工程项目集成能力以及处理工程与社会和自然和谐的能力。

8. 具有工程项目研究和开发能力、工程技术创新和开发的能力和工程科学研究能力。

9. 具有知识更新、知识创造和终身学习的能力。

10. 熟悉本专业领域技术标准，相关行业的政策、法律和法规。

11. 具有大型工程系统的组织管理能力，较强的交流沟通、环境适应和团队合作的能力。

12. 具有应对危机与突发事件的能力和一定的领导能力。

13. 具有宽阔的国际视野和跨文化环境下的交流、竞争与合作能力。

第3章 车辆工程师之路

3.1 车辆工程师概述

3.1.1 工作内容和行业前景

车辆工程师主要负责整车总体设计、总成设计和零件设计和各项生产。其任务是使所设计的产品达到设计任务书所规定的整车参数和性能指标的要求,并将这些整车参数和性能指标分解为有关总成的参数和功能。

1. 车辆工程师的工作内容

(1) 制订汽车研发项目中涉及汽车产品开发、设计、改进的有关工作计划。
(2) 组织开展整车开发、配套、零部件设计工作,并提供创新建议。
(3) 组织开展变速器、离合器及相关汽车零部件和系统的选型、布置、性能匹配优化及汽车开发项目的技术管理。
(4) 组织开展汽车设计开发项目的委托试制和验收工作。
(5) 通过汽车样品生产,协助改进产品设计,优化生产过程,为现场失效分析、纠正措施提供专业技术支持,并撰写分析报告。
(6) 开发汽车新产品及工艺,完善现有汽车产品及其生产流程。
(7) 为汽车工程设计、生产及采购汽车零部件提供建议,以免造成偏差。

2. 汽车行业的前景

汽车行业已经被我国明确为强国战略。我国需要振兴实体,制造业中唯有汽车产业才足以带动整个产业链,如机械加工、化工、能源、物流、互联网等。近几年汽车行业发展迅速,汽车设计人才极为短缺,导致各大企业对汽车设计人才的竞争近乎白热化,汽车设计研发人才断崖式稀缺。

中国汽车行业一共经历了三波浪潮:第一波浪潮出现在改革开放初期,汽车行业在中国起步,取得了许多创新成果;第二波浪潮出现在十几年前,奇瑞、长安、吉利、华晨等自主品牌出现,中国本土汽车企业被写入历史;第三波浪潮出现在当下。造车新势力集中在中国出现,是天时、地利、人和的结果;加之新能源汽车的崛起,世界汽车行业格局出现深刻巨大的变革,蕴含着巨大的机遇,只有顺应大趋势,抓住绝佳的历史机遇,才会获得巨大成功。"一带一路"加速了中国汽车品牌国际化,为中国汽车行业带来了前所未有的历史机遇,它既是国家发展战略,也是汽车产业寻求产业升级和机制转型的重要动力。

3.1.2 车辆工程专业人才的类型

车辆工程专业人才的类型不仅与高校的办学定位有关,也要满足汽车工业对技术人才的需求,各高校根据自己的办学定位和服务应用的领域来确定特色的人才培养类型。

1. 大学类型

目前我国具有普通高等教育资格的高校有 2 700 余所。由于学校在办学层次、办学水平、隶属关系、办学体制等方面的不同,各高校具有不同类型,如图 3.1 所示。

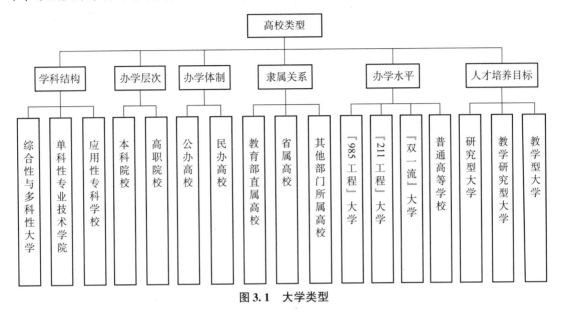

图 3.1 大学类型

2. 车辆工程专业毕业生类型及其对应的车辆工程专业人才类型

车辆工程专业培养层次有高职生、本科生、硕士研究生和博士研究生,车辆工程专业人才类型如图 3.2 所示。

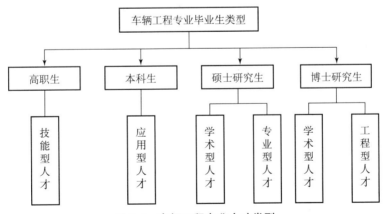

图 3.2 车辆工程专业人才类型

高职生需要掌握汽车构造、性能等方面的理论知识,具备汽车检测、诊断、维修等方面的技术,能够胜任在汽车生产企业及其配套行业从事汽车生产、销售、维修等方面的工作。

本科生需具备现代汽车设计与制造方面的理论知识与应用能力,毕业后要能够胜任汽车产品设计、制造、试验、生产、经营和管理等岗位。

按照培养目标和培养方式,硕士研究生可分为学术型和专业型两种,工学硕士属于学术型学位,工程硕士属于专业型学位。专业型学位与学术型学位是同一层次,培养规格和培养目标上各有侧重。学术型学位主要面向车辆工程学科专业需求,培养高校和科研机构从事教学和研究的专业人才,其目的重在学术创新,培养具有原创能力的科研人才;专业型学位主要面向汽车产业部门的需求,培养汽车工业中从事新技术、新工艺、新材料和新产品开发的高级专门人才。

博士研究生应该掌握本专业坚实宽广的理论基础、系统深入的专业知识及实践技能,深入了解本专业跨学科的特点和前沿发展方向,熟悉车辆工程专业中所涉及的关于设计和制造方向的理论与技术,具有独立从事科学研究的能力,能胜任高校、科研院所和企事业单位教学、科研或技术开发等工作。博士研究生的培养以学术型为主,兼顾工程型。

各高校的定位不同,服务行业不同,培养人才的标准也会不同。各高校应根据实际情况,确定具有自身特色的培养方案。

3. 汽车企业类型

我国汽车行业在开发过程中产生了3类汽车企业,即国有企业、合资企业和民营企业。国有企业一直都是国家重点管理对象,但是现有国有汽车企业的核心部分基本都是中外合资化,如一汽、东风、上汽、长安、广汽、北汽;合资企业是我国汽车产业利用外资的主要形式,政府为避免市场被跨国公司控制,规定合资企业的中方所占比例不得低于50%,但在实际运行中,股权比例的安全并不等于实际控股权的分配,合资企业对合资双方相关资源依赖性的强弱决定了合资双方的实际控制权,汽车合资企业实际控股权在外方,中方没有产品开发主动权,如一汽大众、一汽丰田、东风本田、东风日产、东风标致、东风雪铁龙、上海大众、上海通用、长安马自达、长安福特、长安铃木、广汽菲亚特、广汽丰田、广汽本田、北京奔驰、北京现代等;民营企业要想占领市场,必须搞产品开发,创造自主品牌,如比亚迪、吉利、长城等。我国汽车企业类型如图3.3所示。

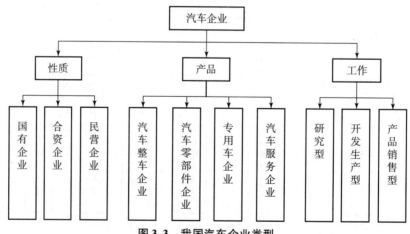

图3.3 我国汽车企业类型

汽车整车企业主要从事汽车整车及零部件的开发、设计、生产制造和销售;汽车零部件企业以汽车零部件为对象,进行开发、设计、生产制造和销售,德国博世公司为全球第一大汽车技术供应商,一般零部件企业只是整车企业的制造基地,我国汽车零部件企业大多属于这类企业;专用车企业主要从事专用车及其零部件的开发、设计、生产制造和销售;汽车服务企业主要从事汽车后市场,包括汽车销售、汽车维修等方面的工作。

4. 汽车企业对人才的需求

汽车企业类型不同,对人才的需求也不同。研究型企业需要研究型或学术型人才,要求其基础理论扎实、专业知识深厚,具有继续学习和探索未知和创新的能力,该类人才主要以博士研究生为主;开发生产型企业中的技术开发需要应用型工程技术人才,要求具有扎实的本专业学科理论知识、一定广度的相关专业知识,以应用型人才为主,强调应用和借鉴,该类人才以硕士研究生和本科生为主;产品销售型企业中的产品生产制造和产品销售需要应用型人才和技能型人才,该类人才主要以本科生和高职生为主。

3.1.3 车辆工程师的类型

车辆工程师可以分为三大类:汽车产品设计岗位工程师、汽车产品生产岗位工程师和汽车产品销售岗位工程师。

汽车产品设计岗位工程师包括:汽车产品开发工程师、汽车设计工程师、汽车分析工程师和汽车测试工程师;汽车产品生产岗位工程师又包括:汽车工艺工程师和汽车质量工程师;汽车产品销售岗位工程师包括:汽车销售工程师、汽车技术支持工程师。

1. 汽车产品设计岗位工程师

1)汽车产品开发工程师

汽车产品开发工程师主要在产品经理的领导和监督下按时完成量化的工作;配合产品经理,参与产品的改版升级及新产品的实施,参与业务讨论,制定产品原型,负责产品文档的编写及跟进产品开发进度与质量;负责产品的规划设计、产品的跟踪和项目管理、技术分析;负责产品工艺/技术文件的编制;负责工装审核与验收;负责试模跟踪,结果审核。

2)汽车设计工程师

汽车设计工程师主要负责整车总体设计、总成设计和零件设计。其任务是使所设计的产品达到设计任务书所规定的整车参数和性能指标的要求,并将这些整车参数和性能指标分解为有关总成的参数和功能。汽车设计工程师的工作内容及岗位要求分别如图3.4和图3.5所示。

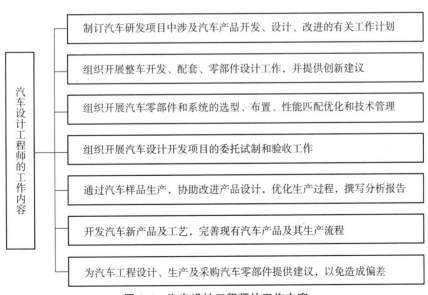

图3.4 汽车设计工程师的工作内容

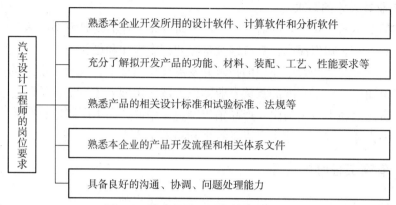

图 3.5　汽车设计工程师的岗位要求

3）汽车分析工程师

汽车分析工程师的主要工作内容是对车辆的动态特性和结构强度进行分析，包括汽车 NVH（Noise、Vibration、Harshness，噪声、振动、声振粗糙度）分析工程师和汽车碰撞安全分析工程师等。

（1）汽车 NVH 分析工程师。

随着人们对汽车品质要求的提高，人们对车辆行驶品质、静谧性有了更高的要求，企业更加注重汽车 NVH 性能，权责更加细分，于是汽车 NVH 分析工程师应运而生。

NVH 问题是衡量汽车制造质量的一个综合性问题，它给客户的感受是最直接和最表面的。车辆的 NVH 问题是国际汽车业各大整车制造企业和零部件企业关注的问题之一。

要改善汽车的 NVH 特性，首先应对其振动源和噪声源进行控制。这就需要改善产生振动和噪声的零部件的结构，改善其振动特性，避免产生共振；改进旋转元件的平衡；提高零部件的加工精度和装配质量，减小相对运动元件之间的冲击与摩擦；改善气体或液体流动状况，避免形成涡流；改善车身结构，提高刚度；施加与噪声源振幅相当而相位相反的声音等。其次要控制振动和噪声传递的途径。这就需要对结构的振动和噪声传递特性进行分析并改进，使之对振动和噪声具有明显的衰减作用而不是放大；优化对发动机悬置的设计，降低发动机向车身传递的振动；对悬架系统进行改进，阻断振动的传递；采用适合平面振动的阻尼材料、适合旋转轴类的扭振减震器及针对其他线振动的质量减震器；分析和改进结构，特别是车身的密封状况，提高密封性能；进行各种吸声材料、隔声材料和隔声结构的研究及应用，提高汽车内部的吸声和隔声性能等。

汽车 NVH 分析流程（图 3.6）如下：

①对客户需求进行调研，建立客户需求定义库。汽车 NVH 设计以改善汽车乘坐舒适性、提高客户满意度为最终目标。为达到这一目标，首先必须对客户需求进行调研，并对主观的要求和评价作出客观的表述，建立需求定义库。

②测试汽车 NVH 性能参数，总结优化对象。对市场上的同类型竞争对手的汽车和本公司优化目标汽车的 NVH 性能参数在各种运行工况下进行充分的测试，得出各种主、客观评价指标，包括振动参数、噪声参数、声振粗糙度及声学 NVH 现象；再将 NVH 问题分类，主要分类参数包括操作状态（空转、制动、巡航等）、主观反应（隆隆声、摇晃）、客观衡量标准（声压、速度）、频率范围、来源（动力系统、公路、风等）、与机载相对的运载设备

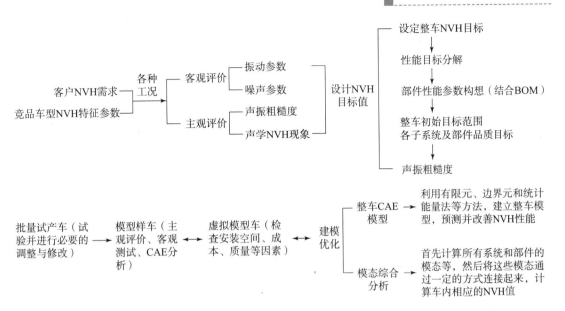

图 3.6 汽车 NVH 分析流程

等；同时，为避免相连系统出现共振，规定各系统及主要部件的模态频率范围并制成规划表格；最后，列出优化对象清单，将存在 NVH 问题的模态重叠的系统和部件作为主要优化目标，并加入为满足客户 NVH 需求而要采取的行动措施。某汽车 NVH 分析部门分工如图 3.7 所示。

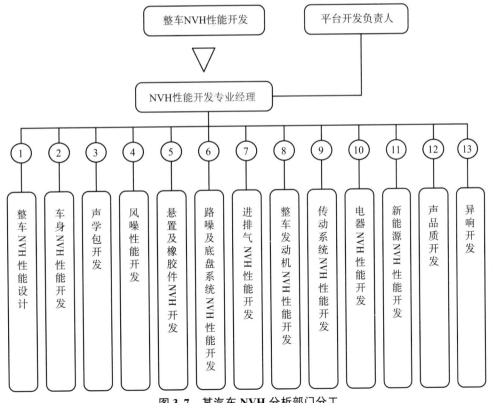

图 3.7 某汽车 NVH 分析部门分工

③确定汽车 NVH 目标,并分解成各个系统及部件目标。在以上工作的基础上,结合政府法规要求和自身的技术水平、市场定位,以及成本时间要求等综合因素,确定预计汽车 NVH 目标。当整车 NVH 目标制订完成后,就要将其分割到各个系统、子系统和部件上。

④建模与优化。建模与优化的方法主要有整车 CAE 模型法和模态综合分析法两种方法,一般较多采用模态综合分析法。为保证汽车 NVH 目标的实现,要求各子系统目标的确定也要符合试验设计和可靠性设计的要求。在这些子系统部件中,尤其要注意的是车身系统、车身声学空腔系统、转向柱管、轮胎和悬架系统等。

⑤制作虚拟模型车。在优化设计后,将最优结构安装在虚拟模型车上,并检查安装空间、成本和质量等因素。如果不满足要求,就修改完善,直至满意为止。

样车的试验与调整。设计完成后,再生产样车,就可以在实验室中或道路上进行试验。一般用三项加速度传感器测量人-车接触面之间的差异,从而进行必要的调整与修改,直至顺利批量生产。

汽车 NVH 分析工程师利用专用 NVH 分析软件,解决汽车存在的 NVH 问题,其工作内容如图 3.8 所示。

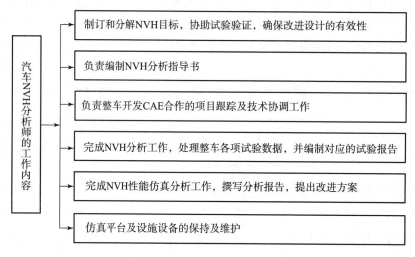

图 3.8 汽车 NVH 分析师的工作内容

(2) 汽车碰撞安全分析工程师。

汽车碰撞安全分析工程师是应用相关分析软件进行结构子系统、乘员约束系统以及整车的碰撞分析工作,并依据相关分析结果向工程设计提供有效解决方案的专业技术人员。

汽车碰撞被动安全性开发流程如图 3.9 所示。

①参照竞品车结构解析。参照竞品车结构解析包括:参照竞品车碰撞被动安全性总体方案解析、参照竞品车碰撞被动安全性总体标准等级解析、参照竞品车碰撞被动安全性分解到各分总成的分项标准等级解析、参照竞品车碰撞被动安全性总体结构措施解析等。通过参照竞品车 CAE 分析进行结构性能解析可以分析出参照竞品车在满足碰撞被动安全性方面,以及满足车身强度和刚度等各个结构性能方面采取哪些结构措施,这些措施的具体参数和重要零件采用了何种材料,作为汽车碰撞被动安全性设计时的参考。

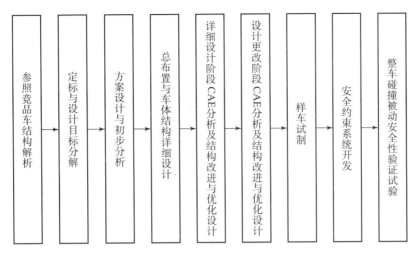

图 3.9　汽车碰撞被动安全性开发流程

②定标与设计目标分解。要保证设计车辆最终的总设计目标，需要将总设计目标分解细化。例如整车安全性总目标为达到 NCAP 四星以上标准，需要细化到车体、座椅、转向管柱、安全带、安全气囊各个系统相应的设计目标。而这些系统的设计目标，如车体，又需要更进一步分解到车门、乘员舱、发动机舱等各总成、各个部位的目标，分解后的设计目标值是设计过程中的目标值，是设计过程控制参数，并不是产品的最终验收目标值。这些分解目标值很难通过参照竞品车试验得到，而通过参照竞品车 CAE 分析则比较方便得到。

③方案设计与初步分析。方案设计与初步分析包括碰撞被动安全性总体技术方案设计，以及对初步设计的结构断面、总体布置方案、内外观造型等的合理性进行分析。该阶段工作配合造型与总布置工作同步进行。

④总布置与车体结构详细设计。对于主机厂，在碰撞被动安全性方面，最重要的工作是设计一个具有高抗拉性、高强度的车体与满足被动安全性的总体布置。主要包括针对碰撞被动安全性总布置设计的发动机舱、乘员舱、底盘、车体结构等。图 3.10 所示为某品牌汽车经过 CAE 仿真加强后的正面碰撞试验。

图 3.10　某品牌汽车经过 CAE 仿真加强后的正面碰撞试验

⑤详细设计阶段 CAE 分析及结构改进与优化设计。CAE 分析作为设计阶段的设计验证手段与优化设计手段,对详细设计阶段所得的每个版本车身与整车 3D 数据以 CAE 分析结果为依据进行 CAE 分析。目的为:一,验证设计是否满足性能要求设计与结构优化设计;二,针对各性能进行结构改进设计。这个阶段的 CAE 分析及结构改进与优化设计手段所得到的 3D 数据、材料选择、焊点设计均满足相关规定。工作一直持续到数模冻结。

⑥设计更改阶段 CAE 分析及结构改进与优化设计。设计更改主要指数模冻结以后,工艺、成本等各种原因引起的设计更改。对每一次设计更改后的车身与整车 3D 数据,完成相应性能项目 CAE 分析,以验证设计是否满足性能要求,并针对各性能进行结构改进设计与结构优化设计,确保每一次设计更改后的车身与整车 3D 数据、材料选择、焊点设计满足规定的性能要求。这个阶段的 CAE 分析及结构改进与优化工作将一直持续到产品上市正式销售。

⑦样车试制。制造实物样车,采用快速成型模具、简易组装式夹具等建议工装制造车身,底盘等机械部件也采用开发样件。该样车主要有两个目的:一,用于车体结构碰撞安全性设计要求的验证试验;二,用于安全气囊、安全带等约束系统开发的匹配试验。

⑧安全约束系统开发。安全气囊、安全带等约束系统开发,主要包括约束系统零部件设计、零部件工装设计与制造、与整车装配设计、各控制程序设计与控制参数匹配、目标性验证试验。

⑨整车碰撞被动安全性验证试验。整车碰撞被动安全性验证试验包括采用设计样车完成的以验证车体结构碰撞被动安全性设计要求为目的设计阶段验证试验、采用设计样车完成的约束系统开发的匹配试验、采用工装样品车完成的产品整车碰撞被动安全性定型验证试验。

4)汽车测试工程师

汽车测试工程师主要负责计划和实施汽车测试项目,对整车或汽车零部件进行功能、耐久性以及安全性的测试分析,并记录测试结果,完成测试报告。汽车测试工程师的工作内容和岗位职责分别如图 3.11 和图 3.12 所示。

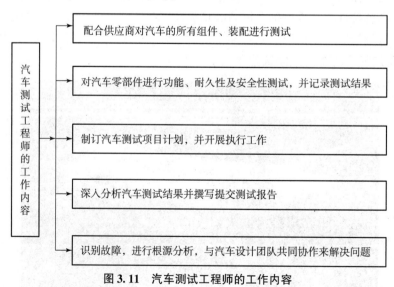

图 3.11 汽车测试工程师的工作内容

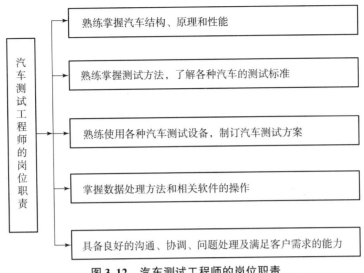

图 3.12 汽车测试工程师的岗位职责

2. 汽车产品生产岗位工程师

1）汽车工艺工程师

汽车工艺工程师主要负责提升生产工艺技术、提升产品的质量，汽车工艺工程师的工作内容和岗位职责分别如图 3.13 和图 3.14 所示。不同企业的工作安排略有不同，但对于综合性汽车制造企业，冲压、焊接、涂装和总装四大工艺是必不可少的。

汽车制造厂通过冲压车间的冲床等设备和冲压模具将钢卷冲压出生产车身的各式各样的钣金件（如"五门一盖"、叶子板、顶篷等）；紧接着各钣金件送往焊装车间进行车身组立，这里所用到的设备主要是焊枪、治具、焊装机器人，随着工业科技的发展，越来越多的人工点焊作业将被焊接机器人所取代；组立完的车身被送到涂装生产线，涂装是一家汽车制造厂核心技术的聚集地，一般涂装工艺至少都要进行三次喷涂，第一层主要是 ED（电泳涂装）层，用于防锈，其他两层的主要作用是美观；涂装结束后就到最后一站——总装，总装主要是将汽车上的各种配件装配到车身上，如发动机、变速器、悬架、轮胎等。总装结束后，一辆汽车基本上就生产完成了，但总装后的汽车一定要经过严格的测试，只有测试合格的汽车才能被送到客户手中。四大工艺的概述如下：

（1）冲压工艺。冲压是靠压力机和模具对板材、带材、管材和型材等施加外力，使之产生塑性变形或分离，从而获得所需形状和尺寸的工件（冲压件）成形加工方法。汽车冲压工艺的目标是生产出各种车身零部件。

（2）焊接工艺。焊接是将冲压好的各种车身板件局部加热或者整体加热、加压而结合在一起形成完整的车身总成。在汽车车身制造中应用最广泛的是激光焊接，焊接的好坏直接影响车身强度。

（3）涂装工艺。汽车涂装的目的是使汽车具有优良的外观和装饰性、保光保色性、耐腐蚀性，并延长其使用年限。

（4）总装工艺。总装是将车身、发动机、底盘、内饰等各个部分组装到一起，组成一辆完整的汽车。总装工艺的水平直接影响汽车的性能，有些汽车钣金件的接缝比较均匀，而有些汽车钣金件的接缝不均匀，这都是与总装工艺水平有关。一般的总装车间主要有四大模块,即前围装配模块、仪表板装配模块、车灯装配模块和底盘装配模块。经过各模块装配和各零部件的安装后,再经过车轮定位、车灯视野检测等检验调整,整辆汽车就可以下线了。图 3.15 所示为某品牌汽车总装生产线。

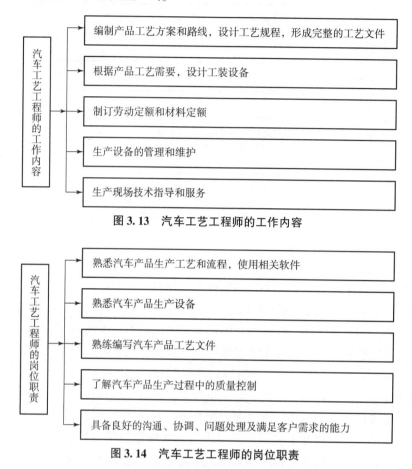

图 3.13　汽车工艺工程师的工作内容

图 3.14　汽车工艺工程师的岗位职责

图 3.15　某品牌汽车总装生产线

2) 汽车质量工程师

汽车质量工程师的工作职责主要是技术质量和服务质量等的研究、管理、监督、检查、检验、分析、鉴定等。一个合格的汽车质量工程师应该熟练掌握 IATF16949 五大工具,即统计过程控制（SPC）、测量系统分析（MSA）、潜在的失效模式和效果分析（FMEA）、产品质量先期策划（APQP）和生产件批准程序（PPAP）。这五大工具涵盖了汽车质量工程师的工作内容。

统计过程控制（SPC）是一种制造控制方法，是将制造中的控制项目依其特性所收集的数据，通过过程能力分析与过程标准化分析，发掘过程中的异常，并立即采取改善措施，使过程恢复正常的方法。

测量系统分析（MSA）是对每个零件能够重复读数的测量系统进行分析，评定测量系统的质量，判断测量系统产生的数据可接受性。

潜在的失效模式和后果分析（FMEA）作为一种预防措施工具，其目的是发现每种失效模式可能产生的后果及严重程度，找到能够避免或减少潜在失效模式发生的措施并不断地完善。

产品质量先期策划（APQP）是用来确定和制订确保产品满足顾客要求所需步骤的结构化方法。

生产件批准程序（PPAP）是一种实用技术，其目的是在第一批产品发运前，通过产品核准承认的手续，验证由生产工装和过程制造出来的产品是否符合技术要求。

3. 汽车产品销售岗位工程师

1）汽车销售工程师

汽车销售工程师是指从事汽车市场调研、分析与竞争研究，为企业生产经营决策提供咨询，并可进行汽车产品营销策划、汽车营销市场策划、汽车品牌市场宣传、汽车市场促销策划的专业人员。

其工作的主要内容是负责所在区域汽车销售业务的市场拓展及销售管理工作，对团队整体汽车业务目标的实现负责并对市场情况进行分析，确定销售策略，制定销售计划并落实执行，引导新业务员熟悉各项业务知识，负责与客户保持良好的关系，尽量提高客户满意度。

汽车销售工程师的工作直接面向潜在客户，对客户决策有较大的影响，是汽车流通环节的关键岗位。

2）汽车技术支持工程师

汽车技术支持工程师主要负责汽车市场支持性技术资料的收集，为汽车经销商、服务商以及销售部门提供技术支持，并对客户提出的汽车测试标准进行可行性评估。

汽车技术支持工程师的工作内容有：

（1）为营销企划、市场研究、销售及售后服务提供汽车技术与汽车产品资料上的支持。

（2）对客户提出的汽车测试标准进行评估，分析其可行性。

（3）根据汽车相关标准和客户要求准备汽车的测试协议。

（4）跟踪、协调售后汽车的测试进程。

（5）与汽车研发部门和汽车生产车间进行技术方面的对接，实时掌握汽车产品与汽车技术的最新状况。

（6）翻译和整理汽车技术资料，协助部门负责人建立和维护汽车技术文档体系。

（7）负责编制公司内部汽车产品知识及汽车技术的培训资料，并实施培训。

3.2 车辆工程师的基本素养

作为一名优秀的车辆工程师，不仅要有较高的专业知识能力，还应有相应的职业道德素养。

在专业知识上：一是有较丰富的汽车理论知识；二是有较为全面的机加工知识和应用能力；三是具备初级电工的动手能力，以及电子技术的应用能力；四是能够利用汽车理论知识来提高对汽车新技术的判断和应用能力，以及对汽车故障的诊断和分析能力。

在职业道德上：热爱科技，献身事业；深入实际，勇于攻关；一丝不苟，精益求精；以身作则，培育新人；严谨求实，坚持真理。

3.2.1 车辆工程专业人才的知识构成

车辆工程师的知识由两部分构成：专业知识＋思维方式。车辆工程专业是一个多学科交叉的专业，涉及机械、材料、电子电器等多个专业，要想学好这个专业，成为一名优秀的车辆工程师，必须具备宽广的知识面和扎实的基础知识，所以专业知识的修养是成为一名优秀车辆工程师的必要条件。要想成为出色的车辆工程师，还必须具备创新能力，而在创新能力的培养过程中最重要的就是培养思维方式，良好的思维方式可以达到事半功倍的效果。

1. 培养方案

培养方案是高校各个专业人才培养的总体规划与安排，是高校培养专业人才，组织、实施、管理与评估教学活动的主要依据与纲领性文件，是人才培养的施工蓝图。培养方案决定着人才培养规格，日常教学运行和教学管理就是围绕培养方案展开的，它们是培养方案的落实与执行，教学过程的质量监控也是对培养方案的监控。本科生培养方案如图3.16 所示。

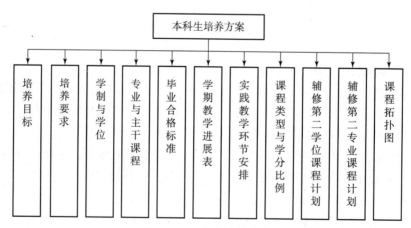

图 3.16　本科生培养方案

培养方案应尽量做到"厚基础、宽口径、重能力、强素质"，要根据各专业的具体情况，正确处理德、智、体、美等方面的基础知识与专业知识，主干学科与相关学科，技术与经济，知识能力与素质，理论与实践，教与学，面向全体学生与因材施教，学习与休息等关系，建立合理的知识能力结构，尽可能地兼顾学生发展的多方面需要，努力做到整体优化。

2. 专业知识

车辆工程专业培养掌握机械、电子、计算机等全面的工程技术基础理论和必要的专业知识与技能，了解并重视与汽车技术发展有关的人文社会知识，能在企业、科研院（所）等部门从事与车辆工程有关的产品设计开发、生产制造、试验检测、应用研究、技术服务、经营销售、管理等方面的工作，具有较强的实践能力和创新精神的高级专门人才。本专业主要要求学生系统地学习和掌握机械设计与制造的基础理论，学习微电子技术、计算机应用技术和信息处理技术的基本知识；受到现代机械工程的基本训练；具有进行机械和车辆产品设计、制造及设备控制和生产组织管理的基本能力。

车辆工程专业注重综合素质和创新能力的培养，重视教育与社会需求相结合、理论与实践相结合。着力于培养知识结构合理、具有创新精神及坚实工科背景的，能从事汽车工程技术领域的设计制造、科研开发、应用研究、经营管理和市场营销等工作的复合型高级专业人才。

车辆工程专业是研究汽车、拖拉机、机车车辆、军用车辆及其他工程车辆等陆上移动机械的理论、设计及制造技术的工程技术领域。其工程硕士学位授权单位培养从事上述车辆研究、设计开发、生产制造、质量检测和控制、使用和维修、相关检测装置和仪器开发的高级工程技术人才。

车辆工程专业培养要求有以下几个方面：

(1) 具有深厚的理论知识、分析和解决工程实际问题的能力。

(2) 具有理论知识，包括深厚的数学、力学、机械学、电子电工、计算机应用等基础理论知识。掌握汽车产品的理论计算、设计、制造及试验等方面系统的专业基本知识。掌握文献检索、资料查询的基本方法。

(3) 具有分析解决工程实际问题的能力，能够运用所学知识解决在制造中出现的问题和一些汽车维修问题。

(4) 具有开阔的思想和一定的研究能力，包括对本专业学科新技术有一定了解，并且有针对性地提出一些自己的观点。

车辆工程专业的毕业生应获得以下几方面的知识和能力：

(1) 具有较扎实的自然科学基础，较好的人文、艺术和社会科学基础及正确运用本国语言、文字的能力。

(2) 较系统地掌握本专业领域宽广的技术理论基础知识，主要包括工程力学、电工电子技术、计算机应用技术、机械工程材料、机械设计、机械制造工艺、自动化、测试技术、市场经济及企业管理等基础知识。

(3) 具有本专业必需的制图、计算、试验、测试、计算机应用、文献检索和基本工艺操作等基本技能。

(4) 具有车辆工程领域必要的专业知识，了解其前沿科学及发展趋势。

(5) 具有初步的科学研究、科技开发及组织管理能力。

(6) 具有较强的自学能力和创新意识。

3. 工程师思维

工程师思维可分解为产品思维、技术思维和工程思维三大思维层面。

1) 产品思维

产品思维的起源是用户（客户）价值。用户（客户）价值是通过技术手段以产品或服务的形态去解决用户（客户）的痛点，或带去爽点。毫无疑问，工程师在日常工作中应时刻关注并理清自己的工作与用户（客户）价值的联系，并且应该通过聚焦于用户（客户）价值去安排工作的优先级和分配自己的精力。

2) 技术思维

技术思维的源头是需求。需求可以分成市场需求、系统需求、特性需求等不同层次，回答的是技术层面"做什么"的问题。显然，需求的清晰表达以及对需求的精确理解是确保将事做对的前提。毋庸置疑，一旦需求出现偏差，其所导致的浪费是非常严重的，也正因如此，工程师对于需求的质量相当重视。

3) 工程思维

工程思维的起点是流程。流程的背后是科学，以既定的步骤、阶段性的输入/输出去完成价值创造，通过过程控制，确保最终结果让人满意。由于流程涉及每一个工程师的工作质量与效率，其含义不只在于定义、工具化、检查等内容，而是应基于工程师的日常工作习惯，将流程与工程师的工作环境无缝整合。"无缝"体现于流程中的概念与工程师群体已建立的专业常识一致，没有增加毫无价值的负担，根本仍是确保易用性。

了解工程师思维的价值在于，工程师个体需要在工作中逐步建立起产品、技术和工程三大思维层面，以便用更全面的视角去看待日常工作中所面临的困境。当站在单一的思维层面去看待所面临的问题时，可能觉得这些问题不合理，但从三大思维层面共同去审视问题时所得出的结论可能就会完全相反了。

3.2.2 车辆工程专业对人才实践能力的要求

车辆工程专业是一门讲究细节、追求精确、要求学生有极强动手能力的专业。因此，车辆工程专业的人才培养有两大能力要求，一是工程实践能力，二是专业创新能力。这两项能力是用人单位非常看重的。

实践教学是高等教育教学手段的重要形式；是巩固理论知识和加深对理论认识的有效途径；是培养具有创新意识的高素质工程技术人员的重要环节；也是理论联系实际、培养学生掌握科学方法和提高动手能力的重要平台，有利于学生素养的提高和正确价值观的形成。《中华人民共和国高等教育法》明文规定："高等教育的任务是培养具有创新精神和实践能力的高级专门人才""本科教育应当使学生比较系统地掌握本学科、本专业必需的基础理论、基本知识，掌握本专业必要的基本技能、方法和相关知识，具有从事本专业实际工作和研究工作的初步能力"，而对学生实际能力的培养，对学生基本技能、方法和相关知识的训练是靠教学来保证的。

专业实习成为本专业学习的一个重要环节。在生产车间里，"零距离"感受实体零件加工制作及工艺过程，把纯理论的知识拿到实际当中进行比较，检验自己所学，在脑海里形成一个新的理论体系。课程设计可以锻炼初步设计的能力，它综合各门专业课的知识，具体地解决某个实际问题。车辆工程专业人才的主要实践能力结构见表3.1。

表 3.1 车辆工程专业人才的主要实践能力结构

专业基础实践	专业实践	专业综合运用实践
军事训练 金工实习 社会实践 机械设计课程设计 电工电子实习	汽车驾驶实习 汽车构造实习 车辆制造工艺实习 车辆设计实习	车辆综合实习 专业文献综述训练 毕业实习及毕业论文

专业实习的主要实践性教学环节有汽车驾驶实习、金工实习、电工电子实习、汽车构造实习等。

1. 汽车驾驶实习

汽车驾驶实习是车辆工程专业教学计划的重要组成部分,实习对象为车辆工程专业本科生,通过汽车驾驶实习,学生可以直观感受车辆结构和组成及安全驾驶知识,深化对所学知识的理解,加深对汽车构造的理解,掌握基础操作要领和基本驾驶技能,培养规范操作的安全意识。

汽车驾驶实习的主要内容:

(1) 行车前的检查,首先进行外部检查,然后进行内部检查、发动机舱和轮胎的检查。

(2) 能够掌握起步、变速、停车、倒车、加速换挡、减速等基本技巧。

(3) 能够合理地选择行驶位置和速度(挡位)通过弯道和曲线。

(4) 在窄路上驾驶时能够凭借车感,合理选择路线和车速通过。

(5) 能够选择正确的挡位在坡道上平稳起步。

(6) 倒车入库时能够将车辆停在预定位置,能够选择合理路线和速度倒车,使车辆倒入指定位置。

汽车驾驶实习的目的:

(1) 熟悉汽车的操作机构、仪表及驾驶动作。

(2) 初步养成使用操作机构的习惯,了解出车前的准备工作。

(3) 掌握发动机的正确发动、起步和熄火的方法。

(4) 了解汽车的构造原理和发动机的工作原理,加深学生对汽车的感性认识,培养学生对汽车的兴趣,为以后的专业学习打下基础。

2. 金工实习

金工实习是金属工艺学课程的重要组成部分,金属工艺学以生产实践和科学实验为基础,科学地总结了生产活动中的客观规律,并将其上升为理论。金属工艺学是在长期生产实践中发展起来的,因此它是一门实践性很强的课程。金工实习是高校工科学生学习机械制造的基本工艺方法和技术、完成工程基本训练的重要必修课。它不仅可以让学生获得机械制造的基础知识,了解机械制造的一般操作,提高操作技能和动手能力,而且可以加强理论联系实际的锻炼,提高工程实践能力,培养工程素质。金工实习的内容主要包括车工、铣工、刨工、磨工、钳工、铸造、锻造、焊接八大工艺。

通过金工实习的教学,配合金属工艺学课程的学习,学生可以初步了解加工不同的工件所选取的相应工艺、加工相同的零件可选取的不同工艺及相关机床设备的操作技术。

3. 电工电子实习

电工电子实习的主要任务是通过实习,使学生具备综合运用电子线路知识的能力和从事电子产品生产与开发的技能,为学生进一步学习专业知识和专业技能、更好地适应工作岗位打下一定的基础。

电工电子实习的教学目的如下:

(1) 能够阅读电路原理图、印制电路板图。

(2) 可以借助手册查阅电子元器件及材料的有关数据。

(3) 可以正确选择和使用元器件和材料。

(4) 能够熟练地装接电子电路并使用电子仪器进行调试。

(5) 能够解决电子电路制作过程中出现的一般问题。

(6) 可以对所制作电路的指标和性能进行测试并提出改进意见。

电工电子实习是培养学生操作技能的重要环节,而技能的形式是通过观察、实践和反复练习实现的。电工电子实习可以激发学生的兴趣,在学习电的应用时,可以突出模电、信号与系统知识的具体应用,使教学贴近生活。通过实践课使学生产生好奇心,凝聚学生的注意力,以保持其兴趣。加强软件的学习,提高学生的电路分析能力,增强独立工作、独立思考的能力,同时在讨论与交流中培养学生的团结协作能力。

4. 汽车构造实习

汽车构造实习的目的:学会汽车常用拆装工具和仪器设备的正确使用,学会汽车的总体拆装调整和各系统主要零部件的正确拆装,学会汽车的主要零部件的检查测量,掌握汽车的基本构造与基本工作原理,理解汽车各组成系统的结构与工作原理。

汽车构造实习的内容:掌握汽车传动系统、行驶系统、制动系统及转向系统中各主要零部件的工作原理和拆卸、装配等方面的操作。

1) 变速器的拆装

先将外部螺钉旋下,然后拆下变速器外壳,观察变速器的安装位置以及与发动机的连接关系。了解变速器操纵机构的结构特点,观察各挡位齿轮的传递方式,然后拆下齿轮,对变速器进行清洗;清洗完成后,在老师详细讲解完其工作原理后把各个零部件重新组装起来。

2) 离合器的拆装

在变速器体中拆下离合器总成:先拆下离合器盖与飞轮连接螺栓,然后将离合器从飞轮上取下。仔细观察各零部件的结构特点,熟悉各零部件的名称和作用。同样,在了解完其工作原理后对其进行清洗并按要求组装起来。

3) 发动机的拆装

首先拆下电动机,发电机,进、排气支管,气缸罩,汽油泵和节温器等发动机外部组件;然后分别拆卸机体组件、发动机活塞连杆组件、曲轴飞轮组件,并对拆下的发动机部件进行清洗;最后对发动机总体安装,按照与拆卸相反的顺序安装所有零部件。

安装活塞连杆组件和曲轴飞轮组件时应该特别注意互相配合的运动表面的高度清洁,并于装配时在互相配合的运动表面上涂抹机油;各配对的零部件不能相互调换,安装方向也应该正确;各零部件应该按规定力矩和方法拧紧,并且按 2~3 次拧紧;活塞连杆组件装入气缸前应该使用专用工具将活塞环夹紧,再用锤子木柄将活塞组件推入气缸,安装正时齿轮带时,应注意使曲轴正时齿轮带位置与机体记号对齐并与凸轮轴正时齿轮带的位置配合正确。

学生在课本中只能获得感观上的认识,只有在实践中才能获得深入性的认识。汽车构造实习不仅把理论和实践紧密地结合起来,而且还加深了学生对汽车组成、结构、部件的工作原理的了解，使学生初步掌握拆装的基本要求和一般的工艺路线，同时加深学生对工具的使用和了解，提高学生的动手能力，增进学生的团队合作意识。

3.2.3 车辆工程专业对人才创新意识的要求

1. 创新意识的含义

创新意识或是为了满足新的社会需求，或是用新的方式更好地满足原来的社会需求，创新意识就是求新意识。

个人的创新意识与其社会地位、环境氛围、文化素养、兴趣爱好、情感志趣等方面都有一定的联系，这些因素对创新意识的产生有重大影响。这类因素因人而异，因此对于创新意识既要考察社会背景，又要考察其文化素养和志趣动机。

1）创新意识的内涵

创新意识包括创造动机、创造兴趣、创造情感和创造意志。

（1）创造动机是创造活动的动力因素，它可以推动和激励人们发动和维持创造性活动。

（2）创造兴趣能促进创造活动的成功，是促使人们积极探求新奇事物的一种心理倾向。

（3）创造情感是引起、推进乃至完成创造的心理因素，只有具有正确的创造情感才能使创造成功。

（4）创造意志是在创造中克服困难、冲破阻碍的心理因素，创造意志具有目的性、顽强性和自制性。

创新意识与创造性思维不同，创新意识是引起创造性思维的前提和条件，创造性思维是创新意识的必然结果，二者之间具有密不可分的联系。创新意识是创造人才所必须具备的。创新意识的培养和开发是培养创新型人才的起点，只有从小培养创新意识，才能为成长为创新型人才打下良好的基础。教育部门应以此为教学改革的重点之一，一个具有创新意识的国家才有希望成为知识经济时代的科技强国。

2）意识的概念

意识是人对大脑内外表象的觉察。在生理学上，意识脑区指可以获得其他各脑区信息的意识脑区（在前额叶周边）。意识脑区最重要的功能就是辨识真伪，即它可以辨识自己脑区中的表象是来自外部感官还是来自想象或回忆。此种辨识真伪的能力，任何其他脑区都没有。当人在睡眠时，意识脑区的兴奋度降至最低，此时人们无法辨别脑中意像的真伪，大脑进而采取了全部信以为真的方式，这就是所谓的"梦境"。意识脑区没有自己的记忆，它的存储区域称为"暂存区"，如同计算机的内存一样，只能暂时保存所察觉的信息。意识还是"永动"的，可以尝试使脑中的意象停止下来，即会发现这种尝试的徒劳。有研究认为，意识脑区其实没有思维能力，真正的思维都发生在潜意识的诸脑区中，人们所感知到的思维，其实是潜意识将其思维呈现于意识脑区的结果。

一种更为普遍的观点是将意识定义为一种特殊而复杂的运动，它可以反映（映射）真实世界以及非实有意识自身的规律，还可以正确映射真实世界和非实有意识自身的规律，也可以歪曲对真实世界的反映。

3）创新意识的作用

第一，创新意识是决定一个国家、民族创新能力最直接的精神力量。在今天，创新能力实际就是国家、民族发展能力的代名词，是一个国家和民族解决自身生存、发展问题能力大小的最客观和最重要的标志。

  第二，创新意识促成社会多种因素的变化，推动社会的全面进步。创新意识源于社会生产方式，它的形成和发展必然进一步推动社会生产方式的进步，从而带动经济的飞速发展，促进上层建筑的进步。创新意识进一步推动人的思想解放，有利于人们形成开拓意识、领先意识等先进观念；创新意识促进社会政治向更加民主、宽容的方向发展，这是创新发展需要的基本社会条件。这些条件反过来又促进创新意识的扩展，更有利于创新活动的进行。

  第三，创新意识能促成人才素质结构的变化，提升人的本质力量。创新实质上确定了一种新的人才标准，它代表着人才素质变化的性质和方向，它输出着一种重要的信息：社会需要充满生机和活力的人、有开拓精神的人、有新思想道德素质和有现代科学文化素质的人。它客观上引导人们朝这个目标提高自己的素质，使人的本质力量在更高层次上得到确认。它激发人的主体性、能动性、创造性的进一步发挥，从而使人自身的内涵获得极大的丰富和拓展。

2. 提高创新意识的方法

  创设问题情境，激活创新思维。孔子曰："知之者不如好之者，好之者不如乐之者。"学习兴趣是学习动机中最为活跃、最为现实的心理因素，即兴趣是求知的动力。因此，在教学中要创设具有强烈吸引力的问题情境，以激发学生的学习的需要，激活学生的创新思维。在课题研究中，教师主动借助多媒体等工具进行教学，以培养学生的创新能力；帮助学生通过图形实物等主动探究知识之间的内在联系，从而使学生发散思维。

  为了培养创新型人才，在大学教育中，要强化培养高层次创新型人才的意识；重视研究生课程学习的改革与创新；强调和规范学生参与实际科研工作，以培养其分析问题、解决问题的能力；加强学生之间的学术交流；推进学生教育模式的多元化和多样化；借鉴发达国家的先进经验，积极探索适合我国国情的学生创新教育的新途径，培养出适应社会发展的优秀创新型人才。

  要提高个人创新能力，需要从以下方面入手：

  （1）要善于总结前人的经验和教训。任何一项创新都不是无源之水，无本之木，因此，如何利用前人的知识和智慧在创新工作中是非常重要的，也只有如此，创新工作才可以少走弯路，避免很多不必要的麻烦。前人的经验和教训是创新工作的基础，通过借鉴前人的工作，可以站在前人的肩膀上看待问题、考虑问题和解决问题。

  （2）要学会借鉴与组合。借用别人的"经验"和"成果"，但自己却不努力是不行的。借鉴可以是思路，也可以是方法，更可以是产品。不要认为"拿了"别人的东西而觉得对不起别人，这只是借用知识而已。伟大的文学家鲁迅先生提倡用"拿来主义"去借鉴别人好的东西来弥补自己的不足——"取长补短"。借用别人的经验再加上自己的创新，那才是发展自己的上上之策。所以，要想提高创新能力，借用别人的经验和成果很重要。

  （3）遇到问题要多元考虑，养成思考的习惯。只有这样，创新才能在不知不觉中出现。单纯地为创新而创新，成功的可能性不会很大，只有从多方面考虑和解决问题，才能出现解决问题的灵感，才能创新。千万不要把灵感放走，生活中每个人都是有灵感的，一旦产生了灵感就要将其记录下来，时间一长，新的思路和方法自然就出现了。

  此外，要提高创新能力，还必须做到以下两点：

  首先，必须具有强烈的事业心和责任感。具有高度使命感的人，才会有强烈的忧患意识,才能"先天下之忧而忧",战胜自我,不断寻求新的突破。不可想象,一个对自己所从事的工作毫无责任心的人,会积极主动地开动思维机器,创造性地解决遇到的问题。

其次,必须坚持思维的相对独立性。思维的相对独立性是创造性思维的前提。爱因斯坦说过,应当把发展独立思考和独立判断的一般能力放在首位。要提高创新思维能力,必须在思维实践中不迷信前人,不盲从已有的经验,不依赖已有的成果,要独立地发现问题,独立地思考问题,独辟蹊径地找到解决问题的有效方法。

3.3 车辆工程科技活动

3.3.1 中国大学生方程式汽车大赛系列赛事

大学生方程式汽车大赛(Formula SAE,FSAE)由美国车辆工程师学会(Society of Automotive Engineers,SAE)于1979年开办,这项比赛重点不在于快,而意在做出一辆安全而且容易操作的竞赛型车辆。FSAE系列赛事对于本科生、研究生团队构思,设计与制造小型方程式赛车的能力是一个很大的挑战。

中国FSAE系列赛事起步较晚,湖南大学于2007年6月和2008年6月分别参加了美国加利福尼亚FSAE,它是国内最早参与大学生方程式汽车大赛的学校。同济大学与厦门理工学院于2008年完成了赛车的试制,经过这些年的努力,国内已有同济大学、北京理工大学、清华大学、湖南大学、吉林大学、哈尔滨工业大学、长安大学和燕山大学等众多强校拥有了自己的车队和车辆。截至2018年10月,中国已经连续举办了9届FSAE系列赛事,燃油车参赛队伍已经由20支扩大到83支,FSEC已独立成赛,2018年参赛队伍已经超过50支。2017年FSAC首次在中国举办,第一届参赛队伍有7支,2018年参赛队伍已有14支。经过多年的发展,国内参与FSC赛事的大学已经超过100所。

中国大学生方程式汽车大赛(Formula Student China,FSC)是中国汽车工程学会及其合作会员单位,在学习和总结了美、日、德等国家相关经验的基础上,结合中国国情,精心打造的一项全新赛事。这项赛事被誉为"车辆工程师的摇篮"。经过多年的发展,该赛事已经成为系列赛事,包括中国大学生方程式汽车大赛(燃油组)(Formula Student Combustion China,FSCC)、中国大学生方程式汽车大赛(电动组)(Formula Student Electronic China,FSEC)、中国大学生方程式汽车大赛(无人驾驶组)(Formula Student Autonomous China,FSAC)和中国大学生巴哈大赛(Baja SAE China,BSC)。该赛事是一项由高等院校汽车工程或汽车相关专业在校学生组队参加的汽车设计与制造比赛。各参赛车队按照赛事规则和赛车制造标准,在接近一年的时间内自行设计和制造出一辆在加速、制动、操控性等方面具有优异表现的小型单座赛车,并能够完成全部或部分竞赛环节的比赛。

按照比赛规则,各参赛车队按照赛事规则和赛车制造标准,在一年内自行设计和制造出一辆在加速、制动、操控性等方面具有优异表现的小型单人座方程式赛车,并成功完成全部或部分赛事环节的比赛。比赛通过一系列静态和动态项目来评判汽车的优劣,这些项目包括:技术检验、成本分析、市场陈述、工程设计、单项性能测试、耐久测试、燃油经济性。通过给这些项目评分,评判汽车的性能。

1. FSCC

2010年第一届 FSCC 由中国汽车工程学会、中国 21 所大学（专）汽车院系、易车（BITAUTO）联合发起举办。FSC（含 FSCC、FSEC、FSAC）秉持"中国创造，擎动未来"的宗旨，立足于中国汽车工程教育和汽车产业的现状，吸收并借鉴其他国家 FS 赛事的成功经验，打造一个新型的、以培养中国未来汽车产业领导者和工程师为目标的公共教育平台。通过若干年的努力，使之逐步发展为国际青年汽车工程师的互动交流盛会。FSC 通过全方位培训，提高学生们的设计、制造、成本控制、商业营销、沟通与协作 5 方面的能力，全面提升汽车专业学生的综合素质，为中国汽车产业的发展积蓄人才，促进中国汽车工业从"制造大国"迈向"产业大国"。图 3.17 和图 3.18 所示分别为某车队赛车的动态比赛和赛车的整体设计。

图 3.17 某车队赛车的动态比赛

图 3.18 赛车的整体设计

第一届 FSCC 于 2010 年 11 月 16—19 日在上海国际赛车场举行。首届比赛一共吸引了来自全国 16 个省市地区的 20 支高校车队参赛，获得冠军、亚军、季军的车队分别是：北京理工大学、华南理工大学和西华大学。

第二届 FSCC 于 2011 年 10 月 18—21 日在上海国际赛车场举行。本届共有 33 支燃油车队参加比赛。获得冠军、亚军、季军的车队分别是：北京理工大学、德国慕尼黑工业大学和厦门理工学院。

第三届 FSCC 于 2012 年 10 月 16—19 日在上海国际赛车场举行，本届共有 39 支燃油车队参赛，最终获得冠军、亚军、季军的学校分别是：湖北汽车工业学院、同济大学和广西科技大学鹿山学院。

第四届 FSCC 于 2013 年 10 月 15—19 日在湖北省襄阳市梦想赛车场举行。本届共有 50 支燃油车队参加比赛，最终获得冠军、亚军、季军的学校分别是：厦门理工学院、哈尔滨工业大学（威海校区）和湖南大学。

第五届 FSCC 于 2014 年 10 月 14—18 日在湖北省襄阳市梦想赛车场举行。本届共有 60 支燃油车队参加比赛，最终获得冠军、亚军、季军的学校分别是：湖南大学、北京理工大学和厦门理工学院。

第六届 FSCC 于 2015 年 10 月 13—17 日在湖北省襄阳市梦想赛车场举行。本届共有 67 支燃油车队参加比赛，最终获得冠军、亚军、季军的学校分别是：湖北汽车工业学院、厦门理工学院和湖南大学。

第七届"昆仑润滑油杯中国大学生方程式汽车大赛"于 2016 年 10 月 11—15 日在湖北

省襄阳市梦想赛车场举行。本届共有71支燃油车队参加比赛，最终获得冠军、亚军、季军的学校分别是：同济大学、湖南大学和湖北汽车工业学院。

第八届FSCC于2017年11月11—17日在湖北省襄阳市梦想赛车场举行。本届共有79支燃油车队参加比赛，最终获得冠军、亚军、季军的学校分别是：湖南大学、河南科技大学和湖北汽车工业学院。

第九届FSCC于2018年10月9—13日在湖北省襄阳市梦想赛车场举行。本届共有66支燃油车队参加比赛，最终获得冠军、亚军、季军的学校分别是：吉林大学、广西科技大学和湖北汽车工业学院。

历届大学生方程式赛车情况（燃油组）见表3.2。

表3.2 历届大学生方程式赛车情况（燃油组）

届数	年份	地点	参赛学校数量	车队数量	总成绩名次		
					第1名	第2名	第3名
第一届	2010	上海	20	20	北京理工大学	华南理工大学	西华大学
第二届	2011	上海	33	33	北京理工大学	德国慕尼黑工业大学	厦门理工学院
第三届	2012	上海	39	39	湖北汽车工业学院	同济大学	广西科技大学鹿山学院
第四届	2013	襄阳	50	50	厦门理工学院	哈尔滨工业大学（威海校区）	湖南大学
第五届	2014	襄阳	60	60	湖南大学	北京理工大学	厦门理工学院
第六届	2015	襄阳	67	67	湖北汽车工业学院	厦门理工学院	湖南大学
第七届	2016	襄阳	71	71	同济大学	湖南大学	湖北汽车工业学院
第八届	2017	襄阳	79	79	湖南大学	河南科技大学	湖北汽车工业学院
第九届	2018	襄阳	66	66	吉林大学	广西科技大学	湖北汽车工业学院

1）FSCC赛车的总体设计要求

赛车必须车轮外露和座舱敞开（方程式赛车式样），并且4个车轮不能在一条直线上。车轮外露必须满足以下要求：

（1）从垂直车轮上方看，前、后车轮上半部分（上半180°）不允许被遮挡；从侧面看，前、后车轮不允许被遮挡。

（2）在转向轮指向正前方时，赛车的任何部分都不能进入排除区。

（3）从赛车侧面看，排除区长边界由车轮前、后各75 mm的竖直延伸的两条线组成，宽边界为从轮胎外侧平面到轮胎内侧平面。

2) 比赛项目介绍

参赛车队需要在 8 个静态项目和动态项目中进行测评,总分为 1 000 分。

(1) 营销报告:进行营销报告项目的目的是评估车队建立和展示综合商业项目的能力。FSCC 赛事的宗旨即假定参赛车队是一家设计公司,设计、制造、测试并展示一辆目标市场为业余周末休闲赛车的原型车,因此,设计公司要有一套完整的营销方案,和对赛车制造成本的详细了解,而一辆赛车的成本决定了销售价格,销售价格又影响着营销的整套方案。该商业项目要能够说服制造商的决策层相信本车队的设计是最符合市场需求的。车队需要对其所设计和制造的产品的特色和价值进行陈述。营销报告的满分为 75 分。

(2) 赛车设计报告:FSCC 是一个设计赛事,即设计项目是静态赛事中最重要的项目,车队可以自行决定陈述内容,包括车队介绍、设计目标车设计特点等。随后,裁判将会针对赛车设计进行提问。赛车设计报告的冠军最高得分是 150 分。

设置赛车设计报告项目的目的在于评估各队在赛车设计时在工程层面作出的努力及其工程设计是否符合市场需要。报告需要将赛车设计的全部细节呈给赛事裁判和组委会,以及对外直接地表现出参赛车队的赛车的设计优势以及设计亮点,同时也是一支车队参赛队员设计能力的书面答卷。

(3) 成本与制造分析项目:成本与制造分析项目的理念是对赛车的成本作精确的评估。成本报告必须包含一份完整的车辆物料清单,此清单中的成本数据来源于成本表和辅助文档。通过对成本的要求和限制,参赛者们了解成本和预算是任何工程实践中都必须考虑的两个重要因素,同时团队要在发挥赛车每个零部件与总成性能优势的基础上在满意度和成本间进行平衡,以及了解制造和装配设计,精益生产和最小约束设计的原理。

(4) 直线加速比赛:直线加速可以评价赛车的平地直线加速的能力、换挡平顺性和迅速性。对于一辆赛车而言,加速度和速度是永恒不变的话题,因此在 FSAE 中,测试每辆赛车极限加速的 75 m 的直线加速成为最刺激且速度最快的一项比赛。

(5) 8 字环绕项目:8 字环绕项目测试的目的是衡量赛车在平地上作定半径转向时的转向能力。赛车的操控性是必不可少的一个性能,8 字环绕需要最快的过弯速度,维持在轮胎侧滑极限的速度通过定半径弯道对赛车和车手都是一项不轻松的考验。

(6) 高速避障测试:高速避障测试的目的是评价赛车在没有其他赛车的紧凑赛道上的机动性和操纵性。高速避障赛道综合了加速、制动和转向等多种测试性能的特点。

(7) 耐久赛项目:设计耐久赛项目的目的是评价赛车的总体表现,并测试赛车的耐久性和可靠性。耐久赛项目是一系列赛事中最长的一项比赛,目的就是要在 22 km 的赛道中测验整车的稳定性和可靠性。对于一辆优秀赛车而言,只有强大的动力优势是不够的,还需要一个稳定可靠的保证将优势转换成胜利。

(8) 油耗测试项目:在赛车比赛中,竞赛速度很重要,但是在竞速状态下的燃油经济性同样非常重要,它同时也体现出赛车是否针对比赛作了较好的调教工作,这是一个折中的项目,因为燃油经济性测试成绩和耐久赛项目成绩是从同一场比赛中计算得到的。

3) FSCC 中的新技术

(1) 赛车单体壳。

单体壳(Monocoque)由昂贵的碳纤维制成,这种材料的强度是钢的 2 倍,但是质量只有其 1/5。威廉姆斯车队合成部门主管——布赖恩·奥·鲁尔克(Brian O'Rourke)表示:

"单体壳在 F1 赛车上扮演着最核心的安全角色。"从传奇的 F1 设计师、前莲花车队领队科林·查普曼（Colin Chapman）开始，F1 赛车变得越来越安全。在 1962 年的莲花 25 型上，技师首次用铆钉加固的轻金属壳体替代了传统的管状框架座舱，这是引入 F1 赛坛的第一具单体壳。但是第一具真正意义上的碳纤维单体壳却是迈凯轮在 1984 年引进的。从那时开始，碳纤维单体壳便被作为保护车手的第一设备沿用至今。而国际汽联对单体壳越来越高的强度要求，则使这项设备显得对车手额外重要。

在 F1 赛车上，每一克都是有价值的，这就是选用碳纤维打造单体壳的重要原因。目前 F1 战车的单体壳总共由 12 层碳纤维组成，需要额外说明的是，每一根碳纤维只有人头发丝的 1/5 粗。在制造单体壳时会将一层蜂窝状的铝铺设在两层碳纤维之间，然后将其放入高温高压的烤箱烘烤，单体壳成型变硬大概需要两个半小时。

但是现在通常会将烘烤的程序重复两次以上，这主要是为了达到更高的强度要求。虽然现在 F1 赛车使用的单体壳已经能够应付最恶劣的事故，但是为了保证车手的安全，赛车车体本身还必须达到一定的韧性，这就是车队通常进行的车鼻、侧箱、车尾撞击测试，此时车身的作用相当于装配在单体壳上的吸能包，以吸收车身在撞击条件下的冲击能量。

经过多年的发展，赛车的单体壳也从金属单体壳发展到了复合材料单体壳，越来越轻，越来越硬。FSAE 界的单体壳绝大多数是碳纤维增强树脂（Carbon Fibre Reinforced Plastic，CFRP），简称碳纤维单体壳，仅有英国的 Oxford Brookes University 在近几年的赛车中使用铝合金来制造单体壳。另外，在超级跑车和赛车领域，也均使用碳纤维单体壳。

在 FSC 赛事中，哈尔滨工业大学（威海校区）就运用了这项技术，其采用碳纤维复合材料单体壳以提高整车扭转刚度和整车性能，相比于桁架结构，一体式单体壳的刚度更高，重量更轻，性能更可靠。哈尔滨工业大学（威海校区）CSG – HRT 车队在整个设计过程中，结合有限元分析与物理测试进行循环设计；在加工阶段，采用全新的真空导流技术，以获得高质量的模具；之后进行扭转刚度测量，验证设计合理性。测试扭转刚度为 4 496 N·m/（°），完成最初的设计目标，设计合理，性能可靠。除此之外，还有北京理工大学等多个车队都采用了这项技术。

（2）悬架第三减震器。

第三减震器设计起源于美国 CART 赛事中的 PENSKE 车队，F1 赛车对下压力的稳定性及车身高度一致性要求非常高，因此设计也在 F1 赛场流行开来。

2016 赛季中，梅赛德斯 – 奔驰车队在赛季途中更改了这个设计的形式，曾使当家车手刘易斯·汉密尔顿（Lewis Hamilton）对赛车产生不适应，导致落后于其队友罗斯伯格。这项技术也运用在国内大学车队的悬架上。在后悬架安装第三减震器并搭配 T 形防倾杆的设计。这种布置形式的优势之一是能够充分利用双电机上方的空间。相比传统的 U 形防倾杆，一套 T 形防倾杆的制作成本和时间与其基本一致，同时还保证了防倾杆的推拉杆不会与传动轴抢空间，其角刚度也比 Z 形防倾杆更加线性化。

2. FSEC

FSEC 是在 FSCC 的基础上发展而来的，旨在为日益成熟的纯电动汽车注入新鲜血液，带领大学生关注新能源板块，打造一辆只以电力为能源的方程式赛车。FSEC 是 FSCC 燃油车、电动车分离后的比赛，首届 FSEC 于 2015 年 11 月 3—7 日在上海举办，是一项由高等学校汽车工程或汽车相关专业在校学生组队参加的汽车设计与制造比赛，旨在为高等院校相关专业的大学生提供实践和磨练的机会，并希望能通过该赛事发现、挖掘、培养中国汽车未来的人才，尤其是新能源汽车人才。

FSEC包含静态赛事和动态赛事共8个项目，按照两项比赛内容的总成绩评出冠、亚、季军，静态赛事包含工程设计答辩、成本与制造评估、营销报告3项内容，动态赛事包含直线加速测试、8字绕环测试、高速避障测试、耐久测试、效率测试5项内容。FSEC区别于F1竞速赛，其主要是工程设计大赛，所以静态赛事包含工程设计答辩、成本造价评估、商业计划书3项内容，全面考核大学生的汽车工程设计能力和水平，只有通过静态赛才可能进入最后的动态赛，所以比赛非常激烈。

2012年10月16日，在FSCC中首次出现了电动方程式赛车，它们分别是德国斯图加特大学电车队和广东工业大学电车队。

2013年10月15日，在第四届FSCC上，已经出现了10辆电动方程式赛车，在襄阳梦想赛车场上，它们将与燃油车一同竞技。此次电动组的前3名分别是德国斯图加特大学、合肥工业大学和广西科技大学鹿山学院。

2014年10月14—18日，第五届FSCC同样是在襄阳梦想赛车场举行，此次参赛的电车已达19台。此次电动组的前3名分别是德国斯图加特大学、北京理工大学和广西科技大学鹿山学院。

2015年燃油车比赛与电动车比赛分离，同年7月8日，由中国汽车工程学会发起主办，易车集团冠名支持的"2015易车杯中国大学生方程式汽车大赛（电动组）"新闻发布会在北京汽车博物馆举行，"2015易车杯中国大学生方程式汽车大赛（电动组）"首次在上海国际F1赛车场的主赛道上举行，比赛时间是11月3—7日，此次电车比赛有30支队伍报名参赛，最终有28支车队参与比赛，广西科技大学鹿山学院、哈尔滨工业大学（威海校区）和北京理工大学，分别获得冠军、亚军、季军。冠军可获得20万元出国参赛支持资金。

2016赛季的FSEC共有36支车队报名参赛，最终有32支车队到达现场参加比赛，FSEC现场迎来了一支重量级的车队——德国排名第一的卡尔斯鲁厄理工学院的KIT电车队，卡尔斯鲁厄理工学院是公认的德国最顶尖的理工科大学之一，"汽车之父"卡尔·本茨曾经在这所学院就读。同年8月，卡尔斯鲁厄理工学院赛车队参加了德国大学生方程式汽车大赛，并取得了优异的成绩。他们的加入让FSEC更加丰富，更重要的是，没有机会到国外参赛的国内车队能够借此看到居世界前列的赛车水平。在更激烈的竞争趋势下，国外强队的技术提升也成为我国大学生车队技术发展的催化剂。比赛最终的成绩是卡尔斯鲁厄理工学院获得了本赛季的冠军，亚军、季军分别是哈尔滨工业大学（威海校区）和辽宁工业大学。

2017年11月12—17日第三届"蔚来杯"FSEC在湖北襄阳梦想赛车场正式启动。本次共有43支电动车车队参加比赛，最终广东工业大学、中南大学和广西科技大学分别获得冠军、亚军和季军。

2018年第四届"蔚来杯"FSEC于11月26—12月1日在广东珠海国际航展中心举办，共有49支电动方程式赛车队参加比赛。最终，广西科技大学鹿山学院、辽宁工业大学和哈尔滨工业大学（威海校区）分别获得冠军、亚军和季军。

燃油车和电动车分离后的FSEC比赛情况见表3.3。

表 3.3 燃油车和电动车分离后的 FSEC 比赛情况

届数	年份	地点	参赛学校数量	车队数量	总成绩名次		
					第1名	第2名	第3名
第一届	2015	上海	28	28	广西科技大学鹿山学院	哈尔滨工业大学（威海校区）	北京理工大学
第二届	2016	上海	32	32	德国卡尔斯鲁厄理工学院	哈尔滨工业大学（威海校区）	辽宁工业大学
第三届	2017	襄阳	43	43	广东工业大学	中南大学	广西科技大学
第四届	2018	珠海	49	49	广西科技大学鹿山学院	辽宁工业大学	哈尔滨工业大学（威海校区）

随着汽车技术的进步，参赛车队在技术引用与创新上都有了很大的提升。

电动汽车产业是全球汽车产业发展的一个重点，是大势所趋。按照《中国制造 2025》的规划，到 2020 年自主品牌纯电动和插电式混合动力汽车的年销量需突破 100 万辆，到 2025 年则需达到 300 万辆。巨大的产业发展空间必然带来对电动汽车专业技术、设计人才的需求。FSEC 的举行，意味着在电动汽车人才培养上的大战略与大布局。

FSC 组委会副主任兼秘书长、中国汽车工程学会副秘书长闫建来表示："FSC/FSEC 跟 F1 等赛事不同，我们的宗旨和目的不是技术和竞速，而是给大学生实践和磨炼的机会，发现、挖掘、培养中国汽车未来的人才，尤其是新能源汽车人才。"目前国内汽车工程等工科院校缺乏工程实践条件，这样的大赛恰好对中国汽车教育进行了有益的补充。很多参与其中的大学生都表示，参与 FSC 能够把课堂上学到的东西运用到实践中去，参加车队也是大学生活中最有意义的实践经历。

3. FSAC

FSAC 以大学生电动方程式赛车为基础，参赛队伍要自行制造一辆既能有人驾驶，又可无人驾驶的方程式赛车；既要符合电动方程式赛车基本规则，也要遵循新颁布的无人驾驶赛车规则。同时，赛事依旧采用原有"动态赛＋静态赛"模式，其中，动态赛包括直线加速（纯自主）、8 字绕环（纯自主）、高速循迹（给定路径），静态赛包括设计答辩（赛车设计＋无人驾驶系统设计）等多个比赛项目。

无人驾驶汽车是一种智能汽车，也可以称为轮式移动机器人，主要依靠车内以计算机系统为主的智能驾驶仪来实现无人驾驶。无人驾驶汽车集自动控制、体系结构、人工智能、视觉计算等众多技术于一体。无人驾驶赛车具备五大核心技术——基于激光雷达与单目摄像头的环境感知技术、多源传感信息融合技术、封闭赛道空间内路径规划技术、纯线控电动底盘动力学控制技术、轮边电动机独立驱动技术等。图 3.19 所示为正在比赛的某大学无人驾驶方程式赛车。

图 3.19　正在比赛的某大学无人驾驶方程式赛车

2016年第二届"蔚来杯"FSEC不仅迎来了德国排名第一的卡尔斯鲁厄理工学院的KIT电车队，也迎来了国内第一辆无人驾驶方程式赛车——北京理工大学无人驾驶方程式赛车。在激烈的电动车比赛结束后，北京理工大学无人驾驶方程式赛车驶上赛道进行动态展示，随后中国汽车工程学会宣布将于2017年举办FSAC，从此FSAC拉开了帷幕。

2017年首届"爱驰杯"FSAC于11月11—17日在襄阳梦想赛车场举行，首次参赛的车队有7支，分别是：北京理工大学、吉林大学、哈尔滨工业大学（威海校区）、北京航空航天大学、合肥工业大学、东南大学、长安大学，最终北京理工大学车队夺得首届FSAC的冠军。

2018年第二届"爱驰杯"FSAC于11月26—12月1日在广东珠海国际航展中心举行，有15支无人驾驶方程式车队参与赛事，分别是北京理工大学、吉林大学、哈尔滨工业大学（威海校区）、北京航空航天大学、合肥工业大学、东南大学、长安大学、上海交通大学、辽宁工业大学、清华大学、湖北汽车工业学院、桂林电子科技大学、西华大学、广西科技大学鹿山学院、同济大学。

4. BSC

中国大学生巴哈大赛（Baja SAE China，BSC）于2015年创办，是主要面向职业院校和本科院校开展的小型越野汽车设计和制作赛事。此项赛事起源于美国，是大学生方程式汽车大赛的前身。BSC是一种全新的技术教育和工程实践过程，参与其中的大学生能够以兴趣为导向，在接受挑战中全方位提升自己的能力和素质，尽现"人人皆可成才，人人尽展其才"的现代职教精神。2015年的首届比赛共有30支车队参加，图3.20所示为巴哈越野车在进行越障比赛。

BSC要求各参赛车队在规定时间内，使用同一型号发动机，设计制造一辆单座、发动机中置、后驱的小型越野车，参加包括多种静态与动态项目测试。静态项目包括技术检查、赛车设计、成本与制造、商业营销等，动态项目包括牵引力测试、爬坡测试、直线加速测试、耐力测试等。

图 3.20　巴哈越野车在进行越障比赛

2015 年 8 月 26—29 日，首届 BSC 在山东省潍坊市荣和国际赛车场举行，共有 30 支参赛车队。

2016 年 10 月 18—21 日，第二届 BSC 在襄阳梦想赛车场举行，共有 61 支参赛车队，其中本科院校 28 支、职业院校 32 支、公众车队 1 支。

2017 年第三届 BSC 一共分两站比赛，第一站于 8 月 14—17 日在乌兰察布市集宁区举办，第二站于 8 月 30—9 月 2 日在襄阳梦想赛车场举办，两站比赛共有 89 支参赛车队，其中本科院校车队 37 支、职业院校车队 45 支、高中车队 3 支、公众车队 4 支。

2018 年第四届 BSC 于 8 月 22—26 日在襄阳市梦想赛车场举行，有 89 支参赛车队，其中本科院校 37 支、职业院校 52 支。

3.3.2　全国大学生"飞思卡尔杯"智能汽车竞赛

全国大学生"飞思卡尔杯"智能汽车竞赛是由教育部高等学校自动化专业教学指导委员会（简称"自动化分教指委"）主办的全国大学生智能汽车竞赛。该竞赛是以智能汽车为研究对象的创意性科技竞赛，是面向全国大学生的一种具有探索性的工程实践活动。全国大学生"飞思卡尔"杯智能汽车竞赛由竞赛秘书处设计、规范标准硬软件技术平台，竞赛过程包括理论设计、实际制作、整车调试、现场比赛等环节，要求学生组成团队，协同工作，初步体会一个工程性的研究开发项目从设计到实现的全过程。该竞赛融科学性、趣味性和观赏性为一体，是以迅猛发展、前景广阔的汽车电子为背景，涵盖自动控制、模式识别、传感技术、电子、电气、计算机、机械与汽车等多学科专业的创意性比赛。

该竞赛以飞思卡尔半导体公司为协办方，得到了教育部相关领导、飞思卡尔半导体公司的领导与各高校师生的高度评价，已发展成全国 30 个省市自治区近 300 所高校广泛参与的全国大学生智能汽车竞赛。自 2008 年起，全国大学生"飞思卡尔"杯智能汽车竞赛被教育部批准列入国家教学质量与教学改革工程资助项目中科技人文竞赛。

全国大学生"飞思卡尔"杯智能汽车竞赛原则上由全国有自动化专业的高等学校（包括港、澳地区的高校）参赛。竞赛首先在各个分赛区进行报名、预赛，各分赛区的优胜队将参加全国总决赛。每届比赛根据参赛队伍和队员情况，分别设立光电组、摄像头组、电磁组、电轨组（2016 年新增）、创意组等多个赛题组别。每个学校可以根据竞赛规则选报不同组别的参赛队伍。不同组别的区别是检测赛道的传感器和项目不同，如光电组使用光电传感器、摄像头用视频摄像头等。

全国大学生"飞思卡尔"杯智能汽车竞赛一般在每年 10 月公布次年竞赛的题目和组织

方式,并开始接受报名,次年3月进行相关技术培训,7月进行分赛区竞赛,8月进行全国总决赛。

为了保证比赛的公平性,全国大学生"飞思卡尔"杯智能汽车竞赛是在规定的模型汽车平台上,使用飞思卡尔半导体公司的8位、16位微控制器作为核心控制模块,通过增加道路传感器、电动机驱动电路及编写相应软件,制作一个能够自主识别道路的模型汽车,按照规定路线行进,以完成时间最短者为优胜。因此该竞赛是涵盖了控制、模式识别、传感技术、电子、电气、计算机、机械等多个学科的比赛。图3.21和图3.22所示分别是采用光电传感器的智能车在进行竞赛以及完整的比赛赛道。

图3.21 采用光电传感器的智能车在进行竞赛　　图3.22 完整的比赛赛道

全国大学生"飞思卡尔"杯智能汽车竞赛的参赛选手需使用竞赛秘书处统一指定并负责采购的竞赛车模,采用飞思卡尔如下7个系列:

(1) 32位 Kinetis(ARM Cortex - M0 +),主要包括 KinetisE、EA、L、M 等系列;

(2) 32位 Kinetis(ARM Cortex - M4),主要包括 KinetisK、W 等系列;

(3) 32位 MPC56××系列;

(4) 16位 9S12系列;

(5) 32位 ColdFire 系列;

(6) DSC 系列;

(7) 8位单片机系列(可使用2片)。

作为核心控制单元,自主构思控制方案及系统设计包括传感器信号采集处理、控制算法及执行、动力电动机驱动、转向舵机控制等,完成智能车的制作及调试,于指定日期与地点参加各分赛区的场地比赛,在获得决赛资格后,参加全国决赛的场地比赛。参赛队伍的名次(成绩)由赛车现场成功完成赛道比赛时间为主,技术方案及制作工程质量评分为辅来决定。

飞思卡尔智能车主要由小车底盘(轮子、刹车装置等)、电机驱动模块(电机、单片机等)、寻迹模块(红外接收管、摄像头等)、稳压模块、最小系统板等组成。该车因使用飞思卡尔半导体公司的产品为核心部件而命名。

全国"飞思卡尔"智能模型车大赛在这样的背景下产生,智能模型车大赛要求利用车上的视觉装置,使智能小车在给定的区域内沿着轨迹自动行进,在确保稳定性的情况下,速度最快者获胜。根据路径判别的原理不同,其分为光电组、电磁组和摄像头组等多种组别。下面以光电组设计为例,讲解寻迹车的原理。光电寻迹车采用与白色地面颜色有较大差别的黑色线条引导和反射式激光管识别路径，通过舵机驱动前轮转向，采用直流电机驱动后轮前进，并采用PWM实现电动机的调速，使智能车快速、平稳地行驶。历届全国大学生"飞思卡尔"杯智能汽车竞赛情况见表3.4。

表3.4 历届全国大学生"飞思卡尔"杯智能汽车竞赛情况

届数	年份	地点	决赛学校数量	队伍数量	总成绩名次		
					第1名	第2名	第3名
第一届	2006	清华大学	57	112	清华大学	上海交通大学	清华大学
第二届	2007	上海交通大学	54	76	上海交通大学	上海交通大学	天津工业大学
第三届(摄像头组)	2008	东北大学	67	104	东北大学	北京科技大学	上海交通大学
第三届(光电组)					武汉科技大学	北京科技大学	东北大学
第四届(摄像头组)	2009	北京科技大学	88	120	北京科技大学	上海交通大学	上海大学
第四届(光电组)					北京科技大学	清华大学	杭州电子科技大学
第五届(摄像头组)	2010	杭州电子科技大学	100	180	北京科技大学	杭州电子科技大学	南京师范大学
第五届(光电组)					杭州电子科技大学	杭州电子科技大学	乐山师范学院
第五届(电磁组)					广东技术师范学院	清华大学	杭州电子科技大学
第六届(摄像头组)	2011	西北工业大学	101	186	湖南大学	北京科技大学	山东大学
第六届(光电组)					工业大学	电子科技大学	乐山师范学院
第六届(电磁组)					杭州电子科技大学	北京科技大学	西北工业大学
第七届(摄像头组)	2012	南京师范大学	109	169	北京科技大学	常熟理工学院	电子科技大学
第七届(光电组)					北京科技大学	山东大学	乐山师范学院
第七届(电磁组)					中南民族大学	浙江大学	华中科技大学

续表

届数	年份	地点	决赛学校数量	队伍数量	总成绩名次		
					第1名	第2名	第3名
第八届(摄像头组)	2013	哈尔滨工业大学	110	167	北京科技大学	武汉科技大学	西安交通大学
第八届(光电组)					北京科技大学	厦门大学	厦门大学嘉庚学院
第八届(电磁组)					电子科技大学	北京科技大学	东北大学秦皇岛分校
第九届(摄像头组)	2014	电子科技大学	115	180	南京师范大学	北京科技大学	电子科技大学
第九届(光电组)					北京科技大学	中南民族大学	华中科技大学
第九届(电磁组)					北京科技大学	浙江大学	电子科技大学

3.3.3 中国智能车未来挑战赛

中国智能车未来挑战赛是对国家自然科学基金"视听觉信息的认知计算"重大研究计划项目成果的考察和展示，与主要依赖导航实现无人驾驶的车辆相比，参加中国智能车未来挑战赛的无人驾驶汽车更注重展示车辆感知自然环境并自动处理视听觉信息的能力和效率。基金委从2009年起每年举办一届，比赛全面展示了我国自主研发无人驾驶汽车的最新成果，同时，它也是目前中国国内启动时间最早、行业影响最大的无人驾驶汽车比赛。自2009年创办以来，中国智能车未来挑战赛已经连续成功举办了9届，不仅已成为体现我国无人驾驶汽车发展最高水平的赛事，而且也是目前国内外唯一的专门针对无人驾驶汽车的比赛。中国智能车未来挑战赛极大地推动了中国无人驾驶汽车的研究进展，培养与储备了一批达到国际水准的研发人才，也受到中央电视台等媒体的关注。图3.23和图3.24所示分别是智能汽车在装铺路面和在非结构化路面上比赛的场景。

图3.23 智能汽车在铺装路面上比赛　　　　图3.24 智能汽车在非结构化路面上比赛

无人驾驶汽车是一种智能汽车，也可以称为轮式移动机器人，是人工智能非常好的研究对象之一和重大应用载体，全球汽车制造公司与IT科技巨头都正在加速无人驾驶汽车研发的战略发展制高点，其主要依靠车内以计算机系统为主的智能驾驶仪来实现无人驾驶。无人驾驶汽车集自动控制、体系结构、人工智能、视觉计算等众多技术于一体，是计算机科学、模式识别和智能控制技术高度发展的产物。

目前国内无人驾驶汽车主要有三大系统支撑：环境感知系统、定位导航系统和控制系统。环境感知系统先用车上安装的感应器去感觉周围环境，然后将信息传回"大脑"，用定位导航系统作出相应判断，如是否要拐弯、制动、加速、移动转向盘，随即对控制系统发出指令，车辆则自行完成上述"动作"。

中国智能车未来挑战赛的比赛内容主要分为道路环境测试（高架道路环境和城区道路环境测试）和复杂环境认知水平能力离线测试两部分。其中，道路环境测试着重考查无人驾驶车辆的交通场景识别能力以及不同道路环境的适应性和行驶机动性等4S性能（Safety、Smoothness、Sharpness 和 Smartness，安全性、舒适性、敏捷性和智能性）；复杂环境认知水平能力离线测试则在大规模典型真实道路交通场景数据库的基础上，通过仿真环境评估无人驾驶汽车各类环境感知算法的基本认知能力和水平。在2017年的比赛中，首次引入真实交通流，考查无人驾驶车辆与社会车辆和周围环境的交互，以及对参赛车辆在非结构化道路环境中的自主行驶能力进行测试。

扩展阅读

车辆新技术

1. 四轮独立驱动技术

现代汽车驱动系统布置分为前驱动、后驱动和全驱动。这三种驱动型式各有优、缺点，而且对汽车行驶工况的适应性也不同。例如前驱动轿车在高速转向时稳定性好，但在加速或爬坡时动力性受载荷转移的影响较大，后驱动汽车在这方面的性能优于前驱动汽车，而全轮驱动汽车的成本较高。汽车采用四轮独立驱动技术后，汽车采用前驱动、后驱动或全驱动可根据汽车行驶工况由控制器进行实时控制与转换，且各车轮的驱动力可根据汽车行驶状态进行实时控制，真正实现汽车的"电子主动底盘"。图 3.25 所示为使用轮毂电动机的车轮。

图 3.25 使用轮毂电动机的车轮

电动汽车四轮独立驱动系统是利用 4 个独立控制的电动机分别驱动汽车的 4 个车轮，车轮之间没有机械传动环节。典型四轮驱动布置形式，其电动机与车轮之间可以是轴式连接，也可以将电动机嵌入车轮成为轮式电动机，车轮一般带有轮边减速器。

1）轮毂电动机驱动车辆的优点

轮毂电动机驱动形式省略了大量传动部件，让车辆结构更简单。对于传统车辆来说，离合器、变速器、传动轴、差速器乃至分动器都是必不可少的，而这些部件不但重量大，还使车辆的结构更为复杂，同时也存在需要定期维护和故障率提高的问题。轮毂电动机很好地解决了这个问题。除了结构更为简单之外，采用轮毂电动机驱动的车辆可以获得更好的空间利用率，同时传动效率也要高出不少。

新能源车型很多都采用了电驱动，因此轮毂电动机驱动也就派上了大用场。无论是纯电动还是燃料电池电动车，抑或增程电动车，都可以用轮毂电动机作为主要驱动力；即便对于混合动力车型，也可以采用轮毂电动机作为起步或者急加速时的助力，可谓一机多用。同时，新能源车的很多技术，如制动能量回收（再生制动）也可以很轻松地在轮毂电机驱动车型上得以实现。

2）轮毂电动机驱动车辆的缺点

轮毂电动机驱动形式增大了汽车簧下质量和轮毂的转动惯量，对车辆的操控有所影响。对于普通民用汽车来说，常常用一些相对轻质的材料如铝合金来制作悬挂的部件，以减小汽车簧下质量，提升悬挂的响应速度。可是轮毂电动机恰好较大幅度地增大了非簧载质量，同时也增加了轮毂的转动惯量，这对于车辆的操控性能是不利的。但是考虑到电动车型大多限于代步而非追求动力性能，这一点尚不是最大缺陷。

在 2016 年的 FSEC 中唯一的一支外国车队德国卡尔斯鲁厄理工学院车队就运用了这项

技术，比赛时4个轮毂电动机独立驱动，他们还有一套遥感监测系统，可以实时监测和管理每个轮毂电机的功率和扭矩，以保证整车的姿态更加稳定。整台赛车大到电动机电池的装配，小到每一根线路的布置，都体现出德国人严谨而认真的态度。2016年8月，德国卡尔斯鲁厄理工学院车队参加了在德国举办的大学生方程式汽车大赛，并获得了2016赛季的冠军。

2. 可调式尾翼

可调式尾翼（Drag Reduction System，DRS）是在赛车上运用气流原理的一项尾翼技术，主要用来减小车辆的空气阻力以提升车速度，如图3.26所示。

图3.26 可调式尾翼

方程式赛车的尾翼形状从前到后大致上是一个先下探后往上拉升的勺形，而且下表面的弧度要比上表面的弧度大，从而在尾翼上、下表面产生压力差而获得"气动负升力"，即下压力。此外，方程式赛车尾翼的后半部是与水平成70°~80°角的翼片，使气流沿着尾翼的形状高速流动而向上升，这就是"上洗效应"。

"上洗效应"就是给空气一个向上的力使其上升，赛车尾翼则获得空气对其的向下的反作用力。因此，方程式赛车尾翼产生的下压力来自尾翼前半部分上、下表面产生的压力差及尾翼后半部分"上洗效应"产生的反作用力。而放平尾翼，为的是在高速状态下，减小"上洗效应"而降低下压力。在天气和规则允许的情况下，开启DRS可以带来10~20 km/h的车速提升。

DRS就是基于以上物理原理而被引进的赛车系统，赛车在每条赛道的指定区域中，打开DRS即可让尾翼作出相应调整，从而减小在直道上的空气阻力（CP值），这不仅提升了赛车超车的可能性，也大大增加了比赛的观赏性。

3. 外部废气再循环技术

外部废气再循环（Exhaust Gas Re-circulation，EGR）是指把发动机排出的部分废气回送到进气歧管中，并与新鲜混合气一起再次进入气缸。废气中含有大量的二氧化碳等多原子气体，而二氧化碳等气体不能燃烧却由于其比热容高而吸收大量的热，使气缸中混合气的最高燃烧温度降低，从而减少了氮氧化物的生成量。

1）EGR技术的工作原理

EGR技术是在排气系统上接入废气再循环管路，将废气引出再导入进气系统中，让废气在进入气缸之前与新鲜空气充分混合。外部 EGR 和内部 EGR 相比，结构上要复杂得多，通常带有 EGR 阀、EGR 冷却器，还有一些特殊管路及附带的控制单元，也正因如此，外部 EGR 可以实现对废气的诸多参数的精确控制，从而最大限度地实现 EGR 的作用。根据管路连接的不同，外部 EGR 的技术路线也多种多样。

2）EGR 技术减少氮氧化物生成的机理

EGR 中的二氧化碳和水蒸气大大增加了工质的比热容，同时废气的加入也稀释了原来混合气中的氧浓度，从而燃烧速度变缓，使燃烧过程中的最高温度和平均温度都有所下降，破坏了氮氧化物生成的有利环境，从而大大减少氮氧化物排放。因为汽油机的负荷调节方式通常为量调节，所以在汽油机上应用 EGR 可以相应增加进气量，EGR 率的增加能降低汽油机在中低负荷工况下的节流损失，降低汽油机的燃油消耗率。废气混入进气参与燃烧，会使发动机中的各个环节和参数发生变化，对发动机也会产生多方面的影响，而且影响是整体化的，必须总体考量。

4. 汽车发动机可变进气歧管

发动机在运转时，进气门不断地开启和关闭，进气门开启时，可变进气歧管（Variable Intake System，VIS）中的混合气以一定速度通过进气门进入汽缸，当进气门关闭时，混合气受阻就会反弹，产生振动频率。如果可变进气歧管很短，这种振动频率会升高；如果可变进气歧管很长，这个振动频率就会变得相对低一些。如果可变进气歧管中混合气的振动频率与进气门开启的时间达到共振，那么此时的进气效率很高。因此，采用可变进气歧管技术，可以在发动机高速和低速运转时都能提供最佳配气。可变进气歧管结构如图 3.27 所示。

图 3.27　可变进气歧管结构

1）变长度及其原理

汽车用 4 行程发动机的活塞上下往复 2 次循环才算完成一个工作循环，进气门只有 1/4 时间打开，这样在可变进气歧管内造成一个进气脉冲。发动机转速越高，进气门开启间隔也就越短，脉冲频率也就越高，可变进气歧管的振动也就越大。通过改变进气歧管长度，可以改进气流的流动。可变进气歧管被设计成蜗牛贝壳一般的螺旋状，分布在发动机缸体中间，气流从中部进入。当发动机低转速运转时，控制阀关闭，气流被迫从长进气歧管流入气缸，此时，进气歧管的固有频率得以降低，以适应气流的低转速；当发动机转速升高时，进气频率升高，此时控制阀开启，气流绕开下部导管直接注入汽缸，降低了进气歧管的共振频率，利于高速进气。

2）变截面及其原理

发动机低转速时进气门会被设置成短行程开启，发动机高转速时进气门会被设置成长行程开启，这都是"负压"的原因造成的。那么除了进气门，进气歧管是否还能达到同样的效果？

依据流体力学的原理，管道的截面积越大，流体压力越小；管道截面积越小，流体压力越大。根据这一原理，发动机需要一套机构，在其高转速时，使用较大的进气歧管截面积，提高进气流量；在其低转速时，使用较小的进气歧管截面面积，提高气缸的进气负压，也能在气缸内形成涡流，让空气与汽油更充分地混合。

第4章 汽车基本原理与构造

4.1 汽车行驶的基本原理

4.1.1 汽车行驶过程

汽车行驶必须具备两个基本的行驶条件：驱动条件和附着条件。

1. 驱动条件

汽车必须具备足够的驱动力，以克服各种行驶阻力，才能正常行驶。行驶阻力包括滚动阻力、空气阻力、坡度阻力和加速阻力。

1) 驱动力

汽车的驱动力来自发动机。发动机产生的转矩经过汽车传动系统施加给驱动轮转矩 T_t，它力图使驱动轮旋转。在转矩的作用下，驱动轮与里面接触处对地面施加一个作用力 F_0，其方向与汽车行驶方向相反（汽车的行驶方向向左）。

由于车轮与地面的附着作用，在驱动车轮对路面施加力 F_0 的同时，路面对车轮施加一个大小相等、方向相反的反作用力 F_t，这就是使汽车行驶的驱动力（图4.1）。

2) 滚动阻力

滚动阻力是由于车轮滚动时轮胎与路面在其接触区域发生变形而产生的。车轮在硬路面上滚动时，驱动汽车的一部分动力消耗在轮胎变形的内摩擦上，而路面变形很小；车轮在软路面（松软的土路、沙地、雪地等）上滚动时，路面变形较大，所产生的阻力就成为滚动阻力的主要部分。滚动阻力以 F_f 表示，其数值与汽车的总质量、轮胎的结构与气压及路面的性质有关，它等于车轮负荷与滚动阻力系数之积。

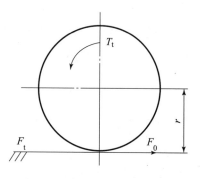

图 4.1 汽车的驱动力

3) 空气阻力

汽车向前行驶时，前部承受气流的压力而后部抽空，产生压力差。此外，空气与车身表面及各层空气之间存在着摩擦，再加上引入发动机舱冷却发动机和驾驶室通风及外伸零件引起的气流干扰，就形成了空气阻力。空气阻力以 F_w 表示，它与汽车的形状、汽车的正面投影面积、汽车与空气相对速度的平方成正比。可见，汽车速度很高时，空气阻力相当可观，并成为总阻力的主要部分。

4) 坡度阻力

汽车在坡道上行驶时，其总重力沿坡道方向的分力称为坡度阻力，以 F_i 表示。汽车只有在上坡时才存在坡度阻力,但汽车上坡所做的功并没有白白耗费,而是转化为重力势能。当汽车下坡时,重力势能促使汽车下坡并转化为动能。

5)加速阻力

汽车加速行驶时,需要克服其自身质量加速运动的惯性力,即加速阻力,以 F_j 表示。

6)驱动力与总阻力的关系

汽车的驱动力 F_t 与上述各项阻力之和(总阻力)存在如下关系:

$$F_t = F_f + F_w + F_i + F_j$$

当 $F_j = 0$ 时,汽车在坡道上匀速行驶;当 $F_j > 0$ 时,汽车在坡道上加速行驶,但随着速度的增加,空气阻力也随之增加,在某个较高的车速处达到新的平衡,然后匀速行驶;当 $F_j < 0$ 时,汽车将减速行驶或停驶。当汽车在平直的路面上以最高车速行驶时,只需克服滚动阻力和空气阻力。

2. 附着条件

汽车能否充分发挥其驱动力,还受到车轮与路面之间附着关系的限制。在平整的干硬路面上,汽车附着性能的好坏取决于轮胎与路面间摩擦力的大小。这个摩擦力阻碍车轮的滑动,使车轮能够正常地向前滚动并承受路面的驱动力。如果驱动力大于轮胎与路面间的最大静摩擦力,车轮与路面之间就会发生滑转。在松软的路面上,除了轮胎与路面间的摩擦阻碍车轮滑转外,嵌入轮胎花纹凹处的软路面凸起部还起一定的抗滑作用。通常把车轮与路面之间的相互摩擦及轮胎花纹与路面凸起部的相互作用综合在一起,称为附着作用。由附着作用所决定的阻碍车轮滑转的最大力称为附着力,用 F_φ 表示。附着力与车轮所承受的垂直于路面的法向力 G(称为附着重力)成正比,即 $F_\varphi = F \cdot \varphi$。式中,$\varphi$ 为附着系数,其值与轮胎的类型及路面的性质有关;附着重力 G 为汽车总重力分配到驱动轮上的部分。

由此可知,汽车所能获得的驱动力受附着力的限制,一般可表达为

$$F_t \leq F_\varphi$$

此公式即汽车行驶的附着条件。

在冰雪或泥泞路面上,由于附着力很小,汽车的驱动力受附着力的限制而不能克服较大的阻力,导致汽车减速甚至不能前进。即使加大节气门开度,或变速器换入低挡,车轮也只会滑转而驱动力仍不能增大。为了增加车轮在冰雪路面的附着力,可采用特殊花纹轮胎或在普通轮胎上绕装防滑链,以提高其对冰雪路面的抓地能力。非全轮驱动汽车的附着重力只是分配到驱动轮上的那部分汽车总重力,而全轮驱动汽车的附着重力则是全车的总重力,因此其附着力较前者显著增大。

4.1.2 汽车制动过程

使行驶中的汽车减速和停车、使下坡行驶的汽车速度保持稳定,以及使已停驶的汽车保持不动,这些作用统称为汽车制动。汽车上必须装设一系列制动装置,以便驾驶员能根据道路和交通等情况,对汽车进行一定程度的强制制动。这种对汽车进行制动的装置称为制动系统。

1. 制动系统的组成及分类

轿车常用的制动系统主要由制动踏板、制动主缸、前轮制动器、后轮制动器、驻车制动杆、传动零件和制动管路等组成。

按作用不同，制动系统可分为行车制动系统、驻车制动系统、应急制动系统及辅助制动系统等。用来使行驶中的汽车减速和停车的制动系统称为行车制动系统，由驾驶员用脚操纵；用来使已停驶的汽车驻留原地不动的制动系统称为驻车制动系统，由驾驶员用手操纵；在行车制动系统失效的情况下，保证汽车仍能实现减速或停车的制动系统称为应急制动系统；在汽车下长坡时用来稳定车速的一套装置称为辅助制动系统。此时，若单靠行车制动系统达到下长坡时稳定车速的目的，可能导致行车制动系统的制动器过热而降低制动效能，甚至完全失效。上述各制动系统中，行车制动系统和驻车制动系统是每辆汽车必须具备的。

按制动操纵的能源不同，制动系统可分为人力制动系统、动力制动系统和助力制动系统等。以人力作为唯一制动能源的制动系统称为人力制动系统，依靠由发动机的动力转化而成的气压或液压形式的制动系统称为动力制动系统，兼用人力和发动机动力进行制动的制动系统称为助力制动系统。

2. 制动器的组成及工作原理

制动器安装在车轮中，称为车轮制动器。车轮制动器一般用于行车制动，也兼用于驻车制动。制动器有两种常见的结构形式，一种是鼓式制动器，另一种是盘式制动器。

1）鼓式制动器

鼓式制动器主要由制动鼓、制动蹄（两个）、制动轮缸、制动底板和回位弹簧等组成。图4.2所示为鼓式制动器的工作原理。以内圆柱面为工作表面的金属制动鼓固定在车轮轮毂上，随车轮一同旋转。在固定不动的制动底板上有两个支承销，支承着两个弧形制动蹄。制动蹄的外圆柱面上装有摩擦片。制动底板上还装有制动轮缸，用油管与装在车架上的制动主缸连通。主缸活塞由驾驶员通过制动踏板机构操纵。

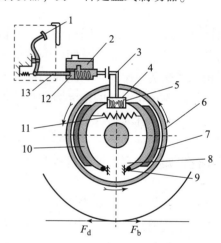

图4.2 鼓式制动器的工作原理

1—制动踏板；2—制动主缸；3—油管；4—制动轮缸；
5—轮缸活塞；6—制动鼓；7—摩擦片；8—制动底板；
9—支撑销；10—制动蹄；11—制动蹄复位弹簧；
12—制动主缸活塞；13—推杆

制动系统不工作时，制动鼓的内圆柱面与制动蹄摩擦片的外圆柱面之间保持一定的间隙，使车轮和制动鼓可以自由旋转。当需要使行驶中的汽车减速时，驾驶员踩下制动踏板，通过推杆和主缸活塞，将制动主缸内的油液压入制动轮缸，使轮缸的两个活塞向外移出，推动两制动蹄向外张开，使其摩擦片压紧在制动鼓的内圆柱面上，通过摩擦力使车轮减速。制动力越大，汽车减速度也越大。当放开制动踏板时，制动蹄被复位弹簧拉回原位，轮缸中的油液流回主缸，制动即解除。

2）盘式制动器

盘式制动器的制动主体是随着车轮一起转动的制动盘和固连于制动底板上的制动钳。图4.3所示为盘式制动器的工作原理。制动钳跨于制动盘两侧，每侧各有1~2个制动块。在制动盘一侧的制动块与制动钳之间装有单活塞制动轮缸。未制动时，制动块与制动盘之间有一定的间隙；制动时，液压油进入轮缸，将活塞向右推出，使制动盘一侧的制动块压向制动盘，同时通过制动钳拉动另一侧的制动块也压向制动盘，从而产生制动力。制动盘上的小孔和制动盘内的通道用于通风散热。

与鼓式制动器相比，盘式制动器尺寸小，重量轻，制动性能稳定，更容易控制。鼓式制动器在相同的踏板力作用下，能产生比盘式制动器更大的制动力。因此，轿车多采用盘式制动器，而载货汽车因要求制动力大，均采用鼓式制动器。

3. 制动器的生产厂家

1）Brembo

Brembo（布雷博）公司是意大利一家从事高性能制动器系统和部件的工程设计、开发和制造的厂商。1975 年，法拉利开始在它的 F1 赛车上装备 Brembo 制动系统，之后阿斯顿·马丁、雪佛兰、玛莎拉蒂和保时捷都开始装备 Brembo 制动系统。Brembo 公司致力于提升系统的性能表现，因此其在

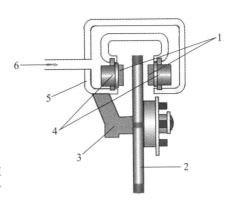

图 4.3 盘式制动器的工作原理
1—制动块；2—制动盘；3—车桥部；4—活塞；
5—制动钳；6—进油口

研发中投入很大，拥有超过 390 位工程师从事研发领域的工作，并不断寻找更有创新精神的解决方案。

Brembo 制动系统有一个很大的特点，就是较为渐进的制动反应，其不会像其他品牌那样对悬挂要求过分强硬，即使一些稍微改装过套装避震系统的车型也不会在制动时出现太大的点头状况。当然前提是选择好适合自己车辆的型号，如功率不超过 200 hp[①] 的车辆，选择 LOTUS 小型四活塞卡钳，再搭配上相应的制动碟即可；功率不超过 400 hp 的中大型跑车或者改装车，F50 大型四活塞卡钳就基本可以满足大部分车主的要求；对于那些动 500 ~ 600 hp 的重度改装车型或者车身较重的 SUV，六活塞制动是不二之选；最后是怪兽级机器，如 800 hp 的 SUPRA、1 000 hp 的 GT – R，没有 8 个活塞的制动卡钳则无法控制。

2）武汉万向汽车制动器有限公司

武汉万向汽车制动器有限公司成立于 1999 年 8 月，专业生产汽车盘式制动器，是武汉市高新技术企业，被武汉市建行评为 AAA 信用企业，是市工业企业"管理样板"工程，荣获"湖北省工业企业综合实力 500 强"称号。

该公司主要为神龙富康、哈飞民意、路宝、厦门金龙、长丰猎豹、武汉万通、海南马自达等大型公司提供配套产品。其中 SIV48 型前制动卡钳——神龙汽车项目的配套工程，是国家汽车零部件重点引进开发项目之一。武汉市于 1992 年批准了该项目的可行性研究报告，1995 年与联信欧洲公司技术部签订了许可证与技术援助协定，获得了 SIV48 型前制动卡钳亚洲地区独家许可生产所需的专利技术资料及资格。2000 年初该产品正式大批量供应神龙公司并取代了原进口产品，100% 满足了主机厂的配套要求。

3）吉林汽车制动器厂

吉林汽车制动器厂始建于 1970 年，位于长春市高新技术产业开发区卫明街 999 号，是长春市重点高新技术企业。20 世纪 90 年代初，其占地面积为 19.1 万 m^2，员工数量为 1 260

---

① 1 hp = 0.74 kW。

人；2007年销售收入为4亿元；生产能力：145万套真空助力器带主缸总成、5万套盘式制动器。吉林汽车制动器厂是中国兵器工业总公司直属大型一档企业，是国家定点生产中、高档轿车，轻型车，微型车制动系列产品的基地。吉林汽车制动器厂具有专兼职工程技术人员达179人，研发人员有65人，技术力量雄厚，拥有先进的生产和制造设备。

该企业引进德国制动系统产品、检测设备及自动化装配线。多年来，通过对引进技术的消化吸收，该企业已形成了自主的开发体系和产品平台，具备制动系产品的系统供货能力，能够按用户要求进行设计和加工，并对提供的整车参数进行制动系统的校核；产品具有自主知识产权，该企业的制动系产品检测、试验工艺处于国内领先地位。该企业的研发中心被评为吉林省省级技术中心。

4) AP Racing

AP Racing成立于30年前，AP制动系统已是当今知名的改装制动产品生产商之一。竞技比赛是制动系统最好的测试标准与检验方法，AP制动产品与知名的汽车运动竞赛多年来一直紧密合作，这些都是为了创造更多高性能的摩擦产品，让车辆制动与摩擦驱动科技提升到更高的水平。这些努力都是让AP Racing一直屹立在改装制动领域的主要原因。

AP Racing旗下产品包括制动卡钳、制动碟、套装制动套件、制动片、制动油、套装的离合器套件、专门用于竞赛的高摩擦系数离合器。汽车改装是一门艰难的课题，该行业里只有最优秀者才能继续生存下来。AP Racing集中了所有资源，保证供应最好的产品给知名的汽车大厂与喜爱汽车运动的车主。从严格的产品测量中心，到精密的计算机数值控制的加工制造，再到复杂谨慎的手工装配，AP Racing对于旗下产品的检查和测试，都是为了当制动性能需要发挥到极限时，保证它的产品性能不会因本身的质量问题而影响人的生命安全。在AP制动系统中，最重要的资源就是员工，正是他们的技能和专注精神使制动系统和离合器质量在行业中处于领先位置，AP制动系统已经成为安全和最高性能的制动系统代名词。

4.1.3 汽车控制过程

汽车在行驶过程中，当遇到行驶路线、道路方向的改变，或者为了避让行人、障碍物及转向车轮受到路面侧向力的作用而发生自动偏转时，汽车的行驶方向需要经常改变，即所谓的汽车转向。就轮式汽车而言，驾驶员可以通过一套机构使转向轮（一般是前轮）偏转一个角度来改变其行驶方向。该机构用来改变或恢复汽车的行驶方向，称为汽车转向系统。因此，汽车转向系统的功能是保证汽车能够按照驾驶员的意志进行转向行驶。

1. 转向系统的分类及组成

按转向能源的不同，汽车转向系统可分为机械式转向系统和动力转向系统两大类。

1) 机械式转向系统

以驾驶员的体力（手力）作为转向能源的转向系统称为机械式转向系统，其中所有传力件都是机械的。机械转向系统由转向操纵机构、转向器和转向传动机构组成。

当汽车转向时，驾驶员对转向盘施加一个转向力矩。该力矩通过转向轴、转向万向节和转向传动轴输入转向器，经转向器放大后的力矩和减速后的运动传到转向摇臂，再经过转向直拉杆传给固定于左转向节上的转向节臂，使左转向节和它所支承的左转向轮偏转。为使右转向节及其支承的右转向轮随之偏转相应的角度，还设置了转向梯形。转向梯形由固定在左、右转向节上的梯形臂和两端与梯形臂通过球铰链连接的转向横拉杆组成。

从转向盘到转向传动轴这一系列部件和零件,均属于转向操纵机构;由转向摇臂至转向梯形这一系列部件和零件(不含转向节),均属于转向传动机构。

2)动力转向系统

兼用驾驶员体力和发动机(或电动机)的动力为转向能源的转向系统称为动力转向系统,它是在机械转向系统的基础上加设一套转向加力装置而形成的。在正常情况下,汽车转向所需能量只有一小部分由驾驶员提供,而大部分是由发动机(或电动机)通过转向加力装置提供的。但在转向加力装置失效时,一般还应当能由驾驶员独立承担汽车转向任务。

图4.4所示为北京吉普切诺基汽车采用的动力转向系统的组成和液压转向加力装置的管路布置,其中属于转向加力装置的部件是转向油泵、转向油管、转向油罐及位于动力转向器内部的转向控制阀和转向动力缸等。当驾驶员转动转向盘时,通过动力转向系统中的转向器和转向横拉杆使前轮偏转,以实现转向。与此同时,转向器输入轴还带动转向器内部的转向控制阀转动,使转向动力缸内产生液压作用力,帮助驾驶员进行转向操纵。这样,为了克服地面作用于转向轮上的转向阻力矩,驾驶员需要加于转向盘上的转向力矩比采用机械式转向系统时所需的转向力矩小得多。另外,采用液压动力转向系统还可提高汽车行驶的安全性。

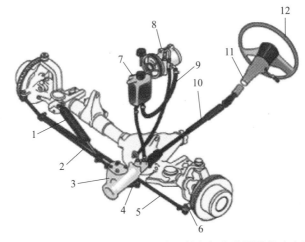

图4.4 动力转向系统的组成和液压转向加力装置的管路布置

1—转向减震器;2—转向直拉杆;3—转向器;4—转向摇臂;5—转向横拉杆;6—转向节臂;
7—转向油罐;8—转向油泵;9—转向油管;10—转向中间轴;11—转向轴;12—转向盘

2. 转向器

转向器的功能是改变力的传递方向和大小,获得所要求的速度和角度,进而通过传动机构带动转向轮偏转。现代汽车上应用最多的机械转向器有循环球-齿条齿扇式和齿轮齿条式。

1)循环球-齿条齿扇式转向器

这种转向器中一般有两级传动副,第一级是螺杆螺母传动副,第二级是齿条齿扇传动副。为减少转向螺杆和转向螺母之间的摩擦,两者的螺纹并不直接接触。转向螺母的内径大于转向螺杆的外径,转向螺母松套在转向螺杆上,其间装有许多钢球。转向螺母外有两根钢球导管,导管插入转向螺母侧面的一对通孔中,导管内也装满了钢球。当转动转向螺杆时,通过钢球将力传给转向螺母,转向螺母沿轴向移动,螺母上的齿条与齿扇啮合带动转向摇臂轴（齿扇轴）转动。同时，两列钢球在摩擦力的作用下，在两条独立的螺旋状通道和钢球导管内循环滚动，形成"球流"。

2) 齿轮齿条式转向器

齿轮齿条式转向器主要由齿条、齿轮和壳体等组成。转向轮与齿条啮合，当转动转向盘时，齿轮转动，使与之啮合的齿条沿轴向移动。与齿条相连的转向横拉杆带动转向节转动，使转向轮偏转，实现汽车转向行驶。

3. 转向传动机构

转向传动机构的功能是将转向器输出的力和运动传到转向桥两侧的转向节，使两侧转向轮偏转，且使两侧转向轮偏转角按一定关系变化，以保证汽车转向时车轮与地面的相对滑动尽可能小。转向传动机构的组成和布置因转向器的结构形式、安装位置及悬架类型而异，可以分为与非独立悬架配用的转向传动机构和与独立悬架配用的转向传动机构。前者主要包括转向摇臂、转向直拉杆、转向节臂和转向梯形臂；后者由于是在独立悬架的汽车上使用，每个转向轮都需要相对车架作独立运动，因此转向桥必须是断开式的。

4. 动力转向系统

用来将发动机（或电动机）输出的部分机械能转化为压力能，并在驾驶员的控制下，对转向传动装置或转向器中某一传动件施加不同方向的液压或气压作用力，以帮助驾驶员进行转向的一系列零部件总称为动力转向系统，又称为助力转向系统。

按助力能源的不同，动力转向系统可分为气压助力、液压助力和电动助力 3 种。气压助力转向系统主要应用于一部分前轴最大轴载质量为 3~7 t，并采用气压制动系统的货车和客车。液压助力转向系统的工作压力可高达 100 MPa 以上，故其部件尺寸很小。液压助力转向系统工作时无噪声，工作滞后时间短，而且能吸收来自不平路面的冲击。因此，液压助力转向系统已在各类各级汽车上获得广泛应用。

根据机械式转向器、转向动力缸和转向控制阀三者在转向装置中的布置和连接关系的不同，液压助力转向系统分为整体式、组合式和分离式 3 种结构形式。

整体式液压助力转向系统的转向控制阀、转向动力缸与机械转向器组合成一个整体，安装在转向轴的下端。这种转向系统结构紧凑，输油管路简单，在汽车上容易布置，但要从汽车上将它拆下修理则较为困难。另外，转向传动装置中的所有零件都要承受由转向动力缸增强了的转向力，所以这些零件的结构强度要加大，转向器本身对密封性能的要求也要提高。因此，整体式液压助力转向系统在高级轿车上应用广泛，最近在重型汽车上也开始应用。

组合式液压助力转向系统是将机械转向器、转向动力缸及转向控制阀三者中的两者组合制成一个整体，常见的有两种形式：一种是将转向动力缸与转向控制阀组合成一个整体（称为转向加力器）布置在转向传动机构中，而机械转向器作为独立部件；另一种是将转向控制阀与机械转向器组合成一个部件（称为半整体式动力转向器），转向动力缸则作为独立部件。

分离式液压助力转向系统的转向动力缸、转向控制阀与机械转向器都是单独设置的。这种转向系统在结构紧凑、安装位置狭窄的轻型载货汽车和轿车上有所采用，但应用范围很小。

电动助力转向系统是利用直流电动机提供转向动力，辅助驾驶员完成转向操作的转向系统。根据助力机构的不同，其可分为电动液压式转向系统和电动机直接助力式转向系统。其中电动机直接助力式转向系统根据电动机布置位置的不同，又可以分为转向轴助力式转向系统、齿轮助力式转向系统和齿条助力式转向系统3种，如图4.5所示。

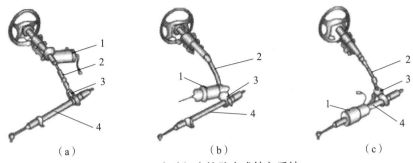

图4.5 电动机直接助力式转向系统
1—电动机；2—转向轴；3—齿轮；4—齿条
(a) 转向轴助力式转向系统；(b) 齿轮助力式转向系统；(c) 齿条助力式转向系统

4.2 汽车"心脏"的构造

4.2.1 发动机的分类

发动机称为汽车的"心脏"，图4.6为发动机的结构简图。发动机的分类方法很多，按照其所用燃料、行程、冷却方式、燃料着火方式等的不同，可以把发动机分成不同的类型。

1. 按照所用燃料分类

发动机按照其所用燃料的不同主要分为汽油发动机和柴油发动机两大类。现代汽油发动机是将汽油直接喷入进气歧管或气缸内，与空气混合形成可燃混合气，再用电火花点燃，这种发动机称为汽油喷射式发动机。柴油发动机是通过喷油泵和喷油器将柴油直接喷入气缸，与气缸内经过压缩的空气混合，使之在高温下自燃做功。

汽油发动机与柴油发动机各有特点。汽油发动机转速高、质量小、噪声小、起动容易、制造成本低；柴油发动机压缩比大、热效率高、经济性能好。

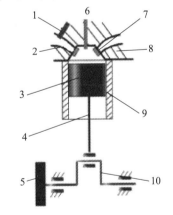

图4.6 发动机的结构简图
1—电喷嘴；2—进气门；3—活塞；4—连杆；
5—飞轮；6—火花塞；7—排气门；
8—缸盖；9—气缸套；10—曲轴

2. 按照行程分类

发动机按照完成一个工作循环所需的行程数可分为四行程内燃机和二行程内燃机。曲轴转两圈（720°），活塞在气缸内上下往复运动4个行程，完成一个工作循环的内燃机称为四行程内燃机；曲轴转一圈（360°），活塞在气缸内上下往复运动2个行程，完成一个工作循环的内燃机称为二行程内燃机。汽车发动机广泛使用四行程内燃机。

3. 按照冷却方式分类

发动机按照冷却方式的不同可分为水冷发动机和风冷发动机。水冷发动机（图4.7）是利用在气缸体和气缸盖冷却水套中进行循环的冷却液作为冷却介质进行冷却的；风冷发动机（图4.8）是利用流动于气缸体与气缸盖外表面散热片之间的空气作为冷却介质进行冷却的。水冷发动机冷却均匀，工作可靠，冷却效果好。

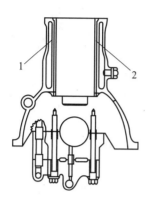 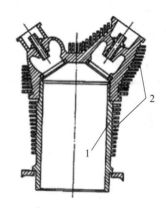

图4.7　水冷发动机
1—水套；2—气缸套

图4.8　风冷发动机
1—气缸套；2—散热片

4. 按照燃料着火方式分类

发动机按照燃料着火方式的不同可分为点燃式发动机和压燃式发动机。点燃式发动机是压缩气缸内的可燃混合气，并用外源点火燃烧的发动机；压燃式发动机是压缩气缸内的空气或可燃混合气，产生高温，引起燃料着火的发动机。

5. 按照气缸排列方式分类

发动机按照气缸排列方式的不同可分为单列（直列）式和双列式。单列式发动机的各个气缸排成一列，一般是垂直布置的，但为了降低高度，有时也把气缸布置成倾斜的甚至水平的（卧式）；双列式发动机把气缸排成两列，两列之间的夹角小于180°（一般为90°）的称为V形发动机，若两列之间的夹角等于180°则称为对置式发动机。图4.9所示为气缸的几种排列方式。

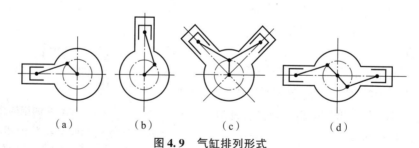

图4.9　气缸排列形式
(a) 卧式；(b) 直列式；(c) V形；(d) 对置式

6. 按照进气方式分类

发动机按照进气系统是否采用增压方式可分为自然吸气式发动机和增压式发动机。自然吸气式发动机吸入气缸前的空气未经压缩，直接来自大气；增压式发动机吸入气缸前的空气先经过压气机压缩，提高密度后再吸入气缸。

7. 按照气缸数目分类

发动机按照气缸数目的不同可以分为单缸发动机和多缸发动机。仅有一个气缸的发动机称为单缸发动机;有两个以上气缸的发动机称为多缸发动机,如双缸、三缸、四缸、五缸、六缸、八缸、十二缸等都是多缸发动机。现代车用发动机多采用四缸、六缸、八缸发动机。

4.2.2 发动机的工作原理

1. 四行程汽油发动机的工作原理

为使发动机产生动力,必须先将燃料和空气供入气缸,经压缩后使之燃烧发出热能,以气体为工作介质并通过活塞和连杆使曲轴旋转,从而使热能转变为机械能,最后将燃烧后的废气排出气缸。至此,发动机完成了一个工作循环。此循环周而复始地进行,发动机便连续产生动力。活塞在气缸内往复4个行程(相当于曲轴旋转两周)完成一个工作循环的发动机称为四行程发动机,如图4.10所示。

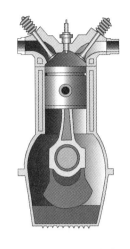

图 4.10 四行程发动机

四行程发动机每个工作循环中的4个活塞行程分别是进气行程、压缩行程、做功行程和排气行程。四行程汽油发动机的工作原理如图4.11所示,其示功图如图4.12所示,其中 V 为气缸容积,P 为气缸内气体压力,S 为活塞行程。

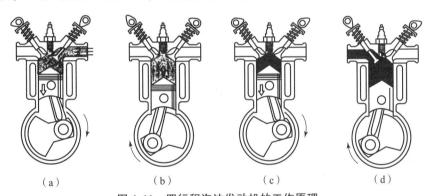

图 4.11 四行程汽油发动机的工作原理
(a)进气行程;(b)压缩行程;(c)做功行程;(d)排气行程

1)进气行程

四行程汽油发动机的空气和燃料在气缸外部进行混合,形成可燃混合气,然后被吸入气缸。如图4.11(a)所示,进气行程中,转动的曲轴带动活塞从上止点向下止点移动,此时进气门打开,排气门关闭。活塞在运动过程中,气缸的容积由小到大,形成一定真空度而产生吸力,将可燃混合气经进气管和进气门吸入气缸。在进气过程中,由于进气系统的阻力影响,进气终了时,气缸内气体压力略低于大气压,为0.075~0.09 MPa,同时受到残余废气和高温机件加热的影响,温度达到370~400 K。

气缸内的气体压力随气缸容积或曲轴转角的变化关系称为示功图,它能直观地显示气缸内气体压力的变化。进气行程的示功图如图4.12(a)所示,曲线 ra 表示进气行程中气缸内气体压力的变化。

实际四行程汽油发动机的进气门是在活塞到达上止点之前打开,并且延迟到下止点之后关闭,以便吸入更多的可燃混合气。

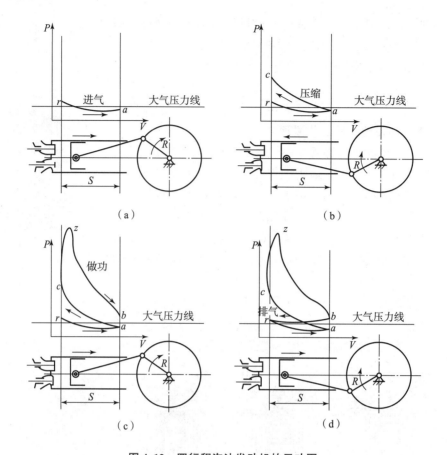

图 4.12 四行程汽油发动机的示功图
(a) 进气行程；(b) 压缩行程；(c) 做功行程；(d) 排气行程

2) 压缩行程

如图 4.11 (b) 所示，进气行程结束后，随着曲轴的继续旋转，活塞从下止点向上止点移动，这时进气门和排气门都关闭，气缸内成为封闭容积。随着活塞的上移，气缸容积不断缩小，可燃混合气受到压缩，压力和温度不断升高，当活塞到达上止点时压缩行程结束。压缩终了时，气缸内气体的压力为 0.8～1.5 MPa，温度为 600～750 K。压缩行程的示功图如图 4.12 (b) 所示，曲线 ac 表示压缩行程中气缸内气体压力的变化。

压缩比越大，压缩终了时气缸内的压力和温度越高，燃烧速度越快，发动机功率也越大。但压缩比太大，容易引起爆燃。爆燃就是由于气体压力和温度过高，可燃混合气在没有点燃的情况下自行燃烧，且火焰以高于正常燃烧数倍的速度向外传播，造成尖锐的敲缸声，这会使发动机过热，功率下降，汽油消耗量增加及机件损坏。轻微爆燃是允许的，但强烈爆燃对发动机是很有害的。汽油发动机的压缩比 ε 一般为 8～12。

3) 做功行程

做功行程包括燃烧过程和膨胀过程，在这一行程中，进气门和排气门仍然保持关闭。如图 4.11 (c) 所示，当压缩行程终了活塞接近上止点时，安装在气缸盖上的火花塞产生电火花点燃混合气，气缸中燃料燃烧放出热能，使气体受热膨胀，压力和温度急剧上升。在高温高压气体作用力的推动下，活塞向下止点运动，通过连杆使曲轴作旋转运动，产生转矩而做功。发动机至此完成了一次将热能转变为机械能的过程。

在做功行程中，燃烧气体的压力可达 3.0~6.5 MPa，温度可达 2 200~2 800 K。随着活塞向下止点移动，气缸容积不断增大，气体压力和温度逐渐降低。在做功行程结束时，压力为 0.35~0.5 MPa，温度为 1 200~1 500 K。

做功行程的示功图如图 4.12（c）所示，曲线 czb 表示做功行程气缸内气体压力的变化。

4）排气行程

如图 4.11（d）所示，排气行程开始，排气门打开，进气门仍然关闭，曲轴带动活塞由下止点向上止点运动，此时混合气燃烧后的废气在其自身剩余压力和活塞的推动下经排气门排出气缸。活塞到达上止点附近时，排气行程结束，排气门关闭。

排气行程终了时，在燃烧室内尚残留少量废气，称为残余废气。因为排气系统有阻力，所以残余废气的压力比大气压力略高，为 0.105~0.12 MPa，温度为 900~1 100 K。

排气行程的示功图如图 4.12（d）所示，曲线 br 表示排气行程气缸内气体压力的变化。

随着曲轴继续旋转，活塞从上止点向下止点运动，又开始了下一个工作循环。可见，四行程汽油发动机经过进气、压缩、做功、排气 4 个行程完成了一个工作循环。这期间活塞在上、下止点间往复运动了 4 个行程，相应地曲轴旋转了 2 圈。

2. 四行程柴油发动机的工作原理

四行程柴油发动机与四行程汽油发动机一样，每个工作循环也经过进气、压缩、做功、排气 4 个行程，在各个活塞行程中，进、排气门的关闭和曲柄连杆机构的运动与四行程汽油发动机完全相同。由于柴油发动机所用燃料是柴油，其特点是黏度比汽油大且不易蒸发，但自燃温度比汽油低，因此可燃混合气的形成、着火方式、燃烧过程及气体温度压力的变化都和四行程汽油发动机不同。下面主要分析四行程柴油发动机和四行程汽油发动机在工作过程中的不同。

图 4.13 所示为四行程柴油发动机。四行程柴油发动机在进气行程中与四行程汽油发动机的不同是，四行程柴油发动机吸入气缸的是纯空气而不是可燃混合气。由于进气系统阻力较小，进气终了时气体压力略高于四行程汽油发动机，而气体温度略低于四行程汽油发动机。进气终了时气体压力为 0.085~0.095 MPa，气体温度为 300~370 K。

四行程柴油发动机的压缩行程压缩的也是纯空气，在压缩行程接近上止点时，喷油器将高压柴油以雾状喷入燃烧室，柴油和空气在气缸内形成可燃混合气并着火燃烧。四行程柴油发动机的压缩比比四行程汽油发动机的压缩比大很多（一般为 16~22），压缩终了时气体温度和压力都比四行程汽油发动机高，大大超过了柴油的自燃温度。压缩终了时，气体压力为 3.5~4.5 MPa，气体温度为 750~1 000 K，四行程柴油发动机是压缩后自燃着火的，不需要点火，故四行程柴油发动机又称为四行程压燃机。

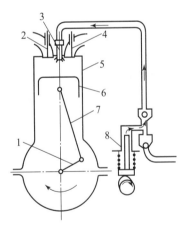

图 4.13 四行程柴油发动机

1—曲柄；2—进气门；3—喷油器；
4—排气门；5—气缸；6—活塞；
7—连杆；8—喷油泵

柴油喷入气缸后，在很短的时间内与空气混合后便立即着火燃烧，四行程柴油发动机的可燃混合气是在气缸内部形成的，而不像四行程汽油发动机那样，可燃混合气主要在气缸外部形成。四行程柴油发动机燃烧过程中，气缸内出现的最高压力要比四行程汽油发动机高得多，可高达 $6\sim9$ MPa，最高温度可高达 $2\,000\sim2\,500$ K。做功终了时，气体压力为 $0.2\sim0.4$ MPa，气体温度为 $1\,200\sim1\,500$ K。

四行程柴油发动机的排气行程和四行程汽油发动机一样，废气同样经排气管排入大气中，排气终了时，气缸内气体压力为 $0.105\sim0.125$ MPa，气体温度为 $800\sim1\,000$ K。

四行程柴油发动机与四行程汽油发动机相比，四行程柴油发动机的压缩比高，热效率高，燃油消耗率低，同时柴油价格较低。因此，四行程柴油发动机的燃料经济性能好，而且四行程柴油发动机的排气污染小，排放性能较好。但它的主要缺点是转速低、重量大、噪声大、振动大、制造和维修费用高。在其发展过程中，四行程柴油发动机不断发扬优点，克服缺点，提高速度，有望得到更广泛的应用。

3. 多缸发动机的工作原理

四行程发动机在一个工作循环的 4 个行程中，只有一个行程是做功的，其余 3 个行程则是做功的辅助行程，即曲轴转两圈，只有半圈做功。做功行程中，曲轴的转速比其他 3 个行程内曲轴的转速要高，所以曲轴转速是不均匀的，因此发动机运转不平稳。功率越大，平稳性就越差。为了使运转平稳，单缸发动机一般都装有一个大飞轮，而这样将使整个发动机的质量和尺寸增加。显然，单缸发动机工作振动大，而采用多缸发动机可以弥补上述缺点。因此，现代汽车上基本不用单缸发动机，用得最多的是四缸、六缸、八缸发动机。

多缸发动机由多个结构相同的气缸组成，它们一般共用一个机体、一根曲轴。在多缸四行程发动机的每个气缸内，所有的工作过程是相同的，并按进气、压缩、做功、排气的次序进行；但所有气缸的做功行程并不同时发生，而应该使各缸的做功行程均匀分布，按照一定的工作顺序做功，即曲轴在 720° 转角内交替做功，因此其运转平稳，振动小。例如，在四缸发动机内，曲轴每转半周便有一个气缸在做功，其工作顺序有 1-3-4-2 和 1-2-4-3 两种，前者各缸的工作循环见表 4.1。在八缸发动机内，曲轴每转 1/4 周便有一个做功行程。气缸数越多，做功间隔角越小，同时参与做功的气缸越多，发动机运转越平稳；但发动机气缸数增多，将使其结构复杂，尺寸及重量增加。

表 4.1　四缸发动机的工作循环（工作顺序 1-3-4-2）

曲轴转角/(°)	第一缸	第二缸	第三缸	第四缸
0~180	做功	排气	压缩	进气
180~360	排气	进气	做功	压缩
360~540	进气	压缩	排气	做功
540~720	压缩	做功	进气	排气

4. 二行程发动机的工作原理

二行程发动机的工作循环是在两个活塞行程即曲轴旋转一周的时间内完成的，图 4.14 所示为二行程发动机，图 4.15 所示为曲轴箱换气式二行程汽油发动机的工作原理。由图 4.14 可见，曲轴箱换气式二行程汽油发动机不设进、排气门，而在气缸的下部开设 3 个孔——进气孔、排气孔和扫气孔，并由活塞来控制3个孔的开闭，以实现换气过程。这种发动机的工作过程如下。

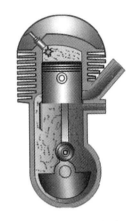
图4.14 二行程发动机

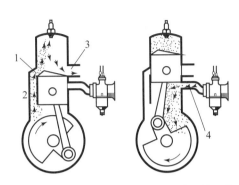
图4.15 曲轴箱换气式二行程汽油发动机的工作原理
1—扫气口；2—扫气通道；3—排气口；4—进气口

1）做功-换气行程

活塞到达上止点，用电火花点燃混合气（柴油发动机此时则向气缸内喷入柴油并随即自行着火），燃烧气体产生的压力将活塞从上止点推向下止点。活塞下行到接近下止点时，废气经排气口（或排气门）排出，同时曲轴箱内受压的新鲜混合气从扫气口冲入气缸，进一步扫除废气，实现气缸的换气。

2）换气-压缩行程

活塞从下止点向上止点移动，当扫气口与排气口（柴油机采用排气门，位于气缸顶部）关闭后，即对可燃混合气（或纯空气）进行压缩，利用活塞下部产生的部分真空，同时将新鲜混合气吸入曲轴箱内，为换气过程做准备。

二行程发动机曲轴每转一圈做功一次，四行程发动机曲轴每转两圈做功一次。因此，当曲轴转速相同时，二行程发动机单位时间的做功次数是四行程发动机的两倍。由于二行程发动机曲轴每转一周做功一次，因此曲轴旋转的角速度比较均匀。但二行程发动机的换气过程时间短，仅为四行程发动机的1/3左右。另外，二行程发动机的进、排气过程几乎同时进行，利用新气扫除废气，新气可能流失，废气也不易清除干净。因此，二行程发动机的换气质量较差。

4.2.3 发动机的性能指标

发动机的性能指标是用来衡量发动机性能好坏的标准。发动机的主要性能指标有动力性能指标、经济性能指标和排放性能指标。

1. 动力性能指标

动力性能指标指曲轴对外做功能力的指标，包括有效转矩、有效功率和转速。

1）有效转矩

有效转矩是指发动机通过曲轴或飞轮对外输出的转矩，通常用 T_{tq} 表示，单位为 N·m。有效转矩是作用在活塞顶部的气体压力通过连杆传给曲轴产生的转矩，并克服了摩擦、驱动附件等损失之后从曲轴对外输出的净转矩。

2）有效功率

有效功率是指发动机通过曲轴或飞轮对外输出的功率，通常用 P_e 表示，单位为 kW。有效功率同样是曲轴对外输出的净功率，它等于有效转矩和曲轴角速度的乘积。发动机的有效功率可以在专用的试验台上用测功器测定，首先测出有效转矩和曲轴转速，然后计算出有效功率。

3）转速

发动机曲轴每分钟的回转数称为发动机转速，用 n 表示，单位为 r/min。当发动机转速提高时，单位时间内完成的工作循环次数增多，发动机的有效功率会随之增大。因此，在说明发动机有效功率的大小时，必须同时指明其相应的转速。在发动机产品标牌上规定的有效功率及其相应的转速分别称为标定功率和标定转速，发动机在标定功率和标定转速下的工作状况称为标定工况。

2. 经济性能指标

发动机的经济性能指标包括有效热效率和有效燃油消耗率（比油耗）。

1）有效热效率

燃料燃烧所产生的热量转化为有效功的百分数称为有效热效率，记为 η_e。显然，为获得一定数量的有效功所消耗的热量越少，有效热效率越高，发动机的经济性能越好。现代汽油发动机的有效热效率一般为 0.30 左右，柴油发动机的有效热效率为 0.40 左右。

2）有效燃油消耗率

发动机每发出 1 kW 有效功率在 1 h 内所消耗的燃油质量（以 g 为单位）称为有效燃油消耗率，通常用 b_e 表示，其单位为 g/(kW·h)。有效燃油消耗率越小，表示发动机曲轴输出净功率所消耗的燃油越少，其经济性能越好。通常发动机标牌上给出的有效燃油消耗率是最小值。

3. 排放性能指标

汽车有害排放物主要来自发动机，汽车的排放性能关系到人类的健康及其赖以生存的环境，为此各国政府都制定了严格的排放法规，以限制汽车有害排放物对环境的污染。当前，排放水平已成为发动机的重要性能指标。

目前主要限制发动机的一氧化碳、各种碳氢化合物、氮氧化合物及除水以外的任何液体和固体微粒的排放量。

4.3 汽车底盘结构认识

4.3.1 汽车总体构造

汽车是由数百个总成、上万个零部件装配而成的复杂机器，汽车的类型虽然很多，各类汽车的用途和总体构造也有所不同，但它们的基本结构是一致的，都由发动机、底盘、车身和电气设备四大部分组成。

1. 发动机

发动机是汽车的动力装置，现代汽车发动机广泛采用的是往复活塞式内燃机，其中主要是汽油发动机和柴油发动机。内燃机的作用是使供入其中的燃料经过燃烧而产生的热能转变为机械能,然后通过底盘的传动系统驱动车轮,使汽车行驶。内燃机一般由机体组件、曲柄连杆机构、配气机构、燃料供给系统、冷却系统、润滑系统和点火系统(柴油机无点火系统)、起动系统组成。

2. 底盘

底盘是汽车的基础,用来支撑车身和安装汽车其他各部件及总成。底盘接受发动机输出的动力,使汽车产生运动,并保证正常行驶。底盘由传动系统、行驶系统、制动系统和转向系统四大系统组成。

3. 车身

车身主要用来覆盖、包装和保护汽车的零部件,既具有结构性功能,又具有装饰性功能,其外形应能保证汽车在高速行驶时空气阻力小,且造型美观,并能反映当代车身造型的发展趋势。车身是驾驶员的工作场所,也是容纳乘客和装载货物的场所,所以车身应为驾驶员提供方便的操作条件,为乘员提供舒适安全的环境,以及保证货物完好无损且装卸方便。轿车、客车的车身一般由整体式外壳和一些附件构成,货车车身一般由驾驶室和货箱两部分组成。汽车车身的结构主要包括车身壳体、车门、车窗、车身内外饰件、座椅、仪表板、通风、空调装置等。

4. 电气设备

电气设备是对汽车实施动力传递控制和行驶控制,提供安全显示和方便操作并保证驾驶员操作舒适的装置。这些装置确保了安全性、便捷性、可载性与可靠性。电气设备由电源和用电设备两大部分组成。电源包括蓄电池和发电机;用电设备包括发动机的起动系统、汽油机的点火系统和其他用电装置,如照明、信号、仪表、空调、音响、刮水器等。随着电子技术在汽车工业上的广泛应用,汽车电气设备越来越先进,在现代汽车上越来越多地装用各种电子设备,如微机处理设备、中央计算机系统,以及各种人工智能装置等,从而显著地提高了汽车的性能。

以上所述是当前大多数汽车的总体构造,而汽车结构的发展过程是不断出现矛盾和解决矛盾的过程。因此,汽车结构是解决在使用、制造和维修过程中出现的一系列矛盾的结果,其结构形式并不是一成不变的。随着科学技术的发展,汽车的总体和部件的构造必将不断完善。

4.3.2 汽车底盘

汽车底盘主要包括传动系统、行驶系统、制动系统、转向系统四大系统。传动系统主要由离合器、变速器、万向传动装置和驱动桥组成;行驶系统主要由车架、车桥、车轮和悬架组成;制动系统主要由制动器和制动传动装置组成;转向系统主要由转向器和转向传动装置组成。

1. 传动系统

传动系统的基本功能是将发动机输出的转矩传递给驱动轮。其首要任务是与发动机协同工作,以保证汽车能在不同的使用条件下正常行驶,并具有良好的动力性和燃油经济性。因此,任何形式的传动系统都必须具有减速增矩、变速变矩、实现倒车、必要时中断传动系统的动力传递、实现差速等作用。

根据传动系统中传动元件的特征,传动系统通常有机械式、液力式和电力式等几种形式。机械式传动系统的基本组成及布置如图4.16所示,主要包括发动机、离合器、变速器、万向传动装置(包括万向节和传动轴)和驱动桥。

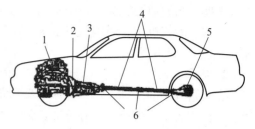

图4.16 机械式传动系统的基本组成及布置

1—发动机;2—离合器;3—变速器;
4—传动轴;5—驱动桥;6—万向节

2. 行驶系统

行驶系统的基本功能是支承汽车总重量并保证汽车正常行驶。其主要作用有将传动系统传来的转矩转化为汽车行驶的驱动力,保证汽车正常行驶;支承汽车总重量,承受并传递路面作用于车轮上的各种力及力矩;减少振动,缓和冲击,以改善汽车行驶的舒适性,并提高车辆各部件的使用寿命;与转向系统配合工作,正确控制行驶方向,保证汽车的操纵稳定性。轮式汽车行驶系统一般由车桥、车架、车轮和轮胎组成。

1) 车桥

车桥(也称车轴)通过悬架和车架(或承载式车身)相连,两端安装车轮,其功能是传递车架(或承载式车身)与车轮之间各个方向的作用力及其力矩。根据车桥上车轮的作用,车桥可分为转向桥、驱动桥、转向驱动桥和支持桥等。

转向桥是利用车桥中的转向节使车轮偏转一定的角度,实现汽车的转向。它除承受垂直载荷外,还承受纵向力和侧向力及这些力造成的力矩。转向桥通常位于汽车前部,因此也常称为前桥。各种车型的整体式转向桥的结构基本相同,主要由前轴、转向节等组成(图4.17)。

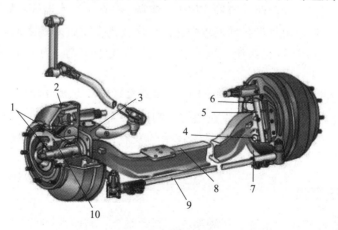

图4.17 整体式转向桥

1—轮毂轴承;2—制动毂;3—转向节;4—止动轴承;5—主销;
6—衬套;7—梯形臂;8—前轴;9—转向横拉杆;10—轮毂

在许多轿车和全轮驱动的越野汽车上,前桥除作为转向桥外,还兼起驱动桥的作用,故称为转向驱动桥,如图4.18所示。它同一般驱动桥一样,有主减速器和差速器,但由于转向时转向车轮需要绕主销偏转一个角度,因此与转向轮相连的半轴必须分成内、外两段(内半轴和外半轴),其间用球叉式万向节(一般多用等角速万向节)连接,同时主销也因而分制成上、下两段。转向节轴颈部分做成中空的,以便外半轴穿过其中。

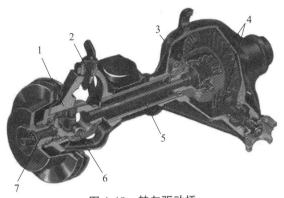

图 4.18 转向驱动桥

1—转向节；2—主销；3—差速器；4—主减速器；5—内半轴；6—万向节；7—外半轴

目前，许多现代轿车采用了发动机前置前轮驱动的布置形式，其前桥既是转向桥又是驱动桥。该类型的转向驱动桥多与麦弗逊式独立悬架配合使用，因其前轮内侧空间较大，便于布置，所以具有良好的接近性和维修方便性。

上汽大众新桑塔纳轿车的前转向驱动桥，其动力经主减速器和差速器传至左、右内半轴及左、右外半轴，传动轴和左、右内等角速万向节，并经球笼式左、右外等角速万向节及左、右外半轴凸缘传到左、右两轮毂，使驱动车轮旋转。当转动转向盘时，通过齿轮齿条式转向器和转向横拉杆使前轮偏转，以实现转向。捷达、奥迪、红旗 CA7220 型等轿车的前桥均为转向驱动桥，其构造与上述结构类似。

既无转向功能又无驱动功能的桥称为支持桥。前置前驱轿车的后桥为典型的支持桥，图4.19 所示为上汽大众新桑塔纳轿车的后支持桥。

2）车架

车架的功能是支承连接汽车的各零部件，并承受来自车、内外的各种载荷。车架是整个汽车的连接基础，发动机，变速器，转向器，传动轴和前、后桥等部件都要装在汽车车架上。车架通常由纵梁和横梁组成。一些客车和轿车将车身和车架制造成一体，不另设车架，称为承载式车身。不少汽车将车架作为独立的构件，车身或驾驶室通过弹性支承安装于车架上，可减轻车身内的噪声和振动。独立的车架也有利于组织专业化生产并使装配工艺简化。

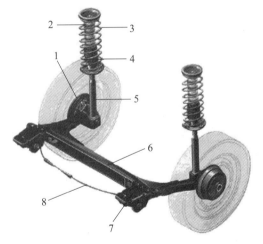

图 4.19 上汽大众新桑塔纳轿车的后支持桥

1—制动器；2—缓冲限位块；3—弹簧；
4—橡胶护罩；5—减震器；6—后桥总成；
7—支承座；8—手制动拉索

目前，汽车车架按其结构形式一般分为三种类型，即边梁式车架、中梁式车架和综合式车架。其中，以边梁式车架应用最广，边梁式车架由两根位于两边的纵梁和若干根横梁组成，用铆接法或焊接法将纵梁与横梁连接成坚固的刚性构架。

3）车轮和轮胎

车轮和轮胎（车轮总成）是汽车行驶系统中的重要部件，其功能是支承整车；缓和由路面传来的冲击力；轮胎与路面间存在的附着作用产生驱动力和制动力；汽车转弯行驶时产生平衡离心力的侧抗力，在保证汽车正常转向行驶的同时，车轮产生的自动回正力矩使汽车保持直线行驶；在越障时提高通过性等。

车轮是介于轮胎和车轴之间承受负荷的旋转组件，通常由两个主要部件——轮辋和轮辐组成。轮辋是在车轮上安装和支承轮胎的部件，轮辐是在车轮上介于车轴和轮辋之间的支承部件。轮辋和轮辐可以是整体式的、永久连接式的或可拆卸式的。车轮除上述部件外，有时还包含轮毂。

按轮辐的构造，车轮可分为两种主要形式：辐板式和辐条式；按车轴一端安装一个或两个轮胎，车轮又分为单式车轮和双式车轮。目前，轿车和货车上广泛采用辐板式车轮和辐条式车轮。此外，还有对开式车轮、可反装式车轮、组装轮辋式车轮和可调式车轮等。

用来连接轮辋和轮毂的圆盘称为辐板。辐板大多是冲压制成的，也有铸造的。轿车的车轮辐板所用钢板较薄，常冲压成起伏多变的形状，以提高刚度。有些轿车为了减轻车轮的质量和有利于制动鼓的散热，采用铝合金铸造加工。为了保证高速行驶的平衡性能，还加有平衡块。上汽大众新桑塔纳轿车的车轮和轮胎如图4.20所示。轮辋和辐板焊接在一起，并用螺栓将其安装在车轮轮毂或制动鼓上，组成车轮。平衡块用于对车轮进行动平衡，车轮饰板装在辐板外面。

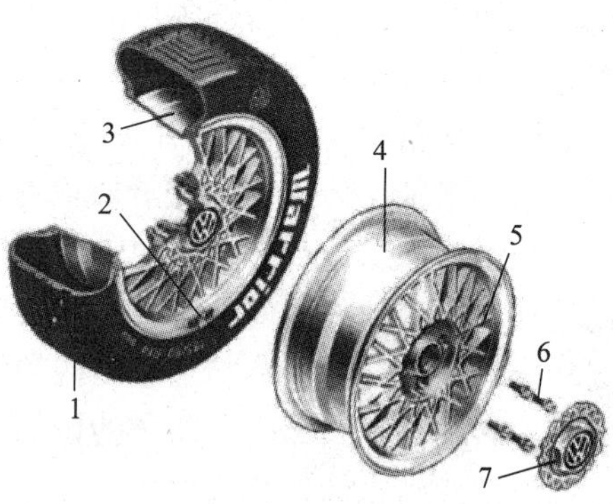

辐条式车轮的轮辐是钢丝辐条或者与轮毂铸成一体的铸造辐条。钢丝辐条车轮由于价格高、维修安装不便，仅用于赛车和某些高级轿车（如美国别克轿车、德国宝马轿车）。铸造辐条式车轮用于装载质量较大的重型汽车。

图4.20 上汽大众新桑塔纳轿车的车轮和轮胎
1—子午线轮胎；2—平衡块；3—车轮；4—轮辋；
5—辐条；6—螺栓；7—车轮饰板

汽车轮胎按用途可分为载货汽车轮胎和轿车轮胎，而载货汽车轮胎又分为重型、中型和轻型载货汽车轮胎。充气轮胎按组成结构的不同，又分为有内胎充气轮胎和无内胎充气轮胎两种。

（1）有内胎充气轮胎由内胎、外胎和垫带组成（图4.21）。内胎中充满压缩空气；外胎是用来保护内胎使其不受外来损害的强度高而富有弹性的外壳；垫带放在内胎与轮辋之间，防止内胎被轮辋及外胎的胎圈擦伤和磨损。

图4.21 有内胎充气轮胎
1，9—外胎；2，8—内胎；3，11—垫带；4—轮辐；5，10—轮辋；6，7—挡圈

（2）无内胎充气轮胎没有内胎，空气直接充入外胎中。无内胎充气轮胎在外观上和结构上与有内胎充气轮胎近似，所不同的是无内胎充气轮胎的外胎内壁上附加了一层厚2～3 mm的专门用来封气的橡胶气密层（图4.22）。

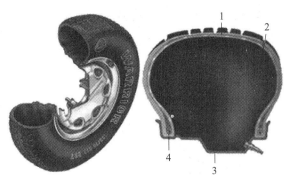

图 4.22　无内胎充气轮胎
1—胎面；2—气密室；3—轮辋；4—钢丝圈

橡胶气密层是用硫化的方法黏附上去的。有的无内胎充气轮胎在气密层正对着胎面的下面贴着一层用未硫化橡胶的特殊混合物制成的自黏层。当轮胎穿孔时，自黏层能自行将刺穿的孔黏合，故称为有自黏层的无内胎充气轮胎。无内胎充气轮胎的缺点是途中修理较为困难；自黏层只有在穿孔尺寸不大时方能黏合；天气炎热时自黏层可能软化而向下流动，从而破坏车轮的平衡。因此，一般多采用无自黏层的无内胎充气轮胎。它的外胎内壁只有一层气密层，当轮胎穿孔后，由于其本身处于压缩状态而紧裹着穿刺物，因此能长期不漏气。即使将穿刺物拨出，无内胎充气轮胎只有在轮胎爆破时才会失效。近年来，无内胎充气轮胎在轿车和一些货车上的使用日益广泛。

充气轮胎按胎体中帘线排列的方向不同，还可分为斜交轮胎和子午线轮胎，现代汽车广泛采用斜交轮胎和子午线轮胎，轿车大多采用子午线轮胎。

斜交轮胎的特点是帘布层和缓冲层各相邻层帘线交叉排列，各帘布层与胎冠中心线成35°～40°的交角，因此称为斜交轮胎，如图4.23（a）所示。

子午线轮胎如图4.23（b）所示。这种轮胎的胎体帘布层与胎面中心线呈90°或接近90°排列，帘线分布如地球的子午线，因此称为子午线轮胎。子午线轮胎帘线强度得到了充分利用，它的帘布层数小于普通斜交轮胎，使轮胎质量减小，胎体较柔软。子午线轮胎采用了与胎面中心线夹角较小（10°～20°）的多层带束层，用强力较高、伸张力小的结构帘布或钢丝帘布制造，可以承担行驶时产生的较大的切向力。带束层像钢带一样，紧紧镶在胎体上，极大地提高了胎面的刚性、驱动性及耐磨性。

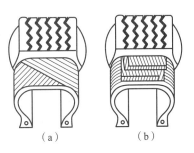

图 4.23　斜交轮胎
和子午线轮胎
(a) 斜交轮胎；(b) 子午线轮胎

子午线轮胎的优点是滚动阻力小、使用寿命长、行驶变形小、可减少油耗3%～8%、散热性能好、负荷能力大。其缺点是胎侧薄，变形大，胎侧与胎圈受力比普通斜交轮胎大得多，容易在胎侧和与轮辋接触处产生裂纹；同时，其因胎侧变形大，其侧面稳定性较差；另外，其成本也较高。

3. 制动系统

汽车上用来使路面对车轮施加一定的力，从而对其进行强制制动的一系列专门装置称为制动系统。其作用是使行驶中的汽车按照驾驶员的要求进行强制减速甚至停车，使已停驶的汽车在各种道路条件下（包括在坡道上）稳定驻车，使下坡行驶的汽车速度保持稳定。

按制动能量的传输方式，制动系统可分为机械式、液压式、气压式及电磁式等。同时采用两种以上传输方式的制动系统称为组合式制动系统。

按制动回路的数目，制动系统可分为单回路制动系统和双回路制动系统。由于在双回路制动系统中，所有行车制动器的管路分属于两个彼此隔绝的回路，这样，其中一个回路失效后，还能利用另一个回路来保证汽车获得足够的制动力。因此，我国于1988年1月1日起，规定所有汽车必须采用双回路制动系统。

旋转元件固装在车轮或半轴上，即制动力矩分别直接作用于两侧车轮的制动器上，称为车轮制动器；旋转元件固装在传动系的传动轴上，其制动力矩需经过驱动桥再分配到两侧车轮上的制动器，则称为中央制动器。车轮制动器一般用于行车制动，也有兼用于第二制动（或应急制动）和驻车制动的。中央制动器一般只用于驻车制动和缓速制动。制动器有两种常见的结构形式：一种是鼓式制动器，另一种是盘式制动器，两种制动器的工作原理在4.1.2节中已经介绍过，此处不再介绍。

1）制动系统的组成

制动系统一般由制动操纵机构和制动器两个主要部分组成。

制动操纵机构由制动踏板机构、制动主缸、制动轮缸和制动管路等组成，用来产生制动动作，控制制动效果，并将制动能量传输到制动器的各个部件。

制动器是用来产生阻碍车辆运动或运动趋势的制动力的部件。汽车上常用的制动器都是利用固定元件与旋转元件工作表面的摩擦而产生制动力矩的摩擦制动器。

有些制动系统中还有制动警告装置，用以提醒驾驶员制动系统中某些元件已经出现故障，如制动管路漏油、摩擦片的磨损达到极限值等。

2）制动系统的一般工作原理

制动系统的一般工作原理：利用与车身或车架相连的非旋转元件和与车轮或传动轴相连的旋转元件之间的相互摩擦，来阻止车轮的转动或转动的趋势，并将运动着的汽车的动能转化为摩擦副的热能耗散到大气中。

一个以内圆面为工作表面的金属的制动鼓固定在车轮轮毂上，随车轮一同旋转。在固定不动的制动底板上有两个支承销，其支承着两个弧形制动蹄的下端。制动蹄的外圆面上装有摩擦片。制动底板上还装有液压制动轮缸，用油管与装在车架上的液压制动主缸连通。主缸活塞可由驾驶员通过制动踏板机构操纵。

制动系统不工作时，制动鼓的内圆面与制动蹄摩擦片的外圆面之间保持一定的间隙，使车轮和制动鼓可以自由旋转。要使行驶中的汽车减速，驾驶员应踩下制动踏板，通过推杆和主缸活塞，使主缸内的油液在一定压力下流入轮缸，并通过两个轮缸活塞使两个制动蹄绕支承销转动，上端向两边分开而以其摩擦片压紧在制动鼓的内圆面上。这样，不旋转的制动蹄就对旋转着的制动鼓作用一个摩擦力矩，其方向与车轮旋转方向相反。制动鼓将该力矩传到车轮后,由于车轮与路面间有附着作用,车轮对路面作用一个向前的周缘力 F_d,同时路面也对车轮作用一个向后的反作用力,即制动力 F_b,制动力 F_b 由车轮经车桥和悬架传给车架及车身,迫使整个汽车产生一定的减速度。制动力越大,则汽车的减速度也越大。当松开制动踏板时,制动蹄回位弹簧即将制动蹄拉回原位,摩擦力矩和制动力消失,制动作用即行终止。

4. 转向系统

关于转向系统的内容见4.1.3节,此处不再赘述。

图4.24所示为机械式转向系统的组成和布置。

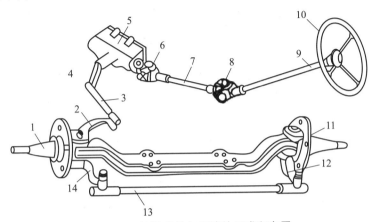

图 4.24 机械式转向系统的组成和布置

1—左转向节;2—转向节臂;3—转向直拉杆;4—转向摇臂;5—转向器;6,8—万向节;7—转向传动轴;
9—转向轴;10—转向盘;11—右转向节;12,14—转向梯形臂;13—转向横拉杆

循环球-齿条齿扇式转向器如图4.25所示,齿轮齿条式转向器如图4.26所示。

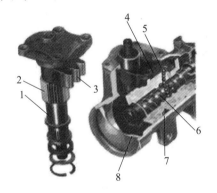 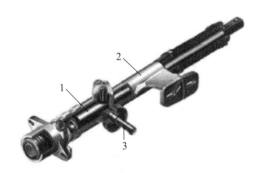

图 4.25 循环球-齿条齿扇式转向器

1—轴承;2—摇臂轴;3—端盖;4—转向器;
5—转向螺杆;6—钢球;7—齿廓;8—端盖

图 4.26 齿轮齿条式转向器

1—齿条;2—壳体;3—齿轮

4.4 汽车车身

4.4.1 汽车造型变迁

汽车车身造型是汽车设计的重要环节,在汽车总布置和车身总布置设计完成后,汽车的

尺寸和基本形体就可确定，接着就可进行汽车造型。汽车造型就是在基本形体的基础上构造曲线、曲面、色彩和装饰体等，即赋予汽车具体的形象。造型和设计有相似之处，但也有区别。造型强调的是成型，而设计强调的是构思。造型可分为实用造型、精神造型和综合造型。实用造型只具有实用价值而不对人产生精神感染；精神造型只对人产生精神感染而没有实用价值；综合造型有双重作用，既有实用价值又对人产生精神感染。汽车造型即属于综合造型的一种。

汽车造型分为局部造型和整车造型两种。为了满足用户求新、求美的心理，局部造型是将现有生产销售的汽车赋予新的面貌，以区别于原有的旧车型，说明该车型已升级，以刺激市场对发行产品的需求，创造更大的经济效益。整车造型属于产品的更新换代，实现产品美感的全面升级，使其面貌在艺术上发生质的变化，以期对顾客产生强烈的视觉冲击和精神感染，推动市场销售。这种造型任务重，工作量大，同时投入的人力、物力和资金多。整车造型的成功与否至关重要，影响到企业在未来一段时间内的产品竞争力。

汽车以其形体占领人们的视觉空间，客观上不但要求实用，而且要美观。汽车造型艺术和其他艺术一样，通过一定的手段，以其艺术形象反映一定的思想内容和社会现象，以艺术的感染力使人产生审美的愉悦。从这一点上，汽车造型与其他艺术有内在联系，具有共性。但汽车造型与其他艺术又有着极大的差异，还有其自身的内在规律和特征，主要表现在：汽车造型具有物质产品和艺术作品的双重特征，汽车造型具有科学性，汽车造型具有时尚性。总之，汽车造型设计融物质功能和精神功能为一体，兼具科学性、实用性、艺术性和时代性，这些特征既相对独立又相互联系，不可分割，形成一个有机统一的整体。汽车造型设计不完全依靠理性的分析方法，主要依靠设计师对生活的感悟、经验的积累、在造型能力方面的修养等非常个性化的因素。

汽车造型的难度不仅体现在它是一个尺寸较大的有机曲面体，而且又承载了过多的感情与技术因素。汽车造型时必须有一个完善的造型单位，至少应由造型师、色彩花纹设计师、实物模型师、三维数字模型师和逆向工程师5个方面的人员组成，要求这些人员富于创造性、卓越的实施表现能力、较宽的知识面、良好的协作精神和与人共事的能力。

对汽车造型的要求如下：

（1）汽车造型应能反映社会生活，具有社会与时代特色及完美的艺术形象，其艺术形象应能反映先进的科学技术与文化水平，为人民所喜爱。

（2）汽车造型应具有良好的空气动力性能，有利于提高汽车的动力性、燃料经济性和高速行驶的稳定性。

（3）汽车造型应保证汽车符合人机工程学，特别是在内室造型时尤其要注意，使汽车具有优良的乘坐舒适性、操作方便性及良好的视野性。

（4）汽车造型应使汽车制造过程具有良好的工艺性，还应充分考虑车身众多钣金零件的制造与装配工艺和焊接工艺。

（5）汽车造型时应注意各种材料的装饰性能。

在百年汽车发展史上，不能不提到汽车造型的演变。如何把机械工程学、人体工程学和流体力学这3个要素完美地结合在汽车造型上，一直是汽车设计师探索和研究的重要课题。

汽车造型大体经历了6个演变过程，即马车形汽车、箱形汽车、甲壳虫形汽车、船形汽车、鱼形汽车和楔形汽车。

1. 马车形汽车

1885—1908年，制造者们把大部分精力放在汽车的机械工程学上，车子能否开动是主要矛盾，造型如何、舒适与否无关紧要。因此，马车形造型成为这一时期汽车外形的统帅（图4.27），"无马马车"便是人们对汽车的称谓。

图4.27 马车形汽车

2. 箱形汽车

箱形汽车的出现是汽车机械工程学发展的结果。随着车速的提高，敞篷车使驾驶员和乘客受不了迎面风的吹扰，加上"全天候"的要求，设计家们推出了带顶篷和车门的封闭式车身。又由于提高车速后加大了空气阻力，人们发现车速超过100 km/h后，发动机的功率几乎都消耗在克服空气阻力上。因此，一种为了减小风阻而降低车身高度的箱形汽车出现了。1900年汽车的高度为2.7 m，1910年降为2.4 m，1920年为1.9 m，1925年为1.4 m，1926年为1.3 m。

机械工程学与空气动力学的结合使汽车造型在合理性上向前迈出了一步，然而人体工程学又困扰了设计师们。车内要坐人，汽车的高度不能无限制地低下去。因此，又出现了一种以延长发动机罩、提高汽车功率来克服空气阻力的长头汽车。

由于长头汽车前方视野差，驾驶不方便，且后排座位在后轮上，颠簸厉害。因此，长头汽车很快就被淘汰，传统的箱形汽车依然统治着市场。从流体力学的角度看，箱形汽车显然不够理想，它的形状阻力所造成的空气涡流极大地影响汽车前行。虽然经过一些局部改良，但未能解决根本性问题。一直到甲壳虫形汽车出现，人们才找到问题的根源。

3. 甲壳虫形汽车

形状阻力的问题，不引进流体力学则无法解决。1911年，卡门教授通过立在流动水中的一根柱子，观察并弄清了水在柱子后面所产生的涡流和阻力。"卡门涡流"理论使人们知道了汽车行驶时尾部空气涡流和阻力形成的原因。

20世纪20年代末，使用液压机床使钢板变形的工艺产生后，汽车开始改变在骨架上蒙皮或蒙铁的做法，制造出了圆弧形状的车身。

1934年，金属薄板拉延和冲压工艺的发展，使汽车车身出现新的式样。美国克莱斯勒公司的"气流"牌小汽车首先采用流线型车身。接着，欧洲的奔驰、太脱拉等公司也开始制造类似汽车。1936年的默谢苔斯汽车应用美国密执安大学雷诺教授风洞试验的结果，制造了从发动机罩到车身侧面和尾部一气呵成的纺锤形汽车，这种车的造型一改生硬平直的棱线，向光滑和浑圆过渡。

1936年，德国波尔舍博士的杰作——甲壳虫形汽车诞生了（图4.28）。经过大自然优胜劣汰而生存下来的甲壳虫，不但能在地上爬，而且可以在空中飞，其形状阻力很小。因此，人们便将其圆滑的形状运用到车身上，并于1937年在德国大众汽车公司开始生产。大众甲壳虫形汽车从1936年起连续生产，畅销世界各地，打破了福特T形车20年生产1 000万辆的纪录，以一种车型累计生产超过2 000万辆而闻名于世。

图4.28　甲壳虫形汽车

然而，具有流线型的甲壳虫形汽车，在机械工程学、人体工程学和流体力学的结合上仍然有它的缺点：一是车内空间小，特别是后排乘客头顶上几乎没有空间，产生一种压迫感；二是这种流线型车身后部呈圆形，使风压中心在车身重心前面，这样，在行驶时如果遇到横向风，汽车就会偏离原行驶车道，造成危险。

4. 船形汽车

以1949年福特V8型小客车为代表，人体工程学受到重视。一种前部为发动机室，后部为行李舱，中间为车室的车身结构出现。由于此种车的造型与结构接近船，因此称为船形汽车。

船形汽车扩展了车内空间，发动机罩、前后翼子板、车门、行李舱从前到后使车身侧面成为一个平台，既减小了侧面形状阻力，又解决了横风不稳定的问题，一举多得。

在使人体工程学与流体力学结合的实践过程中，需要最大限度地改善视野，提高安全性。于是汽车前窗由竖直变为适度倾斜，采用全景式风挡玻璃，车身背部由滑背、阶梯背、半斜背变化到斜背。后背越倾斜，越不易产生涡流，可以有效地减小空气阻力。

船形汽车从20世纪50年代开始，被世界各国的轿车生产厂家制造。图4.29所示的我国的"红旗"牌高级轿车就是这种车型。

5. 鱼形汽车

鱼形汽车是一种新式的斜背式流线型汽车。鱼形汽车的出现并未造成船形汽车的淘汰，图4.30所示的鱼形汽车仍有一些问题，如后窗玻璃面积增大，使车身强度下降，重量增加；日光射入面积扩大，车内温度升高；鱼式造型在汽车高速行驶时产生升力，使车轮与地面的附着力减小，造成横风不稳定性。针对鱼形汽车的缺点，人们又想了不少办法。

图 4.29　船形汽车

图 4.30　鱼形汽车

6. 楔形汽车

鱼形汽车的升力在车速 200 km/h 时最大。尽管大多数汽车不会经常以此速度行驶，但在高速公路上超车时，会出现瞬时 150 km/h 的车速。如果这时突然遇到迎面风，则相对车速会超过 200 km/h。这时汽车会在升力作用下前轮发飘，转向失灵，导致汽车失去控制。1963 年，美国的 Studebaker 公司在高速公路安全的指导思想下，设计出图 4.31 所示的楔形汽车。

图 4.31　楔形汽车

这种车型的车身前部向下倾斜，后部像刀切一样平直，整体类似于楔子形状。楔形汽车与船形、鱼形汽车相比，具有较为合理的分压分布，与美国制造的汽车速度之王"蓝焰号"汽车的造型接近，"蓝焰号"汽车于 1970 年在美国创下陆地车辆 1 001 km/h 的纪录。因此，对高速汽车，楔形是接近于理想的汽车造型。

经过上百年的演变，汽车造型在满足人类高速、舒适、经济等的使用需求上有了长足的发展，未来的汽车造型开始向梦幻型、新概念型、水滴型和生物体型的领域发展。

汽车是人类不可缺少的伴侣，未来无污染汽车，智能汽车及各种各样简便实用、构思绝妙的汽车，作为人类科技宝库中的一种特殊工艺品，将会不断地向世界展现自己的价值，使越来越多的人享受到汽车科技发展带来的便利。

值得注意的是，这6种造型的汽车并不是某一时期的装饰品，随即消失，而是伴随着机械工程学、人体工程学和流体力学的技术进步，人们追求符合功能要求的理想造型的全过程。

4.4.2 汽车色彩

色彩设计是工业造型设计的重要组成部分，人们在观察一件产品的一瞬间，首先映入眼帘的是产品的色彩，之后才是产品的形状、质感，由此可见色彩设计的必要。汽车色彩设计应当与城市环境色彩综合起来考虑，而汽车经常走走停停，它的色彩成为环境色中的不固定因素。

1. 汽车的使用对象与色彩

不同地区使用环境的差别，造成了人们对不同色彩的偏爱。汽车行车与汽车色彩也有一定的关系，在心理学上，人们将深蓝色和深绿色称为收缩色（或后退色），看起来比实际小，看上去距离观察者较远；将黄色、红色称为膨胀色（或前进色），看起来比实际大，看上去距离观察者较近。在以黑色为背景时，黄色、白色更易引起注意，尤其是在傍晚、雾天和雨天时更醒目，所以汽车色彩以黄色较为安全。

汽车内饰的颜色选择也同样影响着行车安全，因为不同的颜色对驾驶员的情绪具有一定的影响。内饰采用明快的配色，能给人以宽敞、舒适的感觉。有专家建议，夏天最好采用冷色内饰，冬天最好采用暖色内饰，可以调节冷暖感觉。恰当地使用色彩装饰可以减轻疲劳，减少交通事故的发生。

由于传统文化习惯等因素的作用，人们看到色彩时，往往把它与其他事物联系起来，即色彩的联想和象征。由于国别、民族、年龄、性别、职业、生活环境的不同，这种联想具有一定差异，但也存在共同点。

灰色：给人以柔和、含蓄之感。灰色在视觉上的感觉是既不炫目，也不暗淡，是一种不易产生视觉疲劳的色彩。

蓝色：使人联想到天空、海洋、远山，使人感到深远、纯洁无瑕等。蓝色象征含蓄、冷静、内向和理智。

银色：是钢铁的颜色，可以说是汽车最本质的色彩，它象征光明、富有和高贵，具有强烈的现代感。

黄色：光感最强，给人以光明、辉煌、希望的感觉。黄色还使人联想到硕果累累的金秋、闪闪发光的黄金，常给人留下光亮纯净、高贵豪华的印象。

白色：使人联想到白云、白玉、白雪，象征着明亮、清净、纯洁。在西方，特别是欧美大多数国家，白色表示爱情的纯洁和坚贞，是新娘结婚礼服的专用色。

红色：使人联想到太阳、红旗、红灯、红花等，人们常用红色作为欢乐喜庆、兴奋热烈、积极向上的象征。红色也表示雄心和勇敢，像火焰一样充满力量。

黑色：对人心理的影响有消极和积极两个方面。消极方面：黑色如黑夜，令人感到失去方向、失去目的而产生阴影、绝望等感觉。积极方面：黑色象征权力和威严，国外神父、牧师、法官都穿黑袍。西方黑色的礼服则有高雅、庄重的含义。各国元首用车一般为黑色。

绿色：是植物的生命色，也是大自然的主宰色。绿色是最能表现活力和希望的色彩，它象征着春天、生命、青春、成长，也象征着安全、和平与希望。

与民族个性和车主个性相比，由于时尚和潮流具有强烈的社会规范化倾向，社会流行色彩往往更能影响消费者对汽车色彩的选择。汽车的流行色彩不但会因时而异、因地而异，而且会因车而异、因人而异。同时越来越多的金属和化学物质被用于汽车涂料，每年大约有600种新的汽车颜色被开发出来。

未来，汽车色彩无疑将向更加丰富多彩和更加赏心悦目的方向发展，人们开始崇尚更加前卫、古怪的色彩。为了适应汽车流行色彩日益频繁的变化，日本日产公司正在运用纳米技术开发一款能根据驾驶者的喜好经常改变颜色的"变色龙"汽车。这种汽车外壳将涂上一层顺磁氧化铁纳米颗粒物质，这些颗粒能根据发动机工作时产生的电流变化改变彼此间的距离，使整个涂层的颜色发生变化，从而实现汽车外观颜色的变化。

2. 色彩与汽车的使用功能

根据使用功能的不同，汽车可分为客车、轿车、货车和专用车等多种类型，不同的汽车在色彩选择上也有所差别。

1）客车的色彩

由于客用汽车、电车等大型客车具有在室外使用、经常流动的特点，为了行人安全、引人注意、减少事故，并给乘客以安全、平稳、亲切的感觉，其色彩多选用明度较高的暖色或中性色。例如，公共汽车和电车的外部色彩应具有各自明显的标示性特征，以便与其他车区别；公共汽车和电动车多用于人流密集的城市，其外部色彩应具有一定的扩张性和前进性，让行人及早避让，避免交通事故的发生；长途公共汽车应尽量与自然环境色有鲜明的对比，给人以活泼、跳跃、可爱的感受。除此之外，公共汽车和电车的色彩还要考虑在日光下、黑夜、雨天和雾天及在各种灯光照射下都应有良好的识别性。

2）轿车的色彩

对于像小轿车这样的个人交通工具来说，由于每个人的爱好和要求差别较大，产品的商品性较强，其外部色彩的象征性、时代性、个性化较为明显，色彩设计主要取决于小轿车的主要功能、使用的场合及不同的人对色彩欲望的差异性，因此小轿车的色彩应该华丽、新颖、光亮，体现出灵活多样性。例如，家用小轿车主要用于接送孩子上学和采购生活物品，使用对象多为妇女和儿童，因此其外部可选用活泼、鲜艳、跳动的色彩；而高级礼宾车由于乘坐者的身份和使用场合气氛的需要，其外部一般采用庄重、华丽、高贵的颜色，可采用黑色或银色，但不宜采用鲜艳俏丽的颜色。对于小轿车，一般只采用一种颜色，以突出色彩的主要表征功能。

3）货车的色彩

货车的外部一般采用一种颜色，主要是强调货车的力度、稳定性等功能特征。以前采用低明度、低纯度的深色调，以适应耐脏的要求。现代货车已采用一些明度较高的浅色调，如乳白色、蓝色、浅灰色等，以适应货车作业环境上的改变，突出其现代感和社会文明。

4）专用车的色彩

专用车的色彩主要取决于其特殊功能特征和习惯用色，如救护车用白色、消防车用红色、邮政车用绿色、军用车用绿色或迷彩色、清扫车和洒水车用乳白色或浅蓝色、赛车用对比强且具有刺激性的颜色等。工程车鉴于野外作业环境和作业性质的不同，其外部色彩一般采用与环境色对比强、明度和纯度较高的、鲜明的颜色，如橙黄、橘红、鲜蓝、珍珠色，以点缀作业环境，给人以美的感受，改善心理上的单调感。

3. 色彩与汽车的使用环境

设计和选择汽车色彩，也要考虑到汽车的使用地区、使用对象和流行趋势。不同地区日照强度差别较大，造成人们对不同色彩的偏爱。例如，在美国，以纽约为中心的大西洋沿岸的人们喜欢淡色，而在旧金山太平洋沿岸的人们则喜欢鲜艳色；北欧的阳光接近发蓝的黄色，因此北欧人喜欢青绿色；意大利人喜欢黄色和红色，故法拉利跑车皆为红色或黄色。

由于世界各国、各民族、各地区的社会、经济、政治、文化、教育及生活习惯的不同，人们对的色彩的喜好也不同，即使同一民族、同一地区的不同年龄、性别、职业的人们对汽车色彩的喜好差异也是很大的。目前中国汽车市场上，银色、黑色、白色因传统大方，是消费者的主要选择。年龄层次越低的消费者，对色彩选择的范围越广，浅绿、明黄等明朗而少见的色彩在年轻消费群体中占有一定比例；而随着消费群体年龄的增长，对汽车色彩的选择逐渐趋于单一，并以沉稳厚重的暗色系为主，银、黑、白成为消费者的主流选择色彩。女性消费者在汽车色彩的选择上，执着于白色、银色和红色3种时尚的色彩；政府官员、企业家更多地选择黑色等深色系的汽车。

色彩流行趋势也是影响汽车色彩选择的一个重要因素。近年在日本国内畅销的汽车，其绝大多数都不是彩色的。日本丰田公司的一项调查表明，该公司在本国销售的汽车，以白色最受欢迎，其次是红色、灰色等；而销往美国、加拿大的汽车色彩以淡茶色、淡蓝色最受欢迎，其次是白色、杏黄色。目前，日本国产汽车80%是白色、黑色和灰色的。与此相对的是，20世纪60—70年代中叶，当时的日本车多为红、黄、蓝等色彩，在经济调速增长时代，和彩电一样，彩色是富裕的象征。但自1973年第一次石油危机之后，人们开始不喜欢颜色鲜艳的汽车。在泡沫经济时期的20世纪80年代，名为"超级白色"的赛车问世，其给人的心理暗示是白色代表高级。

德国人则越来越喜欢银灰色，银灰色汽车的销售量一路攀升，红色汽车则越来越不受欢迎，蓝色汽车的销售比例基本保持不变，黑色汽车的销售比例也呈上升趋势。

4. 色彩与行车安全

一般情况下，人们对汽车色彩的选择多是从个人喜好的角度来考虑的。色彩是车主个性的体现，能反映车主的情感和身份，但仅根据喜好选汽车色彩不利于行车安全。

2005年清华大学就汽车色彩安全性进行了试验，结果表明：行车安全性与车身色彩有密切关系。在天气晴好的条件下，浅色系汽车的安全性能高于深色系汽车，而黑色汽车的事故率是白色汽车的3倍。通过对黑、绿、蓝、银灰、白5种色彩的汽车进行试验，从对比试验结果的照片中发现，黑色车辆在清晨及傍晚时段光线不好的情况下，最难被人眼识别，所以黑色汽车的安全性比白色及银灰色汽车差一些，而绿色及蓝色汽车的安全性位居中间，即浅色系汽车的故事率低。在经过视觉主观评价、色差及灰度差和事故数据等的分析后，清华大学得出了进一步的结论：汽车的色彩关系到驾车安全问题，色彩对汽车的可视性产生影响。通常情况下，比较容易被人眼所辨别的色彩，更加容易引起道路上驾驶员及行人的注意，相对不容易发生正面碰撞及追尾等事故。通过对 5 158 起交通事故进行数据统计，得到各色彩汽车的事故率及排名，相对最安全的色彩为白色，其后依次分别为银灰色、蓝色、绿色和黑色。

澳大利亚最大的汽车保险公司 NRMA 公司也就汽车色彩与交通事故频率之间的关系进行了研究，得出与上述类似的结果。研究表明，撞车等交通事故的发生与汽车色彩的显眼程度有着密切关系，深色及容易与道路环境相混合的黑色、绿色、蓝色等色彩的汽车发生交通事故的概率远高于明亮的黄色、银灰色和白色汽车。

为什么白色汽车比黑色汽车要安全呢？这与色彩本身的特性有一定的关系。首先，色彩是有进退性的，即所谓的前进色和后退色。例如，有红色、黄色、蓝色、黑色共 4 部汽车与行人保持相同的距离，行人会觉得红色汽车和黄色汽车要离自己近一些，而蓝色汽车和黑色汽车看上去较远。膨胀色的视觉效果比收缩色好，看起来要近一些，车主就会早一点察觉到危险情况。其次，色彩有胀缩性，即膨胀色和收缩色。例如，将相同车身涂上不同的色彩，会令人产生体积大小不同的感觉，如黄色看起来感觉大一些，是膨胀色；而同样体积的黑色、蓝色感觉小一些，是收缩色。黄色、白色等膨胀色看起来比实际要大，无论远近都容易引起注意；而收缩色看起来比实际要小，尤其是在傍晚和下雨天，常不为对方车辆和行人注意而引发交通事故。

4.4.3 车身与车架构造

汽车车身结构主要由车身壳体、车前板制件、车门、车窗、车身外部装饰件和内部饰件、座椅以及通风、暖气、空调等装置组成。在货车和专用汽车上还包括货箱和其他装备。

汽车车身主要有三类，分别为货车、轿车和客车。

1. 货车的车身

载货汽车简称货车，货车的车身主要由车架、驾驶室和车箱组成。从外形上看，货车有长头车和平头车两种类型，如图 4.32 所示。长头车的车头和驾驶室互相分开，发动机装在车头部分，驾驶室位于车头后方，发动机维修较方便，安全性好，传入驾驶室的振动小，但视野稍差。平头车的车头与驾驶室已融为一体，发动机装在驾驶室的下方，视野良好，平头车的一大优点是在同样车长的情况下车箱较长，载货量比长头车大，所以现在得到了广泛的应用。

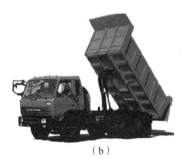

（a）　　　　　　　　　　　　　　（b）

图 4.32　货车类形

（a）长头车；（b）平头车

货车的车架也称大梁,是整车安装的基础,承受车内、外的各种载荷,应具有足够的强度和刚度。驾驶室是驾驶员的工作场所和生活空间,室内环境对行车效率和安全性有重要影响。因此,现代货车驾驶室设计布置十分考究,不少货车还配备卧铺,供长途行车时驾驶员轮换休息之用。

按照运载货物的不同种类,货车车箱可以是普通栏板式结构、平台式结构、倾卸式结构。闭式车箱,气、液罐及运输散粒货物(谷物、粉状物等)所采用的气力吹卸专用容罐或者是适于公路、铁路、水路、航空联运和国际联运的各种标准规格的集装箱。

2. 轿车的车身

轿车的车身可分为半承载式车身和承载式车身。半承载车身保留了车架,车身与车架刚性连接在一起(图4.33);车身主要承受本身的重力,大多采用钣金结构;车架有足够的刚度与强度,承受大部分的内、外载荷。

图 4.33 轿车的半承载式车身

现代轿车大多数都采用承载式车身,其特点是取消了车架,将车身作为发动机和底盘各总成的安装基础,载荷全部由汽车车身承受,车身的刚度和强度较大。采用承载式车身可减小轿车质量,降低车身距地面的高度。

3. 客车的车身

按承受载荷的情况划分,客车的车身可分为非承载式、半承载式和承载式三大类。

(1)非承载式车身:保留车架,将车身直接安装或焊装在车架上,载荷主要由车架承受。

(2)半承载式车身:在客车专用底盘上用悬臂梁(俗称"牛腿")加宽并将车架与车身侧壁刚性连接,车架和车身共同参与整车承载。许多国产大客车的车身采用这种结构形式。

(3)承载式车身:如图4.34所示,取消车架,车身采用薄钢板制成的纵格栅和横格栅组成,格栅采用桁架结构,车内两侧地板较高,用于布置坐席,坐席下方高大的空间可用作行李舱,大型长途客车多采

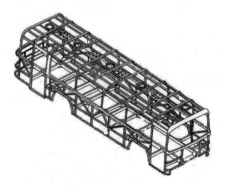

图 4.34 客车的承载式车身

用此种车身。其结构特点是所有的车身壳体构件都参与承载,充分发挥材料的性能,在车身强度、刚度满足要求的情况下有效地减少了材料的用量,减轻了整车的重量。

扩展阅读

轮胎小知识

轮胎是汽车唯一与地面直接接触的部件，与汽车悬架共同缓和汽车行驶时所受到的冲击，保证汽车有良好的乘坐舒适性和行驶平顺性；保证车轮和路面有良好的附着性，提高汽车的动力性、制动性和通过性；承受汽车的重量。其作用一直备受关注。轮胎的磨损是在所难免的，尤其紧急加速和紧急制动对轮胎的磨损更严重，遇到被扎、爆胎时更是要更换。本部分为读者普及一下轮胎规格的基本知识，破译"轮胎上的密码"。

仔细观察轮胎可以发现，在轮胎的胎壁上有一组数据，这组数据就像轮胎的身份证一样，表明轮胎的规格参数。下面我们就以 205/60R16 92H 这款轮胎为例，分析一下这串数字分别代表了什么。

图 4.35 所示为轮胎规格，"205" 代表这个轮胎的断面宽度。理论上，轮胎的断面宽度越大，和地面的接触面积就越大，抓地力就越强，但与此同时也会造成行驶阻力更大，汽车的油耗也随之上升。"60" 为扁平比，以百分数表示轮胎断面高 H 与轮胎断面宽 B 之比。采用扁平比低的宽轮胎可以有效提高汽车的操纵稳定性。目前，不少轿车已采用扁平比为 60%（或称为 60 系列）的宽轮胎。追求高性能的运动型

图 4.35 轮胎规格

轿车也有采用扁平比为 50% 甚至 40% 的宽轮胎。但是低扁平比的轮胎在较差的路面行驶时，不仅轮胎压力大，轮毂的压力也很大，容易造成变形甚至损坏。这也是家庭用车轮胎的扁平比都不是很低的原因。高扁平比能带来更充裕的缓冲厚度，对颠簸路面有一定过滤效果，毕竟常规用车要兼顾车辆的舒适性。"R" 表示轮胎类型为子午线轮胎，俗称"钢丝轮胎"，其结构比较复杂，家庭用车的轮胎类型基本都是子午线轮胎。"16" 代表轮胎所适应的轮毂尺寸，它也是更换轮胎的重要参数之一。"92""H" 这两个参数容易被人忽略。"92" 为最大载重指数，"H" 是速度等级。使用中，轮胎的实际负载应该在对应最大承载质量的 80% 以下。常用的汽车速度等级有 S(180 km/h)、T(190 km/h)、H(210 km/h)、V(240 km/h)、W(270 km/h)、Y(300 km/h) 等。超过轮胎的载重指数或者超过汽车速度等级，都有爆胎的危险，一定要严格按照标准使用轮胎。

一般来讲，轮胎花纹即轮胎胎面上各种纵向和横向组成的沟槽。这些花纹有着明确的分工。纵向花纹具有纵向连续性，主要承担雨天排水任务，并且对于轮胎的散热也很有帮助，但抓地能力不足；横向花纹则有较强的抓地能力，可以弥补纵向花纹的缺陷。

第5章 汽车试验与标准

5.1 汽车试验的发展

汽车试验是指在专用试验场或其他专用场地或实验室内，使用专用仪器设备，依照试验大纲及有关标准，对汽车或总成部件进行各种测试的过程；也可根据需要在常规道路上或典型地区进行相关的试验，如限定工况的实际行驶试验和地区适应性试验等。

随着汽车技术的发展，公路条件的改善，消费者对汽车质量要求的提高和多样化，政府对汽车环保、节能及安全的重视，汽车作为一种大批量生产、产品性能质量要求高、结构复杂、使用条件多变、涉及技术领域广泛的产品，其任何的设计制造缺陷（指由于设计、制造、标识等原因导致的在同一批次、型号或者类别的汽车产品中普遍存在的不符合保障人身、财产安全的国家标准、行业标准的情形或者其他危及人身、财产安全的不合理的危险）都可能造成严重的后果，即使在设计和制造上考虑得非常周密，也必须经过试验来检验。一方面，通过试验可以深入了解汽车产品相关的各种规律和本质，发现汽车在制造和使用过程中的缺陷及薄弱环节，为产品的进一步改进提供依据，推动汽车技术的进步；另一方面，汽车产品在研发过程中会遇到无法依照现有理论分析解决的问题，而试验验证是唯一的解决手段。汽车试验在汽车工业发展中具有举足轻重的作用，其一直贯穿于汽车的设计、试制、量产及售后整个过程。

5.1.1 汽车试验的发展历程

汽车试验伴随着汽车工业的诞生和发展而逐渐成长，其发展经历了以下几个阶段：

第一阶段——手工业生产阶段（从第一辆汽车的研制开始至福特公司建成汽车流水线），汽车试验的主要特点是操作体验和主观评价。此时汽车产品数量不多，人们对汽车性能和品质的要求也不高，汽车试验工作处于一种原始的状态。但汽车试验工作受到汽车制造商和客户的普遍重视，任何一辆汽车在出厂前都要进行道路试验，客户在购买前大多要上车体验一番，汽车制造商不时还会举行一些展示汽车性能的比赛活动。

第二阶段——大批量生产阶段（从第一条汽车流水线建成至20世纪40年代），汽车试验的主要特点是仪器检测和客观评价。汽车产品生产方式的变革，带来了生产效率的提高、成本的下降、产量的增加及汽车使用范围的扩大，此时产品的可靠性、寿命和性能等方面的问题突显出来，各厂家进行了大量有关材料、工艺、可靠性、寿命、性能等方面的试验研究。在此期间，汽车试验方法发生根本变革，除借助其他行业较为成熟的技术和方法外，还形成了专业的试验方法，开发出了符合行业发展要求的仪器设备（如转鼓试验台、闭式疲劳试验台等），汽车试验研究体系在这一时期基本形成。此外，道路试验在此阶段得到足够重视，国际上有实力的大公司开始建设自己的汽车试验场。

第三阶段——精益生产方式阶段（20世纪40—70年代），汽车试验的主要特点可归结为电测量设备的应用及实验室、试验场的大规模兴建。精益生产方式带动全世界汽车保有量剧增，汽车结构和性能有了大幅度的改善和提高，加之许多相邻工业、学科的发展和渗透，汽车试验技术进入了一个新的发展时期。一方面，随着电子技术的发展，出现了各种数据采集、变换、放大、存储、处理及控制等方面的高精度电子仪器；另一方面，世界各大汽车公司开始投入巨资大规模兴建汽车实验室和试验场。在国际上有影响的大公司，几乎无一例外地拥有自己的汽车试验场，一些跨国大公司常年有数百辆汽车在汽车整车实验室及汽车试验场进行试验。

第四阶段——现代生产方式阶段（20世纪70年代以后至今），汽车试验的主要特点体现在计算机虚拟仿真试验及大型试验设备、设施的广泛应用上。现代生产方式融入了经济、管理理念，一些更科学、更合理的生产组织管理制度使汽车试验技术得到了同步提高和完善。一方面，计算机分析评价的扩展，对汽车试验起到了巨大的促进作用。例如计算机辅助工程（Computer Aided Engineering，CAE）在汽车的性能预测、强度计算上提供了快速、准确的运算工具，如操纵稳定性预测、空气动力学特性预测及车身与车架的有限元计算等，从而取代了大量多方案比较试验。运用计算机模拟仿真试验，在设计阶段就能对产品的性能进行评价或体验，缩短了汽车的开发周期，降低了研发成本，提高了工作效率。另一方面，大型室内模拟设备及设施的普遍应用，使汽车试验在方法和装备上都达到了空前完善的程度。现在不仅能在室内模拟各类室外环境（如温度、海拔、声学、风洞等环境），而且可以在室内再现室外道路条件，如高、低温实验室可模拟温度环境，消声室、混响室可提供声学环境，转鼓试验台和整车道路模拟机可在室内进行整车道路模拟，而汽车试验场则可再现现实中的各类道路条件。

5.1.2 汽车试验的发展趋势

1. 试验内容逐年增加

一方面，为了满足人们对汽车品质不断提高的要求，需要不断地增加试验项目和试验内容。如近年来，人们认识到车体刚度对汽车操纵稳定性有着不可忽视的影响，因此要求不仅要对车身的弯曲刚度、扭转刚度等骨架刚度进行评价，还要对悬架安装部位的局部刚度进行评价；另一方面，汽车功能的扩展，新能源汽车的出现，以及各种新结构、新材料、新技术在汽车上的应用，必然要求增加新的试验内容。此外，高等级公路及高速公路飞速发展带来的汽车行驶速度的提高、乘用车大量进入家庭、大量新驾驶员驾车上路，都不可避免地带来许多新问题。为此，试验内容和试验方法需要更新或补充。

2. 试验仪器设备更先进

为了适应汽车试验内容的增加、试验方法的不断更新以及试验精度要求的提高，功能更强、精度与效率更高的仪器设备将陆续取代传统的仪器设备。汽车试验仪器设备将具有以下重要特征：

（1）自动化程度更高。现代汽车试验仪器设备，不仅仪器本身的控制实现了自动化，对被试对象操控的自动化程度也在不断提高。例如，底盘测功机系统配备辅助驾驶或半辅助驾驶，可完全替代或减少试验过程中驾驶员对车辆的操作，图5.1所示为带辅助驾驶的底盘测功机系统。

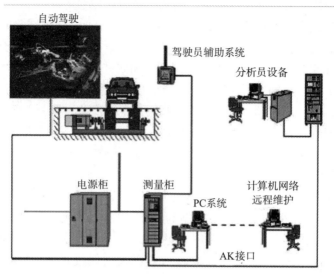

图 5.1　带辅助驾驶的底盘测功机系统

（2）功能集成度更高。功能集成包含两方面内容：一方面是一机多功能，如近几年开发的汽车道路试验仪器，一套采集系统配用不同的传感器，几乎可以完成绝大多数的道路试验项目；另一方面是多功能试验系统（图 5.2），根据汽车试验要求的不同，将不同功能的仪器设备进行合理的组合，构成一个多功能的汽车试验系统，由计算机进行集中控制，以提高仪器设备的工作效率，降低试验成本，现代的汽车检测线多属此类。

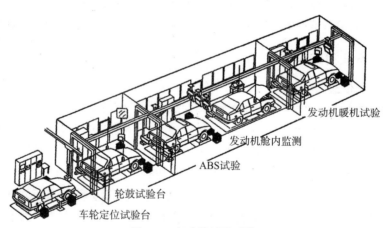

图 5.2　多功能试验系统

（3）测量精度和工作效率更高。汽车试验内容和试验项目的复杂化与多样化，必然要求汽车试验仪器设备具有更高的测量精度和工作效率，以满足日渐严格的试验法规要求，缩短试验时间。例如，车用电控系统的标定，需全工况检验控制系统的控制逻辑，只有设备高精、高效，才能满足控制精度及开发周期要求。

3. 虚拟试验与实车试验的结合更紧密

虚拟试验是指任何不使用或部分使用实际硬件来构造试验环境，完成实际物理试验的方法和技术。随着计算机的高速发展，特别是现代仿真技术、虚拟现实技术的兴起和应用，虚拟试验正逐渐成为汽车试验的重要组成部分。例如，在虚拟试验场（Virtual Proving Ground，

VPG）中，研发人员可以对车辆设计所需的各项技术指标和参数进行模拟测试，对汽车的各项性能进行仿真分析，在计算机模拟试验和实车道路试验之间建立一定的相互关系，为实车道路试验提供经济、有效的参考数据和方案。图 5.3 所示为虚拟试验场中的整车性能分析及标准路面。

图 5.3　虚拟试验场中的整车性能分析及标准路面

对于纯软件型虚拟试验，它的应用前提是拥有汽车在实际道路上行驶的各种工况数据，而这些数据大部分是在试验场采集的；而对于硬件环型（半实物）虚拟试验，即将汽车整车或零部件这些实物硬件嵌入仿真系统中进行实时动态仿真，这种试验可直接采集硬件发出的关键信号。这都意味着计算机虚拟仿真技术与实车道路试验技术的关系将结合得更加紧密。

5.1.3　汽车试验的分类

汽车试验可按其试验目的、试验对象、试验场所和试验评价方式进行分类，见表 5.1。

表 5.1　汽车试验的分类

分类方法	试验名称	举例
试验目的	研究性试验	汽车新产品、新结构、新技术、新材料和新工艺等的验证试验及汽车试验新方法的探索性试验
	新产品定型试验	轻型客车定型试验、载货汽车定型试验及电动汽车定型试验等
	质量检查试验	汽车年度检查、产品抽检等
试验对象	整车性能试验	整车动力性、制动性、燃料经济性、操作稳定性及平顺性等试验
	总成试验	发动机总成试验、制动器总成试验及驱动桥总成试验等
	零部件试验	汽车零部件的强度、刚度及疲劳寿命等的试验等
试验场所	实验室台架试验	汽车输出功率台架试验、汽车驱动桥壳疲劳寿命台架试验及汽车变速器传递效率试验等
	试验场试验	汽车可靠性试验、耐久性试验场试验等
	室外道路试验	汽车典型地域适应性试验等
试验评价方式	客观评价试验	汽车的制动距离和制动时间试验等
	主观评价试验	汽车操纵稳定性主观评价试验及整车乘坐舒适性试验等

1. 按试验目的分

(1) 研究性试验。研究性试验是指为了推进汽车的技术进步所开展的各项试验,如汽车新产品、新结构、新技术、新材料和新工艺等的验证试验及汽车试验新方法的探索性试验。研究性试验又分为产品研发试验、材料试验、工艺试验和试验研究试验 4 种。

(2) 新产品定型试验。新产品定型试验是指以考核新开发的汽车产品是否符合设计要求及是否满足汽车法规规定为目的的试验。任何新开发出来的汽车产品量产之前都必须经过新产品定型试验,图 5.4 所示为新产品定型试验简易流程。

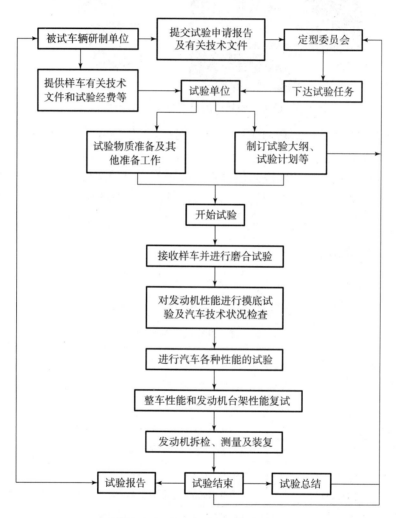

图 5.4 新产品定型试验简易流程

(3) 质量检查试验。质量检查试验一般是指汽车产品品质的定期检查试验,对目前生产的汽车产品定期进行品质检查试验,考核汽车产品品质的稳定性,以便及时检查出汽车产品存在的问题,例如汽车年度检查和产品抽检等。

2. 按试验对象分

(1) 整车性能试验。整车性能试验的主要目的是考核整车的主要技术性能,测出各项技术性能指标,如动力性、燃料经济性、接近角、离去角、最小离地间隙及最小转弯半径等。

（2）总成试验。总成试验主要考核机构及总成的工作性能及耐久性，如发动机和变速器的机械效率、悬架装置的特性，以及它们的结构强度、疲劳寿命和耐久性等。

（3）零部件试验。零部件试验主要考核汽车零部件设计和工艺的合理性，测试其精度、强度、磨损和疲劳寿命，以及研究材料的选择是否合适。

3. 按试验场所分

（1）实验室台架试验。实验室台架试验的重要特征在于不受环境的影响，且可 24 小时不停地进行试验，它特别适合汽车性能的对比试验和可靠性、耐久性试验。试验室台架试验的突出特点是试验效率高，它不仅适用于汽车的总成部件，也适用于汽车整车。

（2）试验场试验。试验场试验是一种按预先制定的试验项目、试验规范，在规定的行驶条件下进行的试验。在汽车试验场上可以设置各种不同的路面（如扭曲路面、比利时砌石路面、高速环道和汽车性能试验专用跑道等）；可在不受道路交通影响的情况下完成汽车各项性能试验，尤其是汽车的可靠性、耐久性试验及环境适应性试验。由于在汽车试验场上可以进行高强化水平的试验，因此可以大大缩短试验周期。

（3）室外道路试验。汽车产品最终都要交到用户手中，在不同气候、不同交通状况的地区、不同道路条件的各种路面上去行驶。要想汽车的各项性能全面满足实际使用要求，就必须到实际的道路上进行考核，即进行室外道路试验。

4. 按试验评价方法分

（1）客观评价试验。客观评价试验是指通过各种仪器设备获得试验对象精确、简单的数据结果而进行评价的过程。

（2）主观评价试验。主观评价试验是指由专业人员（经验丰富的驾驶员或主观评价师）按照一定的主观评价规范，在典型的行驶道路或评价环境中通过感觉器官对所关注的不能进行客观评价的汽车品质属性（如整车乘坐舒适性、转向性、操控性、换挡平顺性、NVH 性能等）进行观察、操作、评价、分析等活动。主观评价试验作为评价和衡量车辆性能的重要方法，在汽车开发过程中是被公认的不可或缺的重要环节，越来越受到各大汽车制造厂的重视。

对于汽车试验而言，无论何种试验对象、何种试验目的，任何新开发出来的汽车产品都必须经历实验室台架试验、试验场试验及室外道路试验这一复杂的试验过程。实验室台架试验达到了相关要求，则进行试验场试验，最后进行室外道路试验。

5.2 汽车试验标准及过程

国际标准化组织（International Standards Organization，ISO）对标准作了以下定义：所谓标准（Standard），就是在一定的条件下，以达到最佳的状态为目的，把与之有关的各种活动及结果的规则、指导方针或者特性做成通用的并且反复使用的文件，确认其合理性，并且有公共认可的组织承认；所谓法规（Regulation），就是被行政机关所采用的具有强制约束力的符合法律规定的文件。一般前者称为任意标准，后者称为强制标准。

5.2.1 汽车试验标准的特点和分类

1. 汽车试验标准的特点

（1）标准的技术性和权威性。由于标准作为一种依据和规范提出，其描述内容详尽、完整且可靠，因此标准文献的技术成熟度很高。权威性是指试验方法一经形成标准，在试验中就应严格遵照执行，不应随意改变，若在试验中未严格执行标准，则试验结果就失去了它的严肃性和可比性。因此，标准还具有一定的法律属性，使产品的生产、使用和组织管理等都有据可依。

（2）标准自成体系。标准文献无论是在编写格式、描述内容、遣词用字上，还是在审批程序、管理办法及使用范围等方面都不同于一般的文献，而是别具一格，自成体系。标准文献的一个显著标志就是一个标准对应一个标准号。一个标准，即使仅有寥寥数页也要单独成册出版，一般只解决一个问题。

（3）标准的先进性。通常标准制定后，随着国民经济的发展和技术水平的提高，都要不断地进行修改、补充或更新。国际标准化组织规定标准需每5年重新修订一次，个别情况下可以提前修订，以保证标准的先进性。所以，标准文献对于了解一个国家的工业发展情况和科学技术水平具有很大的参考价值。试验标准的先进性有利于促进汽车试验技术和汽车制造水平的提高，而试验标准的稳定则有利于试验方法的推广和执行。

（4）标准的交叉性。从企业标准到行业标准至国际标准，并不意味着级别依次上升。许多国家的国家标准是由具有代表性的行业标准或企业标准升格而来的，所以在内容上有许多重复和交叉的现象，且各国之间直接相互引用相关标准的现象屡见不鲜。因此，判断标准的水平，不能以使用范围来盲目进行评价，而应以具体的技术参数和内容为依据。

（5）标准的通用性。标准的通用性是指以试验方法标准作为权威方法，在试验中有一定的指导作用，它应适用于不同部门、多种车型的汽车试验。目前，标准文献向国际化发展的一个很重要的原因就是贸易全球化、产品国际化，要想参与国际竞争，把产品打入国际市场，就必须执行国际标准。目前，各国纷纷制定与国际标准兼容的国家标准。

2. 汽车试验标准的分类

1）按试验标准的适用范围分类

（1）国际标准。国际标准是由ISO制定的。ISO是世界上最大的、非官方工业和技术合作国际组织，联合国的高级咨询机构。我国于1978年9月加入ISO，成为正式成员，英文代号为CSBS（China State Bureau of Standards，中国国家标准局）。凡是由ISO制定的标准，开头都有ISO标记，如ISO 2631《人体承受全身振动的评价指南》。

（2）国际区域性标准。国际区域性标准由若干个成员国共同参与制定并共同遵守，最典型的有欧洲联盟（European Union，EU）法规及欧洲经济委员会（Economic Commission of Europe，ECE）法规。欧洲联盟简称"欧盟"，其由欧洲经济共同体（European Economic Community，EEC）发展而来，后又经欧洲委员会（European Commission，EC）发展为欧盟，目前共存的主要有EU和EC两种代号的标准，而早期的EEC标准已较少使用。EC/EU标准由年份、编号和EC/EU代号3部分组成，如2007/46/EC，即2007年颁发的第46号EC指令，而Regulation（EU）No195/2013即2013年颁布的第195号EU法规。ECE法规不是强制性法规，各成员国可选择采用，各国通常在ECE法规的基本要求下制定本国法规，我国部分现行国家标准即参照 ECE 法规，结合本国国情制定的。

（3）国家标准。国家标准是各国依据自己的国情而制定的适用于本国的标准。我国国家标准简写为 GB，日本国家标准简写为 JIS，德国国家标准简写为 DIN，英国国家标准简写为 BS，法国国家标准简写为 NS，美国国家标准学会制定的标准简写为 ANSI，除此之外，由美国国家公路交通安全管理局制定的美国联邦机动车安全标准简写为 FMVSS。

（4）行业标准。行业标准是指对没有国家标准而又需要在全国某个行业范围内统一技术要求所制定的标准。行业标准是对国家标准的补充，是专业性和技术性较强的标准。行业标准的制定不得与国家标准相抵触。国家标准公布实施后，相应的行业标准即行废止。我国汽车行业标准简写为 QC，交通行业标准简写为 JT 等；日本汽车技术工程师协会（Japanese Autobile Standards Organization，JASO）制定的标准简写为 JASO；美国汽车工程师学会（Society of Automotive Engineers，SAE）制定的标准简称为 SAE，它在美国和世界范围内都具有很高的权威性。

（5）地方标准。对没有国家标准和行业标准而又需要在省、自治区、直辖市范围内统一的工业产品的安全、卫生要求，可以制定地方标准。地方标准由省、自治区、直辖市标准化行政主管部门制定，并报国务院标准化行政主管部门和国务院有关行政主管部门备案，在公布国家标准或者行业标准之后，该地方标准即应废止，例如北京市地方标准 DB 11/121—2010《在用柴油车加载减速烟度排放限值及测量方法》。

（6）企业标准。企业标准是指各汽车生产企业、汽车试验场根据本身的特点，参考相应的国际标准、国家标准而制定的标准，它仅限于在本企业内使用。为了提高本企业产品的品质，企业标准通常要严于国家标准和国际标准。

2）按试验标准的性质分类

试验标准按性质的不同分为强制性试验标准和推荐性试验标准。

（1）强制性试验标准。强制性试验标准是指为了保障人身健康、安全，保护环境，节约能源而制定的强制执行的标准，这类标准一般称为法规。《中华人民共和国标准化法》规定：强制性标准必须执行，不符合强制性标准的产品禁止生产、销售和进口。我国 GB 7258—2017《机动车运行安全技术条件》即为强制性标准。在我国，强制性汽车标准已有近百项。

（2）推荐性试验标准。推荐性试验标准无强制性，企业自愿采用，但一经采用就应严格执行，不得随意改动。在我国，凡标准代号有 T 的，均为推荐性试验标准，如 GB/T 12678—1990《汽车可靠性行驶试验方法》等。

推荐性试验标准还可细分为通用性试验标准和定型试验标准。通用性试验标准是车辆单项性能试验标准，一般不分车辆类型，即不管何种车辆，均可按照此标准规定的方法进行某性能的试验。定型试验是车辆定型时进行的试验，定型试验标准因车辆类型的不同而不同，如标准 GB/T 13043—2006《客车定型试验规程》适用于 M_2、M_3 类客车（定型试验标准适用的机动车分类标准可参考 GB/T 15089—2001《机动车辆及挂车分类》）。

5.2.2 道路试验方法通则

汽车道路试验接近实际使用情况，试验结果具有真实性。道路试验的影响因素很多，如气象条件、道路条件和驾驶操作等都会影响试验结果，从而导致试验结果比较离散。如果试验条件控制不好,试验结果的可比性和重复性将下降,严重时甚至会失真。因此,为了保证试验结果的真实性、重复性和可比性,GB/T 12534—1990《汽车道路试验方法通则》(以下简称《通则》)对影响汽车试验结果的试验条件和试验车辆准备工作等方面作了统一规定。

1. 试验条件

《通则》规定的试验条件包括装载质量,轮胎气压,燃料、润滑油(脂)和制动液,气象、道路条件,试验仪器和设备等。

(1) 装载质量。当无特殊规定时,装载质量均为厂定最大装载质量或使试验车处于厂定最大总质量状态的装载质量;装载质量应均匀分布,装载物应固定牢靠,试验过程中不得晃动和颠离;不应因潮湿、散失等条件的变化而改变质量,以保证装载质量的大小和分布不变。乘员平均质量及分布按表 5.2 进行计算,可用相同质量的重物代替。

表 5.2 乘员平均质量及分布

车型			每人平均质量/kg	行车质量/kg	代替重物分布/kg			
					座椅上	座椅前地板上	吊在车顶的拉手上	行李箱(架)
货车、越野汽车、专用汽车、自卸汽车、牵引汽车			65	—	55	10	—	—
客车	长途		60	13	50	10	—	—
	公共	坐客	50	—	50	10	—	—
		站客	60	—	55(地板上)		5	—
	旅游		60	22	50	10	—	22
乘用车			60	5	50	10	—	5

(2) 轮胎气压。轮胎气压对汽车各项性能有重要的影响,因此要求试验车轮胎的种类、型号规格、花纹深度和轮胎气压均应符合试验车技术条件的规定。试验车轮胎应使用新轮胎或磨损量不大于原花纹 20% 的轮胎,胎压偏差不超过 ±10 kPa。试验证明,新、旧轮胎的阻力系数不同;旧轮胎气压不足,滚动阻力增加,滑行距离缩短,油耗上升;子午线轮胎较斜交轮胎滚动阻力低,油耗可降低 7%~8%。

(3) 燃料、润滑油(脂)和制动液。试验汽车使用的燃料、润滑油(脂)和制动液的牌号及规格,应符合该车技术条件或现行国家标准的规定。除可靠性行驶试验、耐久性道路试验及使用试验外,同一次试验的各项性能测定必须使用同一批燃料、润滑油(脂)和制动液。值得注意的是,市场上供应的燃油,不同炼油厂、不同时间供应的同一标号的燃油其辛烷值、密度、馏分均有差异。试验表明,辛烷值相差一个单位,油耗将相差 1%。

(4) 气象、道路条件。试验时应是无雨、无雾天气,风速不大于 3 m/s,相对湿度应小于 95%,气温为 0~40 ℃。对气象条件有特殊要求的试验项目,由相应的试验方法规定。除另有规定外,各项性能试验应在清洁、干燥、平坦的沥青或混凝土铺装的直线道路上进行,道路长 2~3 km,宽不小于 8 m,纵向坡度在 0.1% 以内。气象条件要求不严格将使试验结果出现较大偏差,试验表明,纵向坡度达 0.3%,测取的等速油耗结果已经不能真实反映汽车的经济性能。

(5) 试验仪器和设备。试验仪器和设备需经计量检定,在有效期内使用,并在使用前进行调整，确保功能正常，符合精度要求。如设备过重，应计入汽车装载质量中。当使用汽车上安装的速度表、里程表测定车速和里程时，试验前必须按 GB/T 12548—2016《汽车速度表、里程表检验校正方法》进行误差校正。

2. 试验车辆准备

（1）试验前的车辆检查。试验前的车辆检查是指记录试验汽车的生产厂名、牌号、型号、发动机号、底盘号、各主要总成号和出厂日期等，以检查车辆装备的完整性及调整情况，使之符合该车装配调整技术条件及 GB 7258—2017《机动车运行安全技术条件》的有关规定。

（2）车辆磨合。根据试验要求对车辆进行磨合，除另有规定外，磨合试验按试验汽车使用说明的规定进行。

（3）行驶检查。行驶检查在车辆磨合之后、基本性能试验之前进行，主要检查试验汽车的技术状况，行驶里程应不大于 100 km。

行驶道路为平坦的平原公路，交通流量小，有里程标志，单程行驶不少于 50 km，风速不大于 3 m/s，车速为汽车设计最高速度的 55%~65%，不允许空挡滑行，尽量保持匀速行驶。行驶前，应在出水管、发动机主油道（或曲轴箱放油螺塞）、变速器及后桥主减速器等的加油螺塞处安装 0~150 ℃量程的远程温度传感器（热电偶），各总成冷却液及润滑油必须加到规定量。行驶检查时，每行驶 5 km 测 1 次各点温度并记录当前的时刻、里程及车速等试验数据，绘制温升曲线，找出各总成的平衡温度和达到平衡温度时的行驶里程和时间。

在行驶中还应检查各总成的工作状况、噪声及温度。注意转向器、制动器等零部件的功能，若发现异常应及时找出原因并排除，排除后方可继续行驶。

在进行行驶检查的同时，还可以进行里程表校正、平均技术车速测量及平均燃料消耗量测定等，这些内容可根据要求选做。

（4）预热行驶。试验前，试验汽车必须进行预热行驶，以达到规定温度。

5.2.3 试验的过程

汽车试验是一项技术性很强的工作，事先必须有周密的计划和组织，否则就不能达到预期的目的。汽车试验过程可分为试验准备、试验实施和试验总结 3 个阶段。

1. 试验准备阶段

试验准备一般指按照试验的实际要求，对整个试验过程作出系统的规划，即试验设计。其内容包括试验目的与条件、试验内容、试验场地与仪器、试验方法和试验数据的处理分析等。

（1）全面了解被试对象。全面、深入地了解被试对象是进行试验设计的前提。了解被试对象最直接且最有效的方法是从被试对象的设计研究者那里获取相关信息，或邀请设计研究者参与试验设计工作。若无法做到这一点，则试验设计人员应深入分析被试对象的全部技术资料。

（2）充分了解试验要求。充分了解试验要求是科学、合理地设计试验的基础。试验要求通常包括两个层面：其一是试验精度要求，其二是通过试验获取必要的有用信息。

对于任何一项试验，根据要求的试验精度不同，所需要的试验仪器、试验方法、试验周期和试验成本会存在很大的差异。一般来讲，试验精度要求越高，所需试验仪器系统越复杂，试验周期越长，试验成本也会越高。汽车试验是一项纯消耗性工作，试验成本是汽车生产及研发成本的重要组成部分。因此，无论什么类型的试验往往都遵循这样的一个原则，即在满足试验精度要求的前提下，尽可能地降低试验成本。

（3）研究相关试验标准与试验规范。尽管所要进行的试验没有现成的试验标准或试验规范，但相近的产品或相近的研究可能已有相关的试验标准或试验规范，其中或许绝大多数内容与本试验无关，但相近产品或相近研究的已有试验标准或试验规范的思想和内容一定会有可借鉴之处。广泛研究相关的试验标准或试验规范可以使试验时少走弯路，缩短试验设计周期，但参照相关的试验标准及试验规范并不等于简单地照抄照搬。试验设计是一项创造性的工作，一定要充分反映本试验的特点。

（4）深入分析已有试验条件及试验仪器与设备。充分利用已有的试验条件和设备，尽可能少用本单位没有的试验仪器与设备，力争避免采用待开发的设备，是试验设计过程中应遵循的一项重要原则。但不是所有的新试验都可借助已有的试验仪器与设备完成。进行科研性试验时，往往需要不断补充一些新的试验仪器与设备。

（5）明确试验目的。明确试验目的就是要解决为什么要进行该项试验的问题，即明确通过此次试验希望获取哪些信息，解决什么问题。对于一项全新的试验而言，试验目的可能需要一个逐步明确的过程。在开始进行试验之前，或许只有部分试验目的是明确的，有些试验目的需等到一些试验数据出来之后才能逐渐清楚。事实上这是科研性试验的一种普遍规律，即科研性试验需要在试验过程中逐渐完善。

（6）确定试验内容。根据试验目的确定试验内容就是要"对症下药"，既不要做一些无用的试验项目而浪费时间和金钱，也不要漏掉一些重要的试验项目而影响研究进展。

（7）选择试验仪器与设备。在选择试验仪器与设备时，首先应使其满足试验所必需的功能要求，即应保证能有效地检测出试验内容所涉及的所有被测量。其次，应使其满足试验的精度要求。试验仪器与设备的精度与其复杂程度、价格直接相关，通常精度高的仪器与设备，其结构也较复杂，价格也会较高。正确选择试验仪器与设备的原则是：在满足试验要求的前提下，不要片面地追求高精度。工程实践表明，试验仪器与设备的精度比试验所要求的精度高一个等级，就可以很好地满足上面提到的试验仪器与设备的选用原则。最后，对由多种不同功能的仪器组合而成的仪器系统应进行合理组建，充分注意传感器的接入对测试系统动态特性的影响及仪器设备级联所带来的负载效应。

（8）分析试验条件对试验结果的可能影响。对汽车试验而言，尤其是那些需要在室外进行的试验，室外的环境和气候条件不可控，且不同地区、不同季节和不同时段的环境气候条件差异很大。若所要进行的试验对环境和气候的变化敏感，则应对其作出严格的规定，以避免试验条件的变化给试验结果带来过大的影响。

（9）确定试验方法。试验方法需对下述内容作出明确而详细的规定：试验对象的维修、试验过程中试验对象出现异常情况的处理、试验前的磨合与预热、试验的实施、仪器和试验对象的操控、试验数据的处理和修正、试验结果的评价。

当然并不是所有试验项目的试验方法均包括以上7项内容，试验目的不同，其试验方法所涉及的内容也会有差异。

（10）制定试验大纲。试验大纲是指导试验工作的重要文献。试验大纲的质量关系到试验工作的质量，甚至影响到试验工作的成败。试验大纲的内容一般包括试验任务和目的、试验内容和条件、试验项目和测量参数、试验仪器、试验技术和方法、人员的组织与分工、试验进度计划等。

（11）准备试验仪器与设备。根据试验大纲的要求，准备好试验所需的仪器与设备。应注意的是，所有仪器与设备均应满足试验要求的测量范围、容量和精度；试验前应对所用仪器与设备进行标定，标定的数据应记录并填入试验报告中。

（12）人员配备和试验记录准备。根据试验项目测取数据，配备操作、监测、记录人员，明确每个人的任务和相互之间的配合关系，熟练掌握仪器与设备的操作规程、车辆驾驶技术，并拟定试验记录表格和数据处理表格，对自动打印或记录的测试系统要设计好打印格式、记录图形的方式与规格。

2. 试验实施阶段

试验实施阶段是试验工作的中心环节，一般经历 4 个过程，即车辆设备的预热、工况的监测、读数采样和数据校核。

在试验过程中，无论是车辆还是总成部件，除另有规定（如冷起动试验）外，都应经起动运转预热的过程，使试验设备和被试车辆部件均达到正常工作状态的温度，然后负荷由小到大，转速由低到高进行试验。在试验过程中，必须随时监测车辆和设备的运转工况（如发动机冷却液温度、机油温度等）；需要加载荷试验的，应特别注意极限加载值，以防止发生破坏设备的事故；按试验大纲的规定，在指定工况下进行读数采样。

另外，因为试验通常分为稳态试验和瞬态试验，所以读取数据时应注意，稳态值应是在一定时间（如 5s）内的值，而瞬态瞬时值应该与被试件的动作和记录同步。所以，瞬态瞬时值多采用自动采样记录系统读取，它可以快速记录大量准确的数据，存储、输出记录的参数，必要时可以输出参数间的关系曲线或图形。数据测量结束后，应立即汇总主要的测试数据，校核各参数的测量值，并据此画出监督曲线，根据监督曲线尽快大致分析并作出试验是否有效的判定。若有数据互相矛盾或偏差过大，就应采取措施，必要时重新进行局部或全部的补救试验。

在具体试验实施阶段必须遵守以下原则：

（1）不得临时改变试验项目或内容，以免因考虑不周、准备不足而发生意外。
（2）若发现故障，应立即停止试验，查找原因并进行维修。
（3）不应突破试验大纲中规定的各参数的极限值。
（4）测试同一项目要尽可能在相同的自然条件下进行。
（5）及时汇总并处理测试数据，若发现问题应及时解决。
（6）确保参加试验人员的人身安全，做好安全保障措施。

3. 试验总结阶段

试验总结包括对试验中发现的问题、观察到的现象进行定性的分析和研究，利用试验统计理论和误差分析方法对测试数据进行处理，以确定实测所得的性能指标和各参数间的关系。对强度、疲劳磨损试验则应在试验完毕后，对被试车辆进行分解、检查和测量，获取试验后的数据。

在完成上述试验工作后，应按国家标准中试验报告的格式编写试验报告及定型试验工作总结材料，上报主管定型委员会，并将试验报告提交研制单位和使用单位。

试验报告的主要内容包括前言（介绍试验任务的来源、研制单位、试验单位及试验基本情况）、目录、能反映试验汽车基本外形特征的照片两张、试验仪器与设备的相关信息、试验依据、试验汽车的技术指标、试验条件、试验内容和结果、试验结论与改进意见、附件（包括图表、曲线、照片和各种专项及台架试验报告，必要的技术资料，试验人员及职务等）、试验日期。

5.3　汽车试验设备与设施

5.3.1　典型试验设备

1. 车速测量仪

汽车行驶速度、时间和位移是汽车多项性能试验和评价中必不可少的测量参数，测量并记录汽车在行驶过程的速度、时间和位移的仪器称为车速测量仪（以下简称"车速仪"）。最初车速仪带有小轮子，试验时由被测车辆拖动随之滚动，因此称为第五轮仪，后因设备精度问题等已较少使用，在实际车速测量中常使用非接地式车速仪。非接地式车速仪根据测量原理的不同，比较有代表性的有光电式车速仪和 GPS 定位车速测量系统。

1）第五轮仪

（1）结构。第五轮仪一般由第五轮、传感器、显示器及安装支架等组成。图 5.5 所示为某第五轮仪的组成和安装示意。

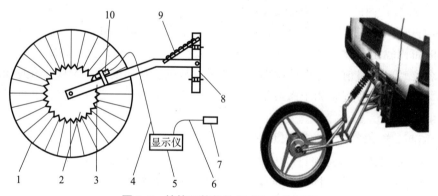

图 5.5　某第五轮仪的组成和安装示意

1—第五轮；2—齿盘；3—连接臂；4—导线；5—显示器；6—开关导线；7—脚踏开关；
8—安装支架；9—加力弹簧；10—传感器

（2）测量原理。试验时，第五轮固定在试验汽车尾部或侧面，当第五轮随汽车运动而转动时，磁电传感器感受到齿盘的齿顶和齿谷的交替变化，并产生与齿数成一定比例数量的电脉冲。脉冲数与汽车行驶的距离成正比，脉冲频率与车速成正比。汽车行驶距离与脉冲信号的比例关系是一常量，通常称为传递系数。当显示器收到由传感器传递过来的一定频率和数量的脉冲信号时，自动与传递系数相乘得到相应的距离，同时将距离与由晶体振荡器控制的时间相比得出车速，并显示、存储或打印出来。以上过程在试验中隔一段时间进行一次，直至试验结束，从而完成试验过程中车速、距离、时间的实时测量。

（3）特点。第五轮仪在试验过程中要求第五轮必须时刻与地面接触，不能打滑，因此非公路车辆对应试验受到限制；因设备精度限制，此种车速仪不能进行大于 180 km/h 的车速测量;此类设备体积相对较大,仪器的安装性、便携性不好,目前较少使用。

2)光电式车速仪

光电式车速仪是利用容间滤波原理检测车速的非接地式车速仪。

(1)结构。光电式车速仪由空间频率传感器和信号处理装置组成。空间频率传感器如图5.6所示,主要由投光器和受光器组成。

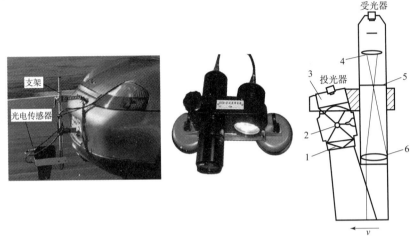

图5.6 空间频率传感器
1—透镜;2—灯;3—反射镜;4—梳状光电管;5—光栅;6—聚光透镜

(2)测量原理。投光器将强光射于地面,由于地面凹凸不平,形成明暗对比不同的反射,由受光器中的梳状光电管接收。随着车辆的移动,梳状光电管接收地面反射光的明暗变化脉冲,此脉冲频率与车速成正比。明暗交替变化的频率信号经过一定的信号处理即可获得车辆的行驶速度。图5.7所示是以一定间距 P 排列的一排透光格子,当点光源以一定速度相对格子移动时,经过格子列后光的强度就变成了忽明忽暗、反复出现的脉冲状态,此脉冲与光穿过格子的次数相对应,即每移动一个距离 P 变换一次。假设点光源的移动速度为 v,光学系统的放大率为 m,则格子列上移动的光点速度为 mv,这样一明一暗的脉冲列的周期为 $T = P/mv$,即频率 $f = mv/P$ 与速度 v 成正比。速度 v 的变化则通过频率 f 的变化表现出来。

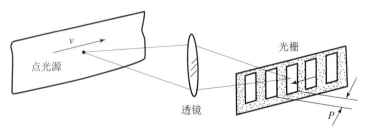

图5.7 空间滤波器原理

与点光源相比,一般的光学投影则稍有差异。这种光学投影(凹凸不均的形状)可以看作许多不同强度的点光源不规则地集中,不改变相互位置,向着一定的方向平行移动的状况。由此得来的光量,就是从这些点光源一个一个地测量的光量总和。然而,由于点光源的分布和强度都不同,其结果导致相位和亮度也全然不同。但因频率完全相同,结果组成了许多仅相位和振幅不同的信号,其平均频率为 mv/P,从而可得到相位和振幅均随机平稳变化的信号（窄带随机信号）。通过推测，此中心频率可解出移动速度和移动距离。

（3）特点。光电式车速仪安装方便，测量精度高，适用于高速测量，最高测量车速可达 200 km/h；但其光源耗电量大，并且在车速很低时，测量误差大，车速小于 15 km/h 时不能测量；此外，在冰雪路面和潮湿的 ABS 性能测试路面上，由于光电式车速仪是靠内部的空间滤光片传感器接受地面反射来的光进行信号采集，而湿的低附着系数路面无法实现光线的良好反射，导致信号丢失，仪器失效。

3）GPS 定位车速测量系统

（1）组成。广义来说，GPS 定位测速需包含卫星系统、地面监控系统及用户设备 3 部分，而通常所说的 GPS 定位车速测量系统即指用户设备，主要包括 CPS 接收器和一套数据采集系统。图 5.8 所示为某公司生产的便携式测速设备——VBOX GPS 定位车速测量系统。VBOX 数据采集系统由卫星接收器、主机和多种外接模块及传感器组成。系统附加多种模块和传感器，可以完成动力性、燃油经济性和操纵稳定性等十多项试验内容。

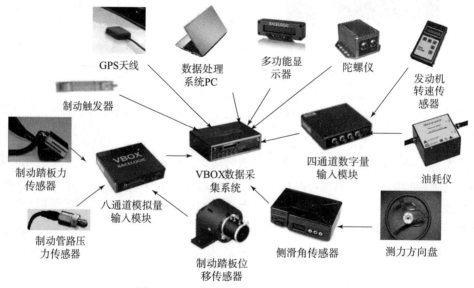

图 5.8　VBOX GPS 定位车速测量系统

（2）测量原理。根据测速原理和方法的不同，GPS 测速方法大体有以下 4 种：一是利用 GPS 的定位功能，通过位置差分法计算速度；二是利用多普勒频移来获取速度；三是利用载波相位动态时差法进行速度测量；四是单点测速法。其中位置差分测速法一般精度相对较低，较少使用；而多普勒频移测速法是目前普遍使用的精度相对较高的测速方法。多普勒频移测速法基于多普勒效应，观测者接收到的 GPS 载波频率与 GPS 发射的载波频率之间存在频率差，该频率差与 GPS 卫星的运行速度有关，而 GPS 卫星的运行速度为已知量，这样则可求观察者（运动车辆）的速度。

（3）特点。CPS 定位车速测量系统的测量精度与光电式车速仪相当，且安装更便捷，对试验道路环境的要求较低，非常适合汽车综合测试使用；但整套试验设备价格高，一般只有专业检测机构和科研院采用。

2. 燃油消耗量测量仪

燃油消耗量测量仪又称油耗仪，它可测量某一段时间间隔或某一里程内流体通过管道的总体积或总质量。油耗仪按其测量方法的不同，可分为质量式油耗仪和容积式油耗仪。这两种油耗仪都能连续、累计地测量油耗，都可用于汽车燃料消耗量台架试验。

1）质量式油耗仪

质量式油耗仪通过测定消耗一定质量燃料所用的时间或测量规定时间内消耗的燃油质量来计算耗油量。测量准确度不受发动机供油系燃油回流的影响，特别是在测量具有回油管路供油系的汽车时，只要将发动机回油管路中的燃油流入称量容器，即可排除发动机回油管路中的燃油蒸汽或空气对油量准确度的影响。但质量式油耗仪不适用于动态测试，一般不能用于道路试验，多用于台架试验。

（1）结构。质量式油耗仪由称重装置、计数装置和控制装置组成，其结构如图 5.9 所示。燃油从燃油箱经电磁阀和油管注入称重装置秤盘上的油杯中，通过油管供给被测定的发动机。电磁阀的开闭由两个微型限位开关来控制，而微型限位开关安装在平衡块行程限位器和微型限位开关的继电器上。需要测量的油量由两个光敏二极管及装在指针上的光源来控制。光敏二极管是固定的，可用于控制记录装置；光敏二极管装在活动滑块上，滑块通过齿轮齿条移动。齿轮轴与鼓轮相连，鼓轮带有以 g 为单位的分度盘。燃料消耗量通过鼓轮的转动可显示在分度盘上。

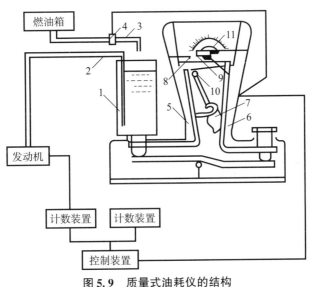

图 5.9 质量式油耗仪的结构

1—油杯；2，3—油管；4—电磁阀；5，6—微型限位开关；
7—平衡块行程限位器；8，9—光敏二极管；10—光源；11—鼓轮

（2）测量原理。用这种油耗仪自动测量燃料消耗量时，首先给油杯充油，称量秤左端下沉。当平衡块行程限位器到达微型限位开关的位置时（微型限位开关起挡块作用），微型限位开关将关闭电磁阀而停止充油。当油杯中燃油流向被测发动机时，由于质量减小而使称量秤左端上升，通过杠杆机构推动指针摆动，当光源的光束射到光敏二极管上时发出信号，记录仪开始工作。当油杯中燃油耗尽时，光束便射到光敏二极管上，它便发出信号使记录仪停止工作。记录仪由两个带数字显示的半导体计数装置组成，一个用于计算发动机曲轴的转速，另一个起秒表作用。

（3）特点。质量式油耗仪存在系统误差，即测量时油杯油面发生变化，伸入油杯中的

油管浮力的反作用力也变化，造成称量时的系统误差。此项系统误差必须根据汽车油耗量及油杯液面高度变化进行修正。此外，油耗量单位采用 L/100 km 时，在换算中必须考虑燃油密度与温度之间的关系。

2）容积式油耗仪

容积式油耗仪是测量汽车燃油消耗量常用的仪器，它通过测定消耗一定容积的燃油所需的时间来计算耗油量。容积式油耗仪在用于多工况循环试验时可能会出现的问题有：高燃油流量时，过大的压力降可能影响发动机的供油性能；而流速低时，由于通过传感器元件泄漏，测量准确度有下降的趋势，尤其是怠速泄漏将导致测量的准确度下降。容积式油耗仪按其结构可分为活塞式油耗仪、膜片式油耗仪、椭圆齿轮油耗仪和涡轮式油耗仪，其中活塞式油耗仪和椭圆齿轮油耗仪的应用较为广泛。

（1）活塞式油耗仪。活塞式油耗仪由油耗传感器和信号转换器组成，其结构如图 5.10 所示。转换器可以将燃油的体积转换为便于计量的旋转件的转动圈数，它由在同一水平面内的 4 个活塞中心曲柄连杆机构组成。4 个活塞布置成 90°的夹角，共用 1 个曲柄，每个活塞中部都开有环形槽，环形槽可用来控制相邻缸的进油和排油。

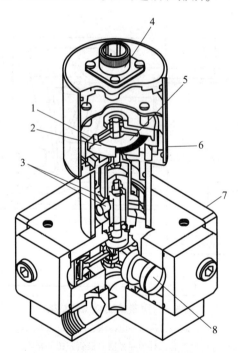

图 5.10 活塞式油耗仪的结构

1—光敏 LED（对置）；2—固定光栅；3—磁性联轴节；4—信号端子；
5—转动光栅；6—转速/脉冲变换部；7—流量/转速变换部；8—活塞

如图 5.11 所示，测量时，将传感器串接在发动机供油系统燃油泵和喷油器之间，燃油在油泵压力作用下进入转换器的内腔，并推动活塞 1 向上运动，其外腔的燃油经管道 P_1、活塞 2 上的环槽、排油管道 E_1 耐油胶管流入高压泵；活塞 1 向上运动的同时，通过连杆带动曲柄轴旋转，曲柄又带动其他 3 个活塞 2、3 和 4 运动，从而实现曲柄轴的连续转动，各缸按序进油、排油。曲柄旋转 1 周，各缸分别工作 1 次。由于每个气缸的直径和活塞行程一定，因此每缸工作 1 次排除的燃油体积是一定的，即曲柄旋转 1 周，传感器所排出的油是一定的，从而可以将燃油流量转换为曲柄转速的测量。在转换器曲柄轴的一端装有磁性联轴器，将曲柄轴与光电脉冲发生器的转轴连接在一起，曲柄轴旋转时，带动脉冲信号发生器输出脉冲信号。脉冲信号的频率按一定比例直接转换成瞬时流量，并显示出来。累计流量为测量时间内接收到的脉冲信号数按比例（因数）转换成的油耗量。值得注意的是，活塞式油耗仪用于电控燃油喷射式发动机时需处理从调压器回流的多余燃油，油耗仪与油管串接，不可避免地改变了燃油系统的部分特性，如压力、流量等，故测量存在误差，如油路系统压力改变过大，需考虑补偿措施。

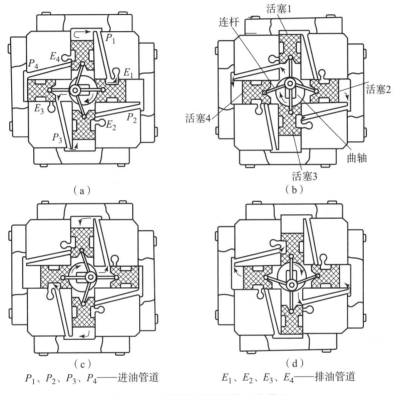

P_1、P_2、P_3、P_4——进油管道　　　E_1、E_2、E_3、E_4——排油管道

图 5.11　活塞式油耗仪的工作原理

（2）椭圆齿轮油耗仪。椭圆齿轮油耗仪的结构原理如图 5.12 所示，计量室内有一对相互啮合的椭圆齿轮，在液体压差的作用下，交替相互驱动，各自绕轴旋转，每转 1 周，两齿轮分别从月牙型空腔排出燃油一次，用齿轮传动或直接和积算部分连接，由仪表或连接计数设备可指示或计算出燃油消耗量。

图 5.12　椭圆齿轮油耗仪的结构原理

5.3.2 室内模拟试验

1. 转鼓试验台

转鼓试验台也称底盘测功机,是检测汽车底盘输出功率及相关参数的一种检测设备。它以转鼓的表面模拟路面,通过加载装置给转鼓施加负荷以模拟汽车在实际行驶时的阻力,以调节风速的供风系统提供汽车迎面行驶风,从而在室内实现汽车道路行驶工况的模拟。

1) 转鼓试验台的分类

(1) 单转鼓(滚筒)试验。图5.13所示为单转鼓试验台,其转鼓直径越大,车轮在转鼓上转动就越像在平路上滚动。但增大转鼓直径,试验台的制造和安装费用将显著增加,所以一般转鼓直径均为1 500~2 500 mm。单转鼓试验台对试验汽车的安装定位要求较严,车轮与转鼓的对中比较困难,但其试验精度比较高,故主要用于汽车制造厂和科研单位。

(2) 双转鼓(滚筒)试验。图5.14所示为双转鼓试验台,其转鼓直径比单转鼓试验台要小,一般为185~400 mm,随试验车速而定。转鼓曲率半径小,轮胎和转鼓的接触情况与在道路上的受压情况不一样,故试验精度较低。但这样的试验台对试验汽车的安装要求不高,使用方便,而且成本低,适用于维修保养企业及汽车检测站在进行汽车技术状况检查和故障诊断时使用。

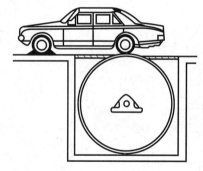

图5.13 单转鼓试验台

图5.14 双转鼓试验台

2) 转鼓试验台的结构

转鼓试验台一般由加载装置、测量装置、转鼓组件、飞轮、举升装置、纵向约束装置、轮胎冷却装置及测控管理系统等组成。图5.15所示为转鼓试验台机械部分的组成。

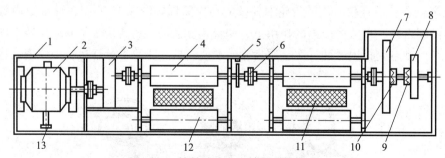

图5.15 转鼓试验台机械部分的组成

1—框架;2—电涡流测功机;3—变速器;4—主动滚筒;5—速度传感器;6—联轴器;7,8—飞轮;
9,10—电磁离合器;11—举升装置;12—从动滚筒;13—压力传感器

(1) 加载装置。汽车在转鼓试验台上进行性能测试或技术状况检查时，要求试验台能模拟汽车在公路上行驶时所受的各种阻力。汽车行驶时的内部阻力是由于汽车传动系统的摩擦所引起的，在道路和试验台上是一样的，但外部阻力却不同。汽车在道路上行驶时，其外部阻力是由前、后轮的滚动阻力、车轮轴承的摩擦和空气的作用引起的，但汽车在试验台上运转时，只有驱动轮在转动。因此，空气阻力、爬坡阻力和从动轮的轴承摩擦等，只能通过调节试验台上测功器的负载加以模拟，以使汽车的受力情况与在道路上行驶时一样。

功率吸收装置用来吸收并测量汽车驱动轮上的功率和牵引力，转鼓试验台通常采用的测功器有水力测功器、电力测功器和电涡流测功器等几种类型。

①水力测功器。用水作为制动介质，水在测功器的转子和定子间起连接作用，利用转子对水的冲击、切割和摩擦产生的阻力来消耗功率，调节进出水量可得到不同的制动功率。在水流一定时，测功器的制动扭矩随转子转速的增加而提高，这种测功器在大功率测量时性能稳定，造价较低，但精度不高。

②电力测功器。电力测功器又称平衡电机，作为负载用时通过发电来吸收功率，其功能相当于直流发电机；但电力测功器还可作为驱动机械用，此时它输出功率，其功能相当于直流电动机。电力测功器可很好地模拟汽车的行驶阻力和惯性力，因此大大拓宽了转鼓试验台的用途，工作稳定，测试精度高，但制造成本也高，所以通常在供科研试验用的试验台上使用。

③电涡流测功器。电涡流测功机通过调节励磁线圈电流的大小，即可改变制动力矩（吸收功率）的范围。电涡流测功器测试范围广，结构紧凑，造价适中，只要变动几安培的励磁电流就可以自由地控制它所吸收的转矩，故目前被用作大多数转鼓试验台的功率吸收装置。

(2) 测量装置。测量装置是转鼓试验台的一个重要组成部分，包括测力装置、测速装置和功率指示装置。因为电涡流测功器不能直接测出汽车驱动轮的输出功率，它需要测出旋转运动时的转速与转矩，或直线运动时的速度与牵引力，再换算成其功率值。所以，试验台必须备有测力装置与测速装置。同时，试验台在对汽车进行加速性能、滑行性能、燃油消耗量等的检测时，都要准确地表示其车速，也需测量装置。

(3) 转鼓组件。一般情况下，转鼓均是用钢制成的，并采用空心结构，转鼓表面可以是光滑的，也可以是轻度粗糙的。对于双鼓制动试验台，为提高转鼓表面的附着系数，有的转鼓表面被制成波纹状或带有凸台，或在转鼓表面上粘贴一层摩擦性能良好的专门塑料。在实际使用中带有凸台或表面焊有钢丝网的转鼓能获得良好的效果。对于测定或检测汽车动力性和燃料经济性的转鼓试验台或模拟汽车行驶工况的转鼓试验台上的转鼓，其表面多为光滑的，车轮与光滑转鼓间的附着能力能够产生足够的牵引力。对于供汽车振动试验用的转鼓试验台，其转鼓表面有的覆盖一层厚度按正弦规律变化的木块，有的则按所要模拟的道路振动特性而做成凹凸不平的形状。

转鼓直径对轮胎发热有直接影响，轮胎在转鼓上滚动时，转鼓直径小则轮胎的摩擦功增加，长时间高速运转其温度将升高，胎面可能达到临界温度而早期损坏。因此，当速度达200 km/h 时，转鼓直径应≥350 mm；当速度达 160 km/h，转鼓直径应≥300 mm。

(4) 飞轮。在测定稳定工况下的汽车性能时，在转鼓试验台上只装有作为负载的测功器，而且希望旋转部分的惯性矩应尽量小，以减小惯性对测试装置的影响；而在测定非稳定工况下的汽车性能时，为模拟汽车质量，试验台旋转质量的动能应与行驶汽车的动能相等。

因此，必须采用惯性可调节的飞轮、传动比可以改变的增速器或通过电力驱动的调节来改变试验台旋转质量的动能，以适应各种车型的需要。

（5）举升装置。汽车转鼓试验台需要在主动和从动滚筒之间安装举升装置。在测试前，将举升装置升起以使汽车进入试验台；在测试时，将举升装置降下以使车轮接触滚筒并驱动滚筒转动；测试完毕后，升起举升装置使汽车顺利驶出试验台。汽车举升装置有气压式、液压式和电动式3种，气压式举升装置目前应用较多。

（6）纵向约束装置。为保证汽车在转鼓上运行时其车轮能稳定地置于准确的位置，必须防止汽车在转鼓上的纵向移动，否则将出现与实际行驶状态完全不同的运动特性。因此，必须使用纵向约束装置。

（7）轮胎冷却装置。汽车在转鼓上长时间运转时，轮胎就会过热，因此要用鼓风机向轮胎直接吹风，使它冷却，以防过热。冷却用的鼓风机安装在地坑覆盖板上，有的鼓风机能随鼓风机运转产生的风压自动调节其出风口开度。

（8）测控管理系统。汽车转鼓试验台的测控管理系统是以工业控制计算机为核心的多功能测试系统。整个测控管理系统包括计算机多功能控制卡、可控硅及其控制电路等。转鼓试验台采用智能测控仪表，能对模拟信号和脉冲信号进行采集处理，并能输出模拟量和开关量控制信号，它的有效性可以通过嵌入计算机的应用程序来调配，也可通过应用程序的补偿措施得以改善和提高。

3）转鼓试验台的功能

（1）汽车驱动轮输出功率测试。驱动轮输出功率的测试有两种方式，一种是恒速测功，另一种是恒扭测功，两种测试方式的原理基本相同。当滚筒稳定旋转时，定子上测力杠杆所测力矩与驱动轮对滚筒的驱动力矩相等。根据测力装置与测速装置的测量值，可得驱动轮的输出功率：

$$P = \frac{T_t n}{9\,550}$$

式中，P 为驱动轮的输出功率（kW）；T_t 为驱动轮的驱动力矩（N·m）；n 为滚筒的转速（r/min）。

（2）汽车滑行能力测试。汽车驱动轮首先带动滚筒装置、飞轮机构以相应转速旋转，此时滚筒装置和飞轮机构具有的动能与汽车道路试验时具有的动能相等。汽车摘挡滑行后，储存在滚筒装置、飞轮机构内的动能释放出来，驱动汽车驱动轮和传动系统旋转，滚筒继续转过的圆周长与汽车路试时的滑行距离相对应。

（3）汽车传动系统传动效率测试。汽车传动系统传动效率是驱动轮输出功率与发动机有效功率的百分比。利用转鼓试验台反拖可测得传动系统消耗的功率，即在测得汽车驱动轮的输出功率后，立即踩下离合器踏板，存储在飞轮系统中的汽车行驶动能将反过来拖动汽车驱动轮和传动系统运转，运转阻力作用于滚筒，从而可得反拖驱动轮和传动系统消耗的功率。

（4）车速与里程表校准。在转鼓试验台上测量汽车行驶速度是一项基本功能，用它来测量车速表的误差非常方便。由于转鼓试验台是按照车辆高速行驶的要求设计的，它可在较大范围内对车速表的误差进行校准。

在测试前，在测试系统中输入要校正的速度点，然后使汽车以该设定车速行驶。当转鼓试验台测速装置所显示的车速达到该车速时,检查车速表指示值,该指示值与设定值之间的差值即车速表在该设定车速下的误差。里程表的校准方法与车速表类似,先设定某一校准的里程数,然后让汽车在转鼓试验台上以某一速度运转,到达预期的里程表读数值时,使测试系统停止记录距离,待车速降为零后完成测试,将测试系统显示的汽车实际行驶过的距离值与里程表读数值比较,即可知道该车里程表装置的准确性。

(5) 其他项目检测。转鼓试验台除用于上述几项测试外,还用于汽车加速性能、最大爬坡度和最高车速的测量。转鼓试验台与排气分析仪和油耗仪配合使用,还可测试汽车多工况排放指标和油耗指标。

2. 道路模拟试验机

道路模拟试验是将整车或车辆的部分总成、构件置于试验机上,而后通过激振机构进行加振,所施加的振动应能尽量正确地再现在实际车辆上产生的现象。因为这种试验机能够再现汽车实际行驶中遇到的各种复杂工况,所以称为道路模拟试验机。在道路模拟试验机上进行试验的优点是试验条件恒定,可实施复杂的振动测试,可精确地观察和测定汽车各部分的振动状态,这是道路行驶试验所不具备的功能,因此这种试验机被广泛使用。

由于道路模拟试验机主要用于低频范围里的振动问题研究,因此试验时需要大型的频率低、激振力和振幅均很大的激振设备。激振设备有电磁式振动台和电子液压式振动台两种,通常使用的是后者。除此之外,还可以将近似于各种路面的凹凸板安装在转鼓上,进行车辆振动试验,此方法较接近车辆前、后方向振动输入的实际状况。

一般还可根据道路模拟试验机对被试验车辆的输入形式不同,将其分为轮耦合式与轴耦合式两类,如图 5.16 和图 5.17 所示。轮耦合式的特点是,汽车车轮置于作动器上的托盘或平面钢带上,主要模拟道路的垂直冲击振动;轴耦合式的特点是,将汽车车轮去掉,用夹具夹住汽车的轴头,再与作动器连接,该耦合方式可对轴头施加 3 个移动及 3 个转动载荷,可模拟驱动力、制动力、侧向力等对汽车的影响,因考虑到轴头夹具的惯性力及可能存在干涉,轴耦合式多用于小型车。

图 5.16 轮耦合式整车道路模拟试验机

图 5.17 轴耦合式整车道路模拟试验机

1) 道路模拟试验机的试验内容

道路模拟试验机可以比较准确地再现预定路面、行驶条件下的汽车运动情况及振动环境。就功能来说,其可开展的试验主要有两大类。

(1) 汽车振动性能研究。汽车振动性能研究主要研究汽车本身的振动特性,如汽车平顺性、悬架特性研究评价、模态试验等。此类功能的道路模拟试验机要求激振的振幅在

20 mm左右，频率范围为 0~200 Hz。

(2) 汽车结构耐久性试验。该试验主要是给予汽车以苛刻的路面负荷，达到耐久性试验的目的，一般是以汽车实际路面行驶时的期望响点的响应信号为目标，通过迭代再现汽车在实际路面上行驶的响应。该类模拟试验机的激振振幅必须达到 250 mm，而激振频率低范围为 0~50 Hz，这种试验对新开发的样车或车身是必须的。

2) 道路模拟试验机的基本组成

图 5.18 所示为道路模拟试验机的工作原理。道路模拟试验机是一套以液压为动力、电子控制、有伺服功能的机械执行系统，其按功能可分为五大部分。

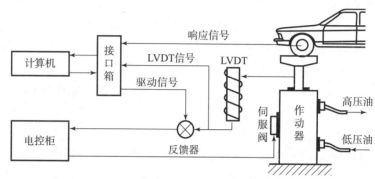

图 5.18　道路模拟试验机的工作原理

(1) 信号产生系统。信号产生系统主要包括计算机及其外围设备、磁带记录仪、函数发生器等，计算机可以按照预定程序不断发出指令信号，并不断对试件振动情况进行检测，能对随机数据进行分析处理，在建立驱动信号时有迭代逼近的功能。

(2) 电控系统。电控系统对指令信号加以处理变成电驱动信号，并通过闭环严格地控制执行机构，准确地完成各种指令动作。当前电控系统已全部实现数字量控制，并与计算机结合到一起共同完成复杂的控制功能。

(3) 伺服控制系统。伺服控制系统将不断变化的电信号对应地转换为动力液压油的流量及压力输出，主要部件是伺服阀。

(4) 机械执行系统。机械执行系统常采用电子液压式激振器，其将动力液压油的流量及压力转换成机械运动，通过一定的夹具驱动试验汽车，并将运动情况反馈到电控系统。该系统主要包括作动器、位移传感器、压差传感器、夹具等。

(5) 动力供给系统。动力供给系统负责供给足够稳定的液压驱动力，主要包括液压泵站、储能器、分油器、液压管道等。

3) 道路模拟试验机的工作过程

道路模拟技术的基本工作原理是通过由计算机、信号测量装置和液压伺服系统组成的道路模拟系统，再现汽车在实际行驶工况中的力和运动，其主要过程如图 5.19 所示。

(1) 数据采集（也称路面采样）。试验汽车在选择的路段按试验要求行驶，通过传感器、前置放大器和信号记录装置，同时记录各期望响应点的控制变量（如加速度、应变等）的时间历程。

(2) 数据编辑。将道路上记录的信号输入计算机，按试验要求所确定的准则对原始信号进行取舍、编辑，从而获得汽车在模拟机上再现路面振动的期望响应信号。

(3) 求系统的传递函数。将试验汽车置于道路模拟机上，求出由汽车、传感器、前置放大器、试验台架、电控系统、计算机等组成的系统的传递函数。

(4) 导出初始驱动信号。由期望响应信号和系统的传递函数计算初始驱动信号。

(5) 迭代过程。用初始驱动信号激振，同时回收期望响应点的驱动响应信号。将此信号与期望响应信号比较，取得驱动响应的误差函数，该函数与传递函数计算可以得到驱动的误差函数。将此函数乘以小于 1 的加权系数，叠加到初始驱动信号上，获得第一次迭代的驱动信号。用该信号激振汽车，同样可以得到第二次驱动的误差函数。将这次驱动的误差函数又乘以小于 1 的加权系数，叠加到第一次迭代的驱动信号上，得到第二次驱动信号。如此重复，直到回收的响应信号与期望响应信

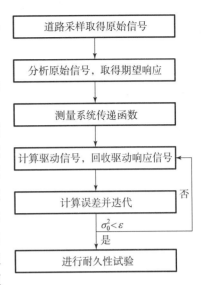

图 5.19　道路模拟的主要过程

号相比在规定的误差范围内终止迭代过程，最后一次迭代的驱动信号即正式的试验驱动信号，一般 5~10 次即可完成迭代过程。加权系数的选择取决于驱动响应对期望响应的逼近情况，选取有一定的经验性、正常收敛的迭代过程，一般选取系数为 0.3~0.6。

3. 驾驶模拟器

汽车驾驶模拟器是利用计算机，从人 – 车 – 交通环境的闭环系统的整体性能出发，对汽车主动安全性能等进行仿真研究和开发的大型试验装备。20 世纪 80 年代以来，德国、瑞典、日本、美国的各大汽车厂家分别建立了开发型驾驶模拟器。1985 年，戴姆勒 – 奔驰汽车公司首先建立了世界上规模最大的模拟器，成功地将其用于系列化高速乘用车的产品开发。1989 年，德国大众汽车公司改建原有的模拟器，更新计算机的运算能力和视景生成系统。20 世纪 90 年代，日本马自达、美国福特、日本自动车研究所（JARI）相继建成带有不同需要的驾驶模拟器。1996 年，我国吉林工业大学建成 ADSL（开发型）驾驶模拟器（图 5.20），创立了汽车动态模拟国家重点实验室。

1）驾驶模拟器的结构

驾驶模拟器的结构框图及工作简图如图 5.21 和图 5.22 所示，其由下述几个主要部分组成：

图 5.20　开发型驾驶模拟器

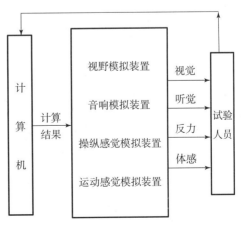

图 5.21　驾驶模拟器的结构框图

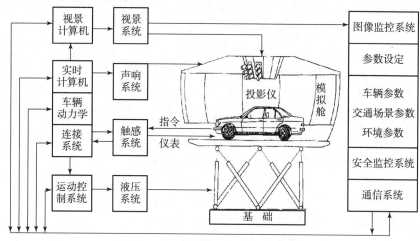

图 5.22 驾驶模拟器的工作简图

(1) 视野模拟装置。视野模拟装置是模拟车外道路、背景、障碍物、前行车、对行车等的装置。利用监控器或投影仪的方式,按每次 50~80 ms 的运算画面的速度进行,使试验操作人员无滞后感觉。

(2) 音响模拟装置。音响模拟装置是模拟发动机轮胎和风噪声的装置。利用电子回路产生合成或利用录音磁带放送试验实际噪声的方式来获得声音的感觉。

(3) 操纵感觉模拟装置。操纵感觉模拟装置是模拟转向盘作用力大小及仪表工作情况的装置。利用电动机将计算机计算出的转向盘反作用力反馈给试验人员,同时配有速度表、加速踏板、制动踏板等,使试验人员有实际操纵的感觉。

(4) 运动感觉模拟装置。运动感觉模拟装置指操纵试验人员所乘坐的座椅及视野模拟装置,可使试验人员感受到不同的加速度。

计算机采取试验人员的驾驶动作(转向角、加速踏板踩入量、转向器位置等),计算车辆的运动,同时对上述几个模拟装置进行控制,对视野、行驶噪声、转向盘反作用力、惯性力、振动等进行实时模拟。

2) 驾驶模拟器的特点

(1) 真实的人 – 车操作界面。模拟器对驾驶员与汽车之间的界面,包括视野、听觉、运动感觉和触觉都进行模拟,真实地形成人 – 车闭环系统。

(2) 重复可控的试验工况。利用模拟器进行的试验过程,可以人为控制试验条件,可以重复,从而提高主观评价统计数据的置信度,这是在汽车试验场难以实现的,这一点对主观评价车辆性能尤为重要。

(3) 任意嵌入实物试验。利用模拟器可以进行嵌入实物试验,以实现数字模型与试验模拟相结合的混合仿真。模拟器配有巨大吞吐量的数据采集处理和控制系统,可以实时地将难以建模或需进行实物验证的部件通过台架试验与计算机数字仿真相结合,从而扩大模拟器的应用范围。

(4) 高速的运算能力。模拟器配有高速运转的计算机,实时模拟所仿真的车辆动力学模型,直接用于汽车产品设计。

(5) 无风险的极限工况试验。在模拟器上进行的任何试验都是无风险试验。

3）驾驶模拟器的功能

（1）设计车辆主动安全性能的工具。对于高速临界工况，汽车主动安全性能的主要评价与设计方法很难以实车试验获取，利用模拟器可以任意设定试验条件，无风险地对人－车闭环系统进行全工况仿真，而且重复性好，试验结果置信度高、可比性强；同时可以预测与评价所设计汽车的性能，提高图纸的一次有效性，缩短产品开发周期。

（2）开发车用控制系统的工具。开发车用控制系统，如电子制动防抱（ABS）、四轮转向（4WS）、自动换挡（AT）、主动悬架（AS）等难题之一，是通过实车试验全面检验所开发系统的控制逻辑，特别是临界工况下的控制逻辑。由于模拟器试验无风险且工况可以任意控制，因此能十分方便快捷地研究新的控制规律和机理，同时对新开发的系统进行检验与评价。

（3）验证道路安全性能的工具。道路场景可以人工设定，利用模拟器分析道路曲线路段和驶入、驶出过渡路段的事故率及分隔和指示设施的位置对路段事故率的影响，以此预测高速公路事故多发区段。

（4）检验交通法规合理性的工具。利用驾驶模拟器检验交通法规的合理性，为制定交通法规提供理论依据。同时，驾驶模拟器可用来再现已发生的交通事故，对事故现场进行辅助分析。

4. 高、低及高低温实验室

1）高温实验室

为使汽车适应高温、高热环境，了解其性能及部件的老化情况，各汽车厂家根据各自汽车产品的需要纷纷建立高温实验室。

（1）结构。

①日照装置。在实验室顶壁与侧壁均匀安置红外线灯，灯光照射强度及光照区域均可按试验要求进行调节，用以模拟炎热的阳光照射条件，测试汽车各部位的温升及受热状态。

②供风系统。模拟汽车实际行驶的迎面行驶风，由大型鼓风机产生，再配以风道及风速调节装置，组成供风系统。与空气动力风洞不同的是，风道出口截面积很小。同时，风速调节范围要尽可能覆盖汽车的车速。

③加热装置。采用电加热和蒸汽加热两种方式，一般大型实验室采用蒸气加热。

④路面辐射装置。为再现路面热辐射状态，一般采用加热箱，并将其铺装在试验地面上。设定的温度范围为 40~80 ℃。

（2）技术指标。

①温度。上限温度有许多，如 +60 ℃、+50 ℃、+40 ℃ 等，通常采用 +50 ℃。

②相对湿度。相对湿度有 30%~80%、30%~100%、0~95%、5%~95% 几种，其中以 5%~95% 范围最合适。

③风速。风速应尽可能覆盖整个车速范围。

（3）试验项目。

①冷却性能试验。在炎热地带和夏季气温很高的条件下，以是否能保证汽车主要部件保持适度的温度来评价其散热性能。检测内容包括发动机冷却液温度、发动机及变速器等机油温度、发动机进气温度及燃油温度和气阻。

②动力性能试验。在高温条件下，在燃油及进气温度上升，发动机功率降低的状态下，

评价汽车的动力性能或评价在高温条件下,汽车熄火停车后的再起动性能。

③耐热性能试验。在高温条件下高速行驶、爬坡行驶、城市市区行驶,以及行驶之后的停车怠速等各种行驶工况下,评价汽车结构部件的耐热性及发动机舱内和车身各部位的橡胶件、塑料件的耐热性等。

④空调性能试验。在高温潮湿、强烈日照的条件下,评价车内环境的舒适性,检测内容包括驾驶室内的温度、相对湿度、凉风、风速、换气及车窗视野等。

2) 低温实验室

低温实验室用于模拟低温环境状态,与实地寒区试验比较,该试验具有节约人力、物力、财力,不受外界气候环境的影响,不受季节限制等优点,同时具有环境控制精度高、稳定性好、重复性好的特点。

(1) 结构。

①低温试验间。低温试验间要求密封保温、防腐,有足够的面积和高度,以及足够的地面承载能力。内设防潮照明、冷风机和蒸发器及温度、压力、转速、CO 报警器等各类传感器,并配有测试传感器、电源等需要的各类插座、排烟接口、拍摄支架等。低温试验间大门要能保证试验车辆通过,并要有良好的保温性能。试验过程中,试验人员进出的小门要有过渡室,过渡室除了能减少人员进出时低温试验间冷气的损失,保持低温试验间温度稳定外,还可以使试验人员进出低温试验间时有一个温度适应过程,减少人体过强的"冷热冲击",防止感冒。低温试验间还要有保温除霜观察窗、通信线路接口、报警器等,保证试验安全、有效地进行。如果试验间设置功率吸收装置,如底盘测功机,则可完成车辆在低温条件下的各种行驶工况的模拟试验。试验间连接有换气系统,用于排除室内有害废气,更换和补充低温试验间的新鲜的低温冷空气,排出人员及试验样品散发的热量,维持试验规定的低温状态。

②制冷机房和制冷系统。制冷机房和制冷系统用于提供冷源,包括制冷压缩机、冷却器、中冷器、蒸发器、管线、阀门、电源和配电柜、测量参数显示装置和有关报警装置,同时要设置机组操作人员值班室。冷却水系统是制冷系统必需的辅助设施,用于冷却制冷机组,一般包括冷却塔、水泵、水池和软化水装置等。

③测控及观察间。测控及观察间放置试验测量仪器、试验数据的采集与处理系统,它是整个低温实验室的联络指挥中心。试验数据采集与处理系统包括温度、电流、电压、时间及转速等各类试验参数的采集与处理的仪器设备,一般使用计算机进行。

④通用系统及动力系统。

(2) 技术指标。根据检测标准选择,温度范围多为 -50 ~ -40 ℃,相对湿度范围为 5% ~ 95%,风速与高温实验室相同。

(3) 试验项目。

①汽车发动机的低温起动性能试验。汽车发动机的低温起动性能试验包括发动机极限起动温度试验,即找出不带任何辅助起动装置发动机仍能起动的最低温度;发动机低温起动辅助装置的性能测试与匹配;发动机起动系统各参数的低温匹配,这些参数包括起动系统电压、起动机啮合齿轮的齿数、起动机功率和转速、蓄电池容量和蓄电池低温充放电能力等。

②发动机低温行驶性能匹配。发动机低温行驶性能匹配是指在低温环境下发动机冷起

动、暖机起步及车辆行驶等工况的发动机点火角、点火能量、供油量、节气门开度等参数的匹配。

③汽车行驶安全性检查。在我国强制性标准中，需要进行整车低温试验的有汽车风窗玻璃除霜装置试验和汽车风窗玻璃除雾装置试验。

④汽车行驶适应性试验。汽车行驶适应性试验包括汽车采暖性能试验和汽车起步性能试验。后者指在发动机起动后，经过最短的暖机时间应能使汽车顺利起步行驶。

⑤总成零件的适应性试验。该试验包括刮水器等总成的低温性能试验，非金属零件的低温适应性试验，燃油、润滑油、液压油等的低温性能验证试验，以及其他必要的低温性能试验。

3）高低温实验室

高低温实验室也称为环境实验室，是狭义上的环境实验室。图 5.23 所示为典型高低温实验室的结构，它综合上述二者的技术要求而设立，其结构也是将二者合一，同时可将转鼓试验台放于其中。

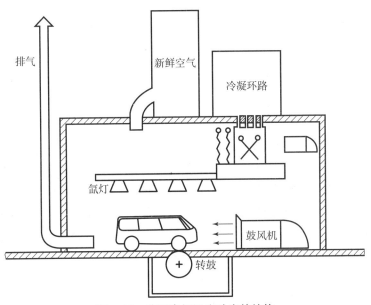

图 5.23　典型高低温实验室的结构

5. 消声室和混响室

汽车是世界公认噪声源之一，各国环境保护法规都对汽车噪声级别加以限制。为便于开展汽车噪声的检测和相关研究工作，需要不受外界干扰的声学环境，即消声室和混响室。

1）消声室

消声室（图 5.24）是在闭合空间内建立的自由声场室。在此空间内，传播声波的介质均匀地向各个方向延伸，使声源辐射的声能"自由"地传播，既无障碍的反射，也无环境噪声的干扰。

图 5.24　消声室

消声室根据空间吸声面数量可分为全消声室和半消声室,如图5.25所示。半消声室内五面装有吸声体,地面为水磨石地面,作为声发射面,可模拟汽车行驶时的声音反射特点。整个消声室如同一个长方形"空盒"放在房间里,并坐落在通过弹性垫层与房间地面隔离的浮筑地面上,墙体与外墙留有5 cm的间隙,以防止与外墙的刚性连接,隔绝大楼内和户外固体声的传入。全消声室为六面挂装吸声体的净空间,一般用于发动机的声学测量。

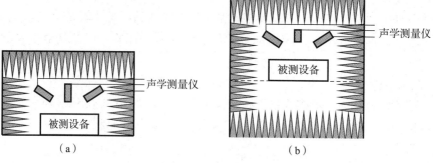

图5.25 消声室的分类

(a)全消声室;(b)半消声室

消声室的功能主要体现在以下几点:

(1)自由场空间。自由场是指声波在无限大的空间里传播时,不存在任何反射体和反射面。消声室的主要功能是为声学测试提供一个自由场空间或半自由场空间。自由场半径是用于衡量自由场大小的指标,一个设计良好的消声室自由场半径应从中心点到尖劈有1.0 m的距离。

(2)背景噪声。消声室的另一个功能是提供低背景噪声的环境以适应测试环境的要求。在测试频率范围内,背景噪声的声压级至少要比被测声源的声压级低6 dB,最好低12 dB。

(3)截止频率。在消声室设计中,通常把尖劈吸声系数为0.99的最低频率称为截止频率。墙面的吸声系统能保证99%的吸声系数时,可保证消声室在截止频率以上是满足自由场条件的。在截止频率以下的测量,可根据ISO 3746:2010《声学-声压法测定噪声源声功率级和声能极-反射面上方采用包络测量表面的简易法》和ISO 3747:2010《声学-声压法测量噪声源声功率级和声能极-在混响环境现场使用的工程法/简易法》的标准进行修正测量。

在消声室内,可开展如下试验项目,即发动机声功率级测量,声场分布,声压级测量等,排气系统噪声研究,排气噪声测量,冷却系统噪声研究,传动系统噪声研究,起动机、发动机等电气噪声研究,气、电喇叭频谱分析,可靠性试验,声学仪器的计量等。

2)混响室

混响室是一个能在所有边界上全部反射声能,并在其中充分扩散,形成各处能量密度均匀、在各传播方向作无规则分布的扩散声场的实验室。据此要求,混响室的混响时间应尽量长,以保证声能充分扩散,故一般建成各表面不相互平行的不规则房间,或其长、宽、高中任何两个尺度之比不等于或很接近某一个整数的巨型房间,几个国际标准化组织推荐采用的比值(长:宽:高)为1.54:1.28:1、1.58:1.25:1、1.69:1.17:1、2.13:1.17:1、2.38:1.61:1。房间全部表面的平均吸声系数应不超过0.06,一般可用在房间的表面上刷瓷漆、铺瓷砖或贴铜箔等方法来实现。为增加声能的扩散,改善声场的均匀性,可在房间内悬挂固定的扩散片,安装大型转动或摆动的扩散体。

在混响室内,可开展的试验项目有机器声功率级的测量、汽车车身隔声性能研究及吸声材料吸声系数的测量等。此外,可将消声室与混响室联合使用,用于材料隔声性能的研究。

5.3.3 试验场地的功能、类型和相关设施

1. 功能

汽车试验场是重现汽车使用中遇到的各种各样的道路条件和使用条件的试验场地。试验道路是实际存在的各种各样的道路经过集中、浓缩、不失真地强化并典型化的道路。汽车在汽车试验场的试验比在实验室或一般行驶条件下的试验更严格、更科学、更迅速。

表5.3列出了国际及国内具有代表性的汽车试验场规模。英国汽车工业研究学会（MIRA）、美国的通用和福特汽车公司、德国的大众汽车公司,以及日本的丰田、日产、本田汽车公司等世界著名汽车公司早在20世纪中叶就建有自己的汽车试验场。我国最早的汽车试验场是1958年开工建设的海南汽车试验场,随着我国汽车工业的发展,又先后建成定远汽车试验场、襄樊汽车试验场、交通部公路交通试验场、农安汽车试验场、上汽大众汽车试验场和安徽广德汽车试验场等试验场。

表5.3 具有代表性的汽车试验场规模

汽车试验厂名称	总面积/km²	高速环道		
		形状	长度/km	设计车速/(km·h⁻¹)
通用,Milford试验场	16.2	圆形	7.2	177
福特,Romeo试验场	15.6	长圆形	8.0	225
克莱斯勒,Chelsea试验场	16	长圆形	7.6	225
大众汽车试验场	10.6	电话听筒形	20.5	190
美国交通发展研究中心,Ohio试验场	30	长圆形	12	225
英国汽车工业研究学会（MIRA）试验场	2.63	三角形	4.4	145
日本汽车研究所（JARI）试验场	2.5	长圆形	5.5	190
海南汽车试验场	0.68	电话听筒形	0.68	120
中国定远汽车试验场	2.39	长圆形	2.39	120
襄樊汽车试验场	1.93	长圆形	1.93	160
交通部公路交通试验场	2.4	长圆形	2.4	190
农安汽车试验场	0.96	长圆形	0.96	160
上汽大众汽车试验场	1.44	长圆形	1.44	192
安徽广德汽车试验场	5.68	长圆形	5.68	280

汽车试验场的主要功能如下:

(1) 汽车产品的质量鉴定试验。

(2) 汽车新产品的开发、鉴定与认证试验。

（3）为实验室零部件试验或整车模拟试验及计算机模拟确定工况，提供采样条件。

（4）汽车标准及法规的研究和验证试验等。

2. 类型

试验场从功能上可分为综合性试验场和专用试验场；从规模上可分为大型和中、小型试验场。大型试验场面积在 10 km² 以上，试验道路总长超过 100 km，道路种类相对比较齐全，多属于综合性试验场。美国三大汽车公司（通用、福特和克莱斯勒）都有这样的大型综合性试验场。汽车试验场中，中、小规模的占大多数，其中综合性试验场由于受面积所限，布置相对紧凑，但是道路和设施的种类比较齐全，亚洲和欧洲的大部分试验场属于此类。在中、小规模的汽车试验场中，很大一部分是汽车零部件公司为满足产品开发和法规要求而修建的专用功能性试验场，如德国 WABCO 公司设在汉诺威附近的试验场，其主要试验道路是附着系数为 0.15～0.5 的 5 条制动试验路，以满足该公司开发和评价、ABS、ASR 和 EBS 等的需要。当然，专用功能汽车试验场也有大型的，如美国通用汽车公司在梅萨的沙漠热带汽车试验场的总面积达 18 km²，当地气候干燥，夏季最高温度可达 45 ℃，该试验场是鉴定发动机冷却系统、供油系统及整车的动力性、经济性，空调系统等的理想试验环境。

3. 试验场与相关设施

图 5.26 所示为襄樊汽车试验场的布置。由于规模和功能的差别，各汽车试验场的试验道路和设施的种类、几何形状、路面参数等各有不同，甚至同样的设施有不同的名称。下面仅就常规项目进行说明。

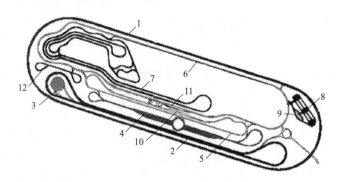

图 5.26 襄樊汽车试验场的布置

1—高速环形跑道；2—综合性能试验路；3—回转特性试验广场；4—综合试验路；5—比利时环道；6—普通路环道；7—2#综合路；8—标准坡道；9—自卸车试验区；10—溅水池；11—涉水池；12—灰尘洞

1) 高速环形跑道

以持续高速行驶为目的的高速环形跑道（图 5.27）是汽车试验场的主体工程，其形状和大小视场地条件而异，以长圆形居多，其余是电话听筒形、圆形、三角形等，周长范围从几百米到数千米。德国大众汽车公司的 Ehra-Lessin 的高速环形跑道超过 20 km，为世界最长。除正圆形之外，一般高速环形跑道由 3 部分组成，即直线段、圆曲线段和缓和曲线段。

图 5.27 高速环形跑道

（1）直线段。直线段与高速公路相似，纵坡尽量小，如果兼作性能试验路，则要求纵坡坡度不大于 0.2%。横坡一般为内倾单向坡，坡度能够确保雨水及时排掉，坡度过大的横坡会使驾驶员长因期紧握转向盘而疲劳。为了测试当车辆突然遭遇到侧向风时的行驶状态，某些试验场在直线段一侧设有横向风发生装置。

（2）圆曲线段。高速环形跑道的设计车速和最大允许车速直接受圆曲线段半径和横断面形状的控制。为了使汽车不产生侧向力，必须使汽车的重力和离心力的合力垂直于路面，此时的行驶车速称为平衡速度。在高速环道的设计中，一般取最外车道的平衡速度为设计车速。

提高圆曲线段半径和倾角都可以提高设计车速，但是半径受场地条件限制，倾角也不能过大。过大的倾角不仅使施工困难，而且由于离心力引起的汽车附加载荷增加了汽车的负荷和悬架的变形，在持续高速行驶中增加了爆胎的危险，驾驶员也因承受过大的垂直加速度而容易紧张和疲劳。

（3）缓和曲线段。缓和曲线段是高速环形跑道在直线段与圆曲线段之间的过渡段。汽车从直线段经缓和曲线段到圆曲线段，有上下、绕垂直轴横摆和绕纵轴旋转等运动，为了使汽车平顺地过渡，恰当地选取缓和曲线段的形状和长度是十分重要的。

按人的感觉，将运动特性值控制在某一定值而设计的曲线称为麦克康奈尔（McConnell）曲线。麦克康奈尔通过实际人体试验得到了人对运动状态开始有感觉的临界值，也称感觉的阈值。按麦克康奈尔曲线进行缓和曲线设计时，一般是将人感觉最敏感的绕纵轴旋转的加速度变化率作为控制值，确定缓和曲线段的长度，然后验算其他运动状态的计算值与其阈值的符合程度。

2）综合性能试验路

综合性能试验路又称为水平直线性能路（图 5.28），其一般为电话听筒形，直线部分是试验段，要求路面平坦均匀；横坡在保证排水的前提下尽量小；纵坡坡度不得大于 0.2%，最好是水平的；长度在 1 km 以上，宽度大于 8 m。综合性能试验路主要进行汽车动力性、经济性、制动性能等试验。有的中、小型试验场将直线段中间加宽至数十米，进行操纵稳定性等试验。两端是回转弯道，主要起掉头和加速作用。在直线段不足够长时，回转弯道设一定的超高以提高试验车速。

3）回转特性试验广场

回转特性试验广场（图 5.29）一般是指直径为 100 m 左右的圆形广场，内倾坡或外倾

图 5.28　综合性能试验路

图 5.29　回转特性试验广场

坡的坡度小于 0.5%，路面平坦均匀，而且能长期保持比较稳定的附着系数，主要作用是评价汽车的转向特性。有的回转特性试验广场还设有淋水或溢水设施，用来测试汽车在湿滑路面上的回转特性。为研究汽车高速下的操纵性、稳定性，美国通用汽车公司 Milford 试验场处有边长为 500 m 的近似方形的广场，面积达 23 万 m²，两端设有加速用的半环形跑道。德国大众汽车公司、美国交通发展研究中心（TRC）等也有近似规模的回转特性试验广场。

4）多附着系数制动试验路

多附着系数制动试验路也称为易滑路，如图 5.30 所示，中间是加宽的试验段，长 200 m 以上，两端设有加速跑道。试验段由几种不同附着系数的路面对接或并接成组合路面，以检验汽车从高 μ（附着系数）路到低 μ 路或左、右两侧车轮各在高附着和低附着路面上制动的稳定性，这是研究 ABS 不可缺少的试验道路。

各种附着系数的路面用不同的耐磨材料铺砌，两侧装有淋水量可调的喷头，可以形成湿滑

图 5.30　多附着系数制动试验路

路面，$\mu = 0.15 \sim 0.5$，相当于冰雪路面的效果。英国汽车工业研究学会（MIRA）试验场用玄武岩瓦铺砌的低附着系数路是比较有代表性的易滑路，路面上有 100 mm × 100 mm 的含水槽，起到及时恢复制动时被汽车前轮破坏的水膜的作用。

5）操纵性和平顺性试验道路

操纵性和平顺性试验道路由不同半径的弯曲路，包括回头弯和 S 弯，以及存在各种缺陷的路段组成，如图 5.31 所示。弯道一般不设超高，缺陷路上布置有凸出或凹下去的阴井盖、横沟、铁路岔口、局部修补的补丁和反向超高等，其主要用于检验汽车的操纵性、稳定性、平顺性、噪声等，同时也可作为一种典型的坏路面进行汽车可靠性行驶试验。

图 5.31　操纵性和平顺性试验道路

(a) 沥青变形路；(b) 沥青鼓包路；(c) 水泥裂缝；(d) 台阶路

6) 石块路

石块路（比利时路）（图5.32）是汽车行业一致认同的汽车可靠性行驶试验道路，长度从几百米到几千米不等，宽 3.5 ~ 4.0 m，绝大多数试验场都有石块路。因为这种路最早取自比利时某些年久失修的石块路，所以也称比利时路。襄樊汽车试验场石块路环路长 2 667 m，包括两条直线道和 S 形弯道，花岗石块基本尺寸为 225 mm × 125 mm × 170 mm（长 × 宽 × 高），路面参数等效采用英国 MIRA 试验场石块路数据，标准差为 15 ~ 28 mm，是考核汽车轮胎、悬架系统、车身、车架及结构部件的强度、振动和可靠性的比较理想的试验道路。

7) 卵石路

将直径为 180 ~ 310 mm 的鹅卵石稀疏地、不规则地埋入水泥混凝土路槽中，卵石高出地表面部分的高度为 40 ~ 120 mm，铺砌成几百米长的卵石路（图5.33）。汽车在卵石路上行驶时，除了引起垂直跳动外，不规则分布的卵石路还对车轮转向系统和悬架系统造成较大的纵向和横向冲击。卵石路是大、中型载货汽车和自卸车等可靠性试验道路之一。

图 5.32 石块路

图 5.33 卵石路

8) 扭曲路

扭曲路（图5.34）由左、右两排互相交错分布的凸块组成，凸块形状以梯形最简单，也有正弦波形或环锥形，其作用都是一致的，就是使汽车产生强烈的扭曲，以检验车辆的车架，车身结构强度和各系统的连接强度、干涉等。凸块高度一般为 80 ~ 200 mm，分别修筑成甲、乙、丙等种类的扭曲路。例如，海南汽车试验场规定大、中型载货汽车主要通过 200 mm 的甲种扭曲路，微型车只需通过 80 mm 的丙种扭曲路。

9) 搓板路

搓板路（图5.35）的每个凸起近似于正弦波，是沙石路上常见的路况。波距为 500 ~

图 5.34 扭曲路

图 5.35 搓板路

900 mm，行驶车速很高时的波距可达到1 100 mm。汽车以较高车速在搓板路上行驶时，悬下呈高频振动，悬上比较平稳。试验场用水泥修筑的搓板路采用的波高大多为25 mm，波距为600~800 mm。为了造成左、右车轮的相位差，常将左、右两侧的搓板错位布置或斜置某一角度。搓板路用于汽车的振动特性、平顺性和可靠性试验。

10）标准坡道

标准坡道（图5.36）用于汽车爬坡性能、驻车制动器驻坡性能、坡道起步和离合器研究开发等试验。标准坡道是常用坡道从10%~60%并列布置或阴、阳坡两面布置的数条坡道，坡长不小于20 m。为满足越野车辆试验要求，坡道的坡度可达100%。大于20%的坡道需嵌有横木条以增加附着力。为保证试验安全，在坡顶还设置有绞盘牵引机构及回转平台。随着制动驱动控制技术的发展，为了评价新技术性能，国外也有在坡道上贴瓷砖以降低附着系数的坡道。

图5.36　标准坡道

11）溅水池和涉水池

溅水池（图5.37）一般与石块路并行，水深0.15 m左右且水深可调，池两侧设挡水墙。汽车在石块路上连续行驶时，悬架系统特别是减震器发热严重，造成非正常损坏，所以试验场一般规定汽车在石块路上每转两圈必须通过一次溅水池，起到冷却悬架的作用。

涉水池（图5.38）可修成环形或长条形，水深可调，用于制动器浸水恢复试验、汽车下部和底板浸水密封性及电气装置防水性能等试验。

图5.37　溅水池

图5.38　涉水池

除以上道路和设施之外,有些汽车试验场还有长坡路、枕木路、砾石路、盐水路、灰尘洞、噪声发生路、静路(标准路面),以及沙石路、越野路等,如图5.39所示。越野路主要是崎岖不平的、无铺筑路面的道路,同时有沙地、沼泽地等地面通过性试验设施,以及弹坑、横沟、垂直台阶、驼峰等地形通过性试验设施,用于考核越野车在无路区的通过性能。

图5.39 其他道路设施
(a)沙土路;(b)落坑路;(c)盐水路;(d)凸块路

12) 安全和环境设施

每一项试验道路和设施的设计,都应该同时考虑汽车试验安全的需要。高速环形跑道两侧,除供临时停车的硬路肩外,要设不少于10 m宽的安全地带并种植草皮;弯道外侧、桥涵处、填方处及在安全带内设置的标志杆、灯柱、测速装置等都应安装安全护栏;高速环形跑道入口应该是唯一的,并且能实施有效的控制。其他试验道路和设施,也希望设置宽3.5 m以上的辅助道路和一定宽度的安全带。辅助道路是故障车辆或交通事故的救援通道,同时作为监测路保证测试车和摄影车对试验车的跟踪。所有试验道路都必须有醒目的标线和指示标牌,而且夜间在灯光的照射下也是清晰的。

扩展阅读

汽车试验场

汽车试验场是专门为了检测新车的稳定性和耐久性而建的。从理论上讲，新车在试验场耐久试验道上行驶 8 000 km，相当于在国家公路上行驶 10 万 km。因为耐久试验道路集结了全国各地甚至世界各地最艰难、最恶劣的道路路谱。

1. 汽车试验场的概念

汽车试验场是进行汽车整车道路试验的场所。为满足汽车的实际行驶要求，汽车试验场的主要设施是集中修建的各种各样的试验道路，包括汽车高速行驶的环形跑道、可造成汽车强烈颠簸的凸凹不平的道路以及动力学广场、坡道、ABS 试验路、噪声试验路等，给汽车提供稳定的路面试验条件。汽车试验场有大有小，试验道路的品种和长短也不尽相同，而且随着汽车技术的发展，会不断提出修建新的试验道路的要求。

1) 汽车试验场的主要任务

重现汽车使用过程中遇到的各种道路条件和使用条件，进行汽车整车道路试验。试验场将实际存在的各种道路经过集中、浓缩、不失真地强化形成典型的道路，从而满足企业对汽车新产品定型试验及强制性检验试验等方面的要求。试验场的主要任务是汽车产品的质量鉴定试验；汽车新产品的研发、认证试验；为实验室试验提供路谱采集条件；汽车法规、标准的研究和验证试验。

2) 试验设施

汽车试验场的主要试验设施是集中修筑的各种试验道路，由于各试验场所处的地理位置不同，气候差异较大，试验设施也不尽相同。汽车试验场按地域分为热带、寒带、温带和高原试验场；从功能上分为综合试验场和专业试验场；按所有权分为政府、军队、企业和科研机构拥有的试验场；按行业可分为汽车试验场、轮胎试验场、拖拉机试验场和工程机械试验场；按规模分为大、中、小三种类型，随着计算机技术的发展，又出现了虚拟试验场和数字化试验场。

由于汽车试验在汽车开发过程中处于极其重要的地位，不少汽车企业及相关部门投入巨额资金修建大型的汽车试验场，例如通用汽车公司的 Milford 试验场、日本汽车研究所（JARI）试验场、英国汽车工业研究协会（MIRA）试验场；交通部公路交通试验场、定远汽车试验场、襄樊汽车试验场、海南汽车试验场、农安汽车试验场、上汽大众汽车试验场等。

3) 可靠性试验道路

高速跑道：可供汽车长时间持续高速行驶，以考验汽车的高速性能和零部件的可靠性。

强化坏路：强化坏路主要包括搓板路、石块路、卵石路、扭曲路、坑洼路、鱼鳞坑路、砂石路、混凝土路、沥青路、长短波路、陡坡路、公路强化特性模拟路、不平整水泥路、水泥凸块路、铁轨道口、沙滩路等。试验场根据车辆类型规定试验车所行驶的路段及长度。

山路：山区公路一般设置在试验场外，模拟车辆在山区道路上行驶的状况。海南试验场选用海榆中线穿越海拔高度为 670 m 的阿陀岭路段，全长 25 km，最大坡度为 9.6%；一汽农安汽车试验场选用吉林省集安市境内 0~40 km 路段，最高海拔高度为 724 m，最大坡度为 8.0%。

一般公路：考核汽车在常规道路上行驶的情形，一般公路试验多选择在试验场外的公路上进行。

越野路：为考核越野汽车而设计，常由山坡、侧坡、荒野、碎石、沙土、沙地、泥泞坑、灌木丛、草地、急弯等特征路段组成。

4）国内汽车试验场现状

1958 年，一汽技术中心在海南省琼海市开始建设我国第一个汽车试验场，最初只是一个汽车热带试验基地。20 世纪 80 年代初，大批国外汽车进入中国市场，使客户对汽车质量（特别是可靠性）有了更高的要求，海南汽车试验场修建了以石块路为代表的可靠性试验路，直到 1987 年，才建成了我国真正意义上的第一个汽车试验场。试验场的建立使政府部门有了提高汽车质量的试验手段，促使我国的汽车平均首次故障里程由 500 km 提高到 10 000 km，为我国汽车工业的发展做出了一定贡献。1990—2002 年是我国汽车工业跨越式发展时期，中国定远汽车试验场、襄樊汽车试验场、农安汽车试验场、上汽大众汽车试验场 5 家试验场分别得到了英国汽车工业研究学会、日本汽车研究所、德国爱拉试验场的帮助。这 5 家汽车试验场的相继建成，标志着我国整车道路的试验手段进入了国际先进行列，年试验行驶里程超过 5 000 万 km，与我国汽车年产量世界第 4 的地位基本相符。保定长城、比亚迪、华晨金杯、长安大学已建成较小规模的试验设施，占地面积不等。

5）国外汽车试验场现状

世界上第一个汽车试验场建成于 1917 年的美国，发展至今，世界各地拥有大大小小的汽车试验场超过 200 个。宝马公司位于慕尼黑 Ascheim 的汽车试验场，其 67 公顷[①]的赛道提供了环形轨道和高速公路般的赛道；奥迪公司试验场位于诺伊堡/多瑙河附近的施韦格，为椭圆形，占地面积为 280 公顷；克莱斯勒公司位于密歇根州切尔西的测试场，占地面积超过 1 500 公顷，有一个椭圆形跑道以及无数陡峭的斜坡和越野测试路段；大陆集团在汉诺威 Contidrom 的试验场，是全球第一条全自动、不受气候条件限制的轮胎测试跑道；戴姆勒公司位于沃斯的试验场，占地面面积为 50 公顷，是商用车研发和测试中心；欧宝公司位于杜登霍芬的测试场，拥有多样试车跑道，包括山路、耐久车道、噪声车道、高速车道等。

2. 襄樊汽车试验场介绍

襄樊汽车试验场始建于 1985 年，隶属于东风汽车工程研究院，是一个集室内零部件台架试验、整车试验以及道路试验、服务保障于一体的综合性汽车产品研发基地。同时具有汽车质量监督检验、进出口汽车商品检验、机动车排气污染监督检验、新产品定型以及汽车专用仪器和汽车检测线检验校准等能力，是目前全国功能最全、管理最好、服务一流的现代化汽车试验基地，图 5.40

图 5.40 襄樊汽车试验场航拍图

---

① 1 公顷 = 10 000 平方米。

所示为襄樊汽车试验场航拍图。

1) 场地简介

襄樊汽车试验场占地面积为 2 902 亩①，内有高速环道、直线性能路、2 号综合路、比利时环道等近 30 km 试验路面和溅水池、标准坡、灰尘洞等试验设施，设有汽车整车、总成、零部件等实验室十余个，国家进出口车商检实验室两个，可满足国内外机动车辆的新产品开发试验、产品质量鉴定的需要。

2) 试验场组成

(1) 高速环形跑道：水泥混凝土路面，长圆形。全长 5.3 km，宽 12~13 m，三车道，设计车速分别为（50、100、160）km/h，最大安全车速为 210 km/h。两条直线道各长 1 376 m，弯道半径为 315 m，最大超高角为 34°，可进行持续高速和整车性能试验。

(2) 综合性能路：为听筒形环路，全长 4 051 m。直线段连续长度达 1 640 m，宽 18 m，纵坡为 0；曲线段路宽 7 m，单车道，主圆曲线和反向圆曲线的半径分别为 85 m 和 160 m，两者之间设置了麦克康奈尔螺旋线作为缓和曲线。直线段两侧各设 3 m 宽沥青混凝土的平顺性试验路。

(3) ABS 试验道路：由南、北两部分组成，与性能路融为一体，两部分均由高、低附着系数路面组合而成，并形成对开、对接的形式。高附着系数路面为水泥混凝土路面，在干、湿状态下的附着系数分别为 0.8、0.7。南端低附着系数路面为 200 m 玄武岩瓦路面，北端低附着系数路面为长 200 m 的特殊油漆路面，通过喷水，在湿状态下的附着系数分别为 0.24、0.15。可以进行汽车的动力性、经济性；迎风阻力、滚动阻力测定；制动性能及 ABS 研究、鉴定试验；轮胎性能及抗滑研究评价试验；操纵性、稳定性试验；平顺性试验等。

(4) 转向试验圆广场：直径为 100 m，辐射坡坡度为 0.3%，水泥路面，附着系数为 0.68~0.72。可进行稳定转向响应特性试验，操纵性、稳定性试验，轮胎附着特性测定试验。

(5) 综合路：由扭曲路、坑洼路、卵石路、搓板路（错位搓板及角度搓板）、水泥块路、长波路、短波路及噪声发生路（ISO 平滑、ISO 粗糙、平滑石块）、车外噪声测量区和直径为 80 m 的转向圆场组成，主要用于车辆的可靠性、耐久性试验，振动和应力采样，悬挂性能评价，噪声法规，噪声研究及稳态转向性能等试验。各种路面间修有平坦的跑道，用于试验车辆的返回、脱离及试验观测。

(6) 比利时（石块）路：长 2.7 km，宽 3.5 m，有两条直线和一条 S 形弯道，是世界上最长的比利时路。该路面主要用于进行汽车的耐久性试验。

(7) 2 号环道：沥青路面，长 4.2 km，宽 8 m，两车道。用于可靠性、耐久性、制动性、操纵稳定性主观评价以及排放里程等试验，同时也是试验场的交通干道。

(8) 2 号综合路：是一条国内仅有的、完整的操纵性平顺性评价试验道路和乘用车耐久性试验道路。有 24 种典型路面，试验路面总长 6.9 km，通过连接路构成不同的试验循环。

2 号综合路由三种基本试验道路组成。第一种是以操纵性、平顺性试验为主的道路，如破损颠簸路、窨井盖路、5°/10°横向坡路、路拱交叉路、大路拱路、弯道反向坡路、长波

---

① 1 亩 = 666.7 平方米。

路、搓板路、铁路交口路等；第二种是以乘用车耐久性试验为主的道路，如蛇行卵石路、限速路障、坑洼路、住宅进口路、路缘冲击路、凸块路（共振路）、路面接缝路、过水路面、砂石路等；第三种是专项试验路，如石块路、砾石路等。可从事汽车操纵性、平顺性评价试验，可靠性、耐久性试验，室内结构试验，特殊工况分析试验，悬挂评价试验，车身、底盘油漆黏着性试验，车身、底盘零部件材料和油料的防盐及泥水腐蚀试验。

（9）标准坡道：建有 7 条坡道，坡度分别为 10%、16.6%、20%、30%、40%、50%、60%，用于车辆爬坡性能、手动制动驻坡性能、坡上起步、离合器研究开发等试验。坡顶建有自卸车倾翻机构耐久性试验装置。

（10）溅水池：建于比利时路旁，长 68 m，水深 0.1~0.3 m 可调，用于车身底部密封性试验和车辆悬架的冷却。

（11）涉水池：长 60 m，水深 0.3~1.5 m（可调），主要用于车辆的制动浸水恢复及涉水试验，并建有淋雨试验装置，可进行车辆密封性试验。

（12）灰尘洞：洞体长 40 m，截面尺寸为 5.5 m×5.5 m，车辆可通行最大高度为 4.5 m，道路部分全长 717 m，道路宽度为 5 m，可供汽车进行车身及行李箱的密封性试验、空气滤清器效果试验、底盘各摩擦附的密封性试验。

第6章 新能源汽车技术

6.1 新能源汽车的发展现状

6.1.1 新能源汽车的定义

我国2009年7月1日起施行的《新能源汽车生产企业及产品准入管理规则》，明确指出：新能源汽车是指采用非常规的车用燃料作为动力来源（或使用常规的车用燃料，但采用新型车载动力装置），综合车辆的动力控制和驱动方面的先进技术，形成的技术原理先进、具有新技术和新结构的汽车。目前新能源汽车包括电动汽车、气体燃料汽车、生物燃料汽车、氢燃料汽车等。

我国2017年7月1日起施行的《新能源汽车生产企业及产品准入管理规定》对新能源汽车的定义是："本规定所称新能源汽车，是指采用新型动力系统，完全或者主要依靠新型能源驱动的汽车，包括插电式混合动力（含增程式）汽车、纯电动汽车和燃料电池汽车等。"

从不同时期的定义可以看出我国新能源汽车的发展，下面认识一下混合动力电动汽车（Hybrid Electric Vehicle，HEV）、纯电动汽车（Battery Electric Vehicle，BEV）和燃料电池电动汽车（Fuel Cell Electric Vehicle，FCEV），图6.1、图6.2和图6.3分别为三种汽车的代表车型。

图6.1 丰田普锐斯混合动力汽车

1. 混合动力汽车

从广义上讲，混合动力汽车是指驱动系统由两个或多个能同时运转的单个驱动系统联合组成的汽车，汽车的行驶功率由单个驱动系统根据实际行驶状态单独或共同提供。

第 6 章 新能源汽车技术

图 6.2 日产聆风纯电动汽车

图 6.3 丰田未来燃料电池汽车

现在通常所说的混合动力汽车，一般是指油电混合动力汽车，即采用传统的内燃机和电动机作为动力源，也有的发动机经过改造使用其他替代燃料，例如压缩天然气、丙烷和乙醇燃料等。

随着世界各国的环境保护措施越来越严格，混合动力汽车由于其节能、排放量低等特点，成为汽车研究与开发的一个重点，并已经开始商业化。

混合动力汽车使用的电动力系统中包括高效强化的电动机、发电机和蓄电池。蓄电池有铅酸电池、镍锰氢电池和锂电池，将来应该还能使用氢燃料电池，图 6.4 所示为本田雅阁混合动力汽车 2015 款。

图 6.4 本田雅阁混合动力汽车 2015 款

2. 纯电动汽车

纯电动汽车是指以车载电源为动力，用电机驱动车轮行驶，符合道路交通、安全法规各项要求的汽车。由于其对环境的影响相对传统汽车较小，其前景被广泛看好，但当前技术尚不成熟。

纯电动汽车是完全由可充电电池（如铅酸电池、镍镉电池、镍氢电池或锂离子电池）提供动力源的汽车。虽然它已有 134 年的悠久历史，但一直仅限于在某些特定范围内应用，市场较小，这主要是由于各种类别的蓄电池普遍存在价格高、寿命短、外形尺寸和重量大、充电时间长等严重缺陷。图 6.5 所示为纯电动别克 VELIVTE 6。

图 6.5 纯电动别克 VELITE 6

3. 燃料电池电动汽车

燃料电池电动汽车也可以算作电动汽车,可以在 5 分钟内给电池灌满燃料,而不需要等上几个小时来充满电。燃料电池汽车的"电池"是氢氧混合燃料电池。和普通化学电池相比,燃料电池可以补充燃料(通常为氢气)。一些燃料电池能使用甲烷和汽油作为燃料,但通常被限制在电厂和叉车等工业领域使用。图 6.6 所示为丰田未来燃料电池汽车。

图 6.6 丰田未来燃料电池汽车

经过了长期的发展,纯电动汽车技术逐渐成熟,并得到了商业化的推广应用,主要应用于公共运输系统。图 6.7 所示为比亚迪 e6 纯电动出租车。

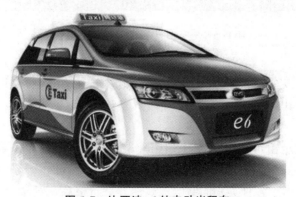

图 6.7 比亚迪 e6 纯电动出租车

4. 燃料电池电动汽车研发程度的加深与示范运行

在燃料电池电动汽车方面，国外企业界纷纷组成强大的跨国联盟，以期达到优势互补的目的，如日本丰田公司与美国通用公司、日本东芝公司与美国国际燃料电池公司、雷诺汽车公司与意大利 De Nora 公司分别组成联盟开发燃料电池电动汽车。目前几乎所有的国外大型企业集团全部介入，资金投入总额将近 100 亿美元，示范运行汽车总数已超过 100 辆。图 6.8 所示为奔驰 GLC F – CELL 氢燃料电池汽车。

图 6.8　奔驰 GLC F – CELL 氢燃料电池汽车

6.1.2　新能源汽车的发展背景

汽车是现代社会的重要交通工具，为人们提供了便捷、舒适的出行服务，然而传统燃油车辆在使用过程中产生了大量有害气体，并加剧了对不可再生石油资源的消耗。新能源汽车的使用能产生良好的社会效益和环境效益。

1. 污染小

纯电动汽车和燃料电池电动汽车在本质上是一种零排放汽车，一般不直接排放污染物，间接污染物主要产生于非可再生能源的发电和氢气制取过程。其污染物可以采取集中治理的方法加以控制。混合动力电动汽车在纯电动行驶模式下同样具有零排放的效果，同时由于减少了燃油消耗，CO_2 排放可降低 30% 以上。另外，电动汽车比同类燃油车辆噪声低 5 dB 以上，大规模推广电动汽车将大幅度降低城市噪声。

2. 节约能源

据测算，传统燃油从开采到在汽车上应用，平均能量利用率仅为 14% 左右，采用混合动力技术后，能量利用率可提升 30% 以上。纯电动汽车可以利用电网夜间波谷充电，提高了电网使用的综合效率。

3. 优化能源消耗结构

我国从 1993 年以来一直是石油进口国，已探明的石油储量仅占世界储量的 2%～3%。目前，我国交通运输石油消耗量约占石油总消耗量的 50%。由于电动汽车具有能源来源多元化的特点，各种再生能源可以转化为电能和氢能加以有效利用；同时，电网给电动汽车充电，增加了电力在交通能源领域的应用，减少了其对石油的依赖，优化了交通能源结构。

6.1.3 新能源汽车的发展趋势

(1) 纯电动汽车在特定领域得到应用。

经过了长期发展,纯电动汽车技术逐步成熟,并得到商业化的推广应用,该技术主要应用在公共运输系统中。

(2) 混合动力电动汽车的商业化进程加速。

混合动力电动汽车因兼顾纯电动汽车和传统汽车的优越性,以及可保证(以较低的代价)从传统汽车产业向新能源汽车产业的平稳过渡而受到各国各大公司的高度重视,并随着技术的日趋成熟,已经进入商业化推广应用阶段。

(3) 燃料电池汽车的研发更加深入并开始示范运行。

(4) 发展过程中的问题。

经过多年的讨论和探索,国内外对于汽车工业未来发展比较一致的看法是:"21世纪是一个面临能源和环境巨大挑战的世纪,传统燃油汽车将向高效低排放的电动汽车方向发展。""我国虽然在传统汽车领域落后于发达国家二三十年,但在电动汽车领域,我国与国外的技术水平和产业化程度的差距相对较小,基本处在同一起跑线上。"这句话经过重新理解后,被发现是错的,日本丰田混合动力汽车批量生产是从1997年开始的,到2019年,已经22年了,我国几大国有汽车企业至今还拿不出与它们的中外合资企业竞争的油电混合动力汽车和纯电动汽车,所以在技术上,我国和美、日、德这些汽车强国相比至少存在20年的差距。

在新能源汽车产业上,我国的民营汽车企业走在前列,但也不能过于乐观,民营汽车企业毕竟起步时间短,起点低,技术和资金不能与国有企业相比,还要受到国有与外资合资汽车的市场挤压,导致汽车民营企业全部徘徊在低档汽车的品牌和技术领域中,在国外汽车向智能汽车和新能源汽车转型时,它们是否跟得上趋势的发展还有待检验。

6.2 电动汽车的分类

配置了大容量电能储存装置,全部或部分由电动机驱动完成行驶的汽车统称为电动汽车。电动汽车包括混合动力电动汽车、纯电动汽车和燃料电池电动汽车3种类型。

1. 混合动力电动汽车

混合动力电动汽车是指使用电动机和传统内燃机联合驱动的汽车,按动力耦合方式的不同可以分为串联式电动汽车、并联式电动汽车和混联式电动汽车;按驱动又可分为混合动力汽车和插电式混合动力汽车(Plug-in Hybrid Electric Vehicle,PHEV)。

混合动力电动汽车的主要特点:采用小排量的发动机降低了燃油消耗;将制动和下坡时的能量回收到蓄电池中进行二次利用,降低了燃油消耗;在繁华市区可关停内燃机,由电动机单独驱动,实现"零排放"。

2. 纯电动汽车

纯电动汽车是完全可由充电电池(如铅酸电池、镍镉电池、镍氢电池或锂离子电池)提供动力源的汽车。铅酸电池能量密度低且污染严重,用铅酸电池的低速电动汽车是不列入新能源汽车行列的,主要是因为其不能满足高速电动汽车的性能指标。

虽然 1881 年即发明了纯电动汽车，但其一直仅限于在某些特定范围内应用，市场较小，主要原因是各种类别的蓄电池普遍存在价格高、寿命短、外形尺寸和质量大、充电时间长等严重缺点。

3. 燃料电池电动汽车

燃料电池电动汽车是利用氢气和空气中的氧气在催化剂的作用下在燃料电池中经电化学反应产生的电能驱动的汽车。其特点主要表现在：燃料电池的能量转换效率可高达 60% ~ 80%，为内燃机的 2 ~ 3 倍；燃料电池零排放，不会污染环境；氢燃料的来源不依赖石油燃料。

6.3 新能源汽车的储能

电能源为电动汽车的驱动电动机提供电能，电动机将电源的电能转化为机械能，通过驱动传动装置或直接驱动车辆工作。目前储能装置包括化学储能装置与物理储能装置两种。化学储能装置包括镍氢电池和锂离子电池，钠硫电池和燃料电池相对较少；常用的物理储能装置为超级电容器和飞轮电池；此外，还有超导储能方式，其主要用于供电控制部门。目前，汽车常用的储能方式有电池储能和超级电容器储能两种，飞轮储能没有批量生产。

6.3.1 蓄电池

一般情况下，电动汽车的电能源为动力电池，动力电池在工作中进行的是频繁、浅度的充放电循环。在充放电过程中，电压、电流可能有较大变化。针对这种使用特点，电动汽车的动力系统对电池有如下几个方面的特别要求：电动汽车要求动力电池具有更高的比功率，电动汽车中动力电池具有高充放电效率（对保证整车效率具有至关重要的作用），电动汽车电池应当在快速充电和充放电过程变工况的条件下保持性能的相对稳定。

图 6.9 所示为奥迪 A3 e-tron 动力电池系统构造。蓄电池的作用是储蓄电能。蓄电池在充电过程中，电能通过蓄电池内活性物质的化学变化转变为化学能储存在蓄电池内。蓄电池在放电过程中，通过蓄电池内活性物质的化学变化逆转，将化学能转变为电能由蓄电池输出。各种蓄电池的基本工作原理是电能 – 化学能 – 电能 – 化学能的可逆变换过程，能够反复使用。一般称能够将化学能转换为电能的电池为蓄电池。

目前，蓄电池在比能量和比功率方面有很大提高，使电动汽车的动力性能不断提高，一次充电后的续航里程也在不断地延长，而且这种提高一直在进行。蓄电池的主要性能指标有电压、电容容量、能量、功率、电池的内阻、循环次数、使用年限、放电速率、自放电率、成本。

一般电动汽车电池要求有较大的比能量，而混合动力电动汽车所采用的动力电池组则要求有较大的比功率，两种电池在性能方面各有侧重。混合动力电动汽车对蓄电池的基本要求如下：

（1）比能量。比能量是保证混合动力电动汽车能够达到基本合理的行驶里程的重要性能，连续 2 h 放电率的比能量至少不低于 44 W·h/kg。

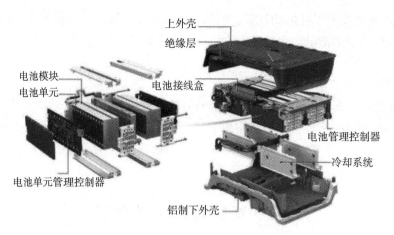

图 6.9 奥迪 A3 e–tron 动力电池系统构造

（2）充电时间短。蓄电池对充电技术没有特殊要求，能够实现感应充电。蓄电池的正常充电时间应小于 6 h，蓄电池应能够适应快速充电的要求，其快速充电达到额定容量的 50% 时的时间为 20 min 左右。

（3）续放电率高，自放电率低。蓄电池能够适应快速放电的要求，连续 1 h 放电率应达到额定容量的 70% 左右。自放电率要低，以使蓄电池能够长期存放。

（4）不需要复杂的运行环境。蓄电池能够在常温条件下正常稳定地工作，不受环境温度的影响，不需要特殊加热，具有保温热管理系统，能够适应混合动力电动汽车行驶时振动的要求。

（5）安全可靠。蓄电池应干燥、洁净，电解质不会渗漏腐蚀接线柱和外壳，不会引起自燃或燃烧。当发生碰撞等事故时，不会对乘员造成伤害。废蓄电池能够进行回收处理和再生处理，蓄电池中的有害重金属能够进行集中回收处理。蓄电池组可以采用机械装置进行整体快速更换，线路连接方便。

（6）寿命长，免维修，制造成本低。蓄电池的循环寿命不低于 1 000 次，在使用寿命限定期间，不需要进行维护和修理。

目前来看，锂离子电池具有较高的性能优势，是未来动力蓄电池发展的必然方向。锂离子电池相对传统的铅酸、镍氢和镉镍电池而言，历史很短。磷酸铁锂动力电池是最适合用于电动汽车产业化中的锂离子电池。

6.3.2 燃料电池

燃料电池分为许多种，现在电动汽车上常用的是质子交换膜燃料电池（Proton Exchange Membrane Fuel Cell，PEMFC），其工作温度在 100 ℃ 以下，工作条件是必须用铂催化剂。质子交换膜（Ion Exchange Membrane，IEM）是质子交换膜燃料电池的核心。质子交换膜有酚醛树脂磺酸型膜、聚苯乙烯磺酸型膜、聚三氟乙烯磺酸型膜、部分氟化质子交换膜、全氟磺酸质子交换膜等。

质子交换膜燃料电池的工作原理如图 6.10 所示，在正、负膜电极的两侧装有双极性集流板，集流板的材料有石墨板、表面改性的金属集流板和碳－聚合物复合材料板等。在正膜电极集流板面向膜电极的一面，刻有用于输送氧气的凹槽，通过凹槽将氧气扩散到整个正膜电极中；在负膜电极集流板面向膜电极的一面，刻有用于输送氢气的凹槽，通过凹槽将氢气扩散到负膜电极中。负膜电极集流板中的氢气在催化剂的作用下转化为电子和氢离子，氢离子通过质子交换膜到达正膜电极，与正膜电极集流板中的氧气发生氧化作用后转化为水。在正、负膜电极集流板的背面刻有输送冷却水的凹槽，冷却水在凹槽中流动将热量导出。双极性集流板对燃料电池气体均匀分布程度、水和热量导出的效率、导电性能及密封性等有重要作用。

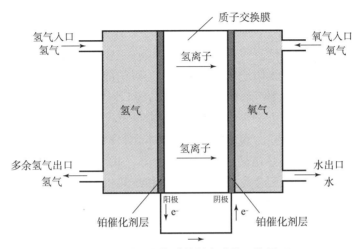

图 6.10　质子交换膜燃料电池的工作原理

单体质子交换膜燃料电池的电压一般在 1 V 左右，需要用多个单体质子交换膜燃料电池串联成实用的质子交换膜燃料电池组（堆），才能获得燃料电池电动汽车驱动电动机所需要的工作电压。用端板将不同个数、不同规格（电压和电容）的单体质子交换膜燃料电池紧密地装配到一起，组成一组质子交换膜燃料电池组。在模压成整体的质子交换膜燃料电池组中，各个单体质子交换膜燃料电池之间的密封性要求很高，密封性不良的质子交换膜燃料电池会因为氢气泄漏而降低氢气的利用率，使质子交换膜燃料电池的效率降低。

质子交换膜燃料电池的电流输出时，受到极化影响。在正膜电极上的电位损失称为正极极化损失，在负膜电极上的电位损失称为负极极化损失。它们共同表现为质子交换膜燃料电池发动机的电压随着电流的增加逐渐下降的特性。极化影响包括以下几种：

（1）活化极化损失。质子交换膜燃料电池在电化学反应过程中化学反应速度限制所引起的电位损失。

（2）欧姆极化损失。质子交换膜燃料电池中的质子交换膜的电阻所引起的电位损失。

（3）浓差极化损失。参加质子交换膜燃料电池中的反应剂的性质所引起的电位损失。

影响质子交换膜燃料电池性能的内部因素主要有燃料电池的结构形式和尺寸、质子交换膜的材质和工艺、质子交换膜的电导率、质子交换膜的厚度、采用的氧气纯度、燃料气体中所含的其他气体等。

影响质子交换膜燃料电池性能的外在因素主要有气体的含水率、燃料电池的工作温度、氢气和氧化剂的压力、燃料电池的密封性等。

使用的氧化剂有纯氧、不同纯度的氧化剂和一般的空气（含氧21%左右），其使质子交换膜燃料电池所产生的电压、电流和功率也随着变化。在质子交换膜燃料电池使用的氢燃料气体中难免会混合空气中的一些其他气体。

6.3.3 太阳能电池

太阳能作为可再生能源，具有独特的优势。首先，地球上拥有丰富的太阳能资源，取之不尽，用之不竭；其次，太阳能基本无污染，从整个产业来看，太阳能行业的污染主要来自材料的提炼与产品的制造过程，在使用过程中可以做到零污染；最后，太阳能使用的地域限制很小，即使在深山、荒漠、海岛等仍然可以使用，对解决不发达地区的能源问题具有优势。

太阳能的利用历史悠久，但近些年才开始大规模在工业上应用。其原因是太阳能的工业利用还存在以下问题：第一，太阳能自身不是稳定连续的能源，它受时间和天气的影响，提供的电力会存在很大波动，需要巨大的储能设备或者和其他能源互补才能正常使用；第二，太阳能并不集中，标准的地面太阳能量密度为 $1\ 000\ W/m^2$，这对太阳能电池的电能转换效率和面积有着极高的要求；第三，太阳能发电的成本比目前主流的发电形式要高。

电池利用太阳能的方式是热电转换、光电转换等。我国对太阳能汽车进行过深入的研究，汽车利用太阳能作为动力不会污染环境，相比传统热机驱动的汽车，太阳能汽车是真正的零排放。虽然太阳能技术有很多原理上的缺陷无法彻底消除，但混合动力技术与其他动力源相结合的驱动形式将成为未来太阳能汽车的主要发展趋势。

6.3.4 超级电容器

电容器是一种常见的电子基本元件，当电容器两端加有电压时，电容器就会被充电。电容器的充电过程就是把电荷储存到电容器中的过程。当电容器两端电压去除后，充过电的电容器内存储有电荷，当把一个负载（如额定电压合适的小灯泡）用导线连接到电容器两端时，储存的电能会对负载做功（若电容器的容量足够，小灯泡会发亮），这个过程就说明电容器是可以作为储能装置使用的。为了制造出可以用于汽车驱动的电容器，人们进行了多年的探索，超级电容器就是这种探索的成果。

超级电容器的正式名称是电化学电容器（Electrochmical Capacitor），是一种介于电解质电容器和电化学蓄电池之间的新型储能元件。超级电容器采用了与传统电容器完全不同的储能方式，储能容量大幅度增加。超级电容器的电容量可达到 $10^3 \sim 10^4\ F$ 量级，而普通电解质电容器的电容量最大只能达到 $10^{-2}\ F$ 量级，两者相差 10 万~100 万倍。

超级电容器是靠极化电解液来储存电能的一种新型储能装置。同电解质电容器相比，超级电容器利用电双层结构取代电解质，实现电解质的机能。与传统电容器相比，其储存电荷的面积较大，电荷被隔离的距离较小，并且由于采用了特殊工艺，超级电容器的等效电阻很低。电容量大和内阻小，使超级电容器可以有很高的尖峰电流，因此其具有很高的比功率，是蓄电池的50~100倍，可达到 $10\ kW/kg$ 左右，该特点使超级电容器非常适合在短时大功率的场合应用。

超级电容器作为一种新型能源器件，主要具有以下优点：

（1）功率密度高。超级电容器的内阻很小，且在电极/溶液界面和电极材料本体内部均能够实现电荷的储存和释放，因此，它的输出功率密度高，这是任何一种化学电源都无法比拟的。

(2) 充放电循环寿命长。超级电容器在充放电过程中只有离子和电荷的传递，没有发生电化学反应，因此其容量几乎没有衰减，充放电循环寿命可达万次以上，远远大于蓄电池的充放电循环寿命。

(3) 充电时间短。从目前已经完成的超级电容器充电试验结果来看，用相当于一般蓄电池的充电电流密度给超级电容器充电，全充电时间只需 10~12 min，而蓄电池在这么短的时间内是无法完成全充电的。

(4) 特殊的功率密度和适度的能量密度。对于普通蓄电池来说，如果能量密度高，其功率密度不会太高；而功率密度高，其能量密度则不会太高。但超级电容器在提供 1~5 kW 高功率密度输出的同时，其能量密度可达到 5~20 Wh/kg。若将它与蓄电池组合起来，就会组成一个兼有高能量密度和高功率密度输出的储能系统。

(5) 储存寿命长。超级电容器在充电之后的储存过程中，虽然也存在微小的漏电电流，但这种发生在超级电容器内部的离子或质子迁移运动是在电场的作用下产生的，并没有出现化学或电化学反应，电极材料在电解质中也是相对稳定的，因此超级电容器的储存寿命几乎是无限的。

(6) 工作温度范围广。超级电容器可在 -50~75 ℃ 的温度范围内工作，性能优于传统电容器和蓄电池。

总之，超级电容器容量大、成本低、对环境无污染。大功率的超级电容器对于电动汽车的起动、加速和上坡行驶具有极其重要的意义。超级电容器在汽车起动和爬坡时快速提供大功率电流，在汽车正常行驶时由蓄电池为其快速充电，在汽车制动时快速存储发电机产生的大电流，这样可以减少电动汽车对蓄电池大电流充电的限制，大大延长了蓄电池的使用寿命，提高了电动汽车的实用性。

6.3.5 飞轮储能

1. 飞轮储能的工作原理

飞轮储能的工作原理是将外界输送过来的电能通过电动机转化为飞轮运转的动能储存起来，当外界需要电能时，飞轮又通过发电机将动能转化为电能，输出到外部负载中，而飞轮空闲运转时的损耗非常小。事实上，为了减少空闲运转时的损耗，提高飞轮的转速和飞轮储能装置的效率，飞轮储能装置轴承的设计一般都使用非接触式的磁悬浮轴承技术，而且将电动机和飞轮都封装在一个真空容器内以减少风阻。

发电机和电动机通常结合为一台电动机/发电机应用在汽车上，通过轴承和飞轮连接在一起，这样在实际常用的飞轮储能装置中，主要包括飞轮、轴、轴承、电动机/发电机、真空容器和电力电子装置等部件。

当外部设备通过电力电子装置给电动机/发电机供电时，电动机/发电机就作为电动机使用，它的作用是给飞轮加速，储存能量；当负载需要电能时，飞轮给电动机/发电机施加转矩，电动机/发动机又作为发电机使用，通过电力电子装置给外部设备供电。在整个飞轮储能装置中，飞轮无疑是核心部件，它直接决定了整个装置所储存的能量。飞轮储存的能量由飞轮的形状、质量和转速决定。电力电子设备通常是由 FET 或 IGBT 组成的双相逆变器和控制电路，它们决定了飞轮储能装置输出/输入能量的多少。

飞轮储能装置充电快，放电完全，非常适合应用于混合能量驱动的车辆中。车辆在正常行驶和制动时给飞轮储能装置蓄能；飞轮储能装置则在加速或爬坡时给车辆提供动力，保证车辆运行在平稳、最优状态下，可以减少燃料消耗、空气和噪声污染，并可以减少发动机的维护，延长发动机的寿命。飞轮储能装置能进行超快速充电，且无化学蓄电池因超快速充电而导致的使用寿命缩短问题，整个飞轮储能装置的使用寿命远长于各种化学蓄电池。飞轮为纯机械结构，不会像内燃机那样产生排气污染，同时也没有化学蓄电池的化学反应过程，不会引起腐蚀，也无废料的处理回收问题。

2. 核心技术

飞轮储能装置主要包括飞轮、电动机/发电机和电力电子装置 3 个核心部件。飞轮储能方法一直未能得到广泛应用的主要原因如下：

(1) 飞轮本身的能耗主要来自轴承摩擦和空气阻力。
(2) 常规的飞轮由钢或铸铁制成，储能有限。
(3) 要完成电能和机械能的转换，还需要一套复杂的电力电子装置。

目前，飞轮储能技术取得突破性进展是基于下述三项技术的飞速发展：一是用于轴承的高能永磁及高温超导技术；二是可用于飞轮的高强纤维复合材料；三是电力电子技术的飞速发展。

3. 应用

就目前的技术来看，飞轮储能装置电动汽车还不能广泛应用。根据飞轮储能装置本身的特点，它更加适用于复合动力电动汽车和混合动力电动汽车。复合动力电动汽车是靠内燃机和电动机两种方式共同提供推动力的，在汽车正常行驶和制动时电池充电，在汽车爬坡和加速需要大功率时电池放电。

由于普通汽车在正常行驶时，功率仅为最大功率的 1/4，复合动力电动汽车中蓄电池和电动机的加入恰好可以解决这一问题。这样复合动力电动汽车在设计时就可以不用按照汽车的最大功率设计，以避免在正常行驶时出现"大马拉小车"的现象，大幅度提高汽车性能。随着磁悬浮技术的发展，飞轮的充放电次数远远大于汽车电池使用的需要，而且飞轮的充放电是化学能和机械能的相互转化，它的放电深度可大可小，绝不会影响电池寿命。此外，在飞轮储能装置中，决定输入/输出的器件是它外接的电力电子装置，而与外部的负载没有关系；其还可以很方便地通过控制飞轮的放置速度来控制飞轮的充电，这种特点在化学电池中实现起来很困难。

6.3.6 液压储能

在复合传动车辆上可以使用多种能量储存装置，归纳起来有高能蓄电池、高速储能飞轮及液压储能器，它们分别以电能、动力和压力势能的形式储存能量。

从能量密度（单位质量的储能装置所储存的可用能量值）来看，高能蓄电池和高速储能飞轮要优于液压储能器；但当考虑到高能蓄电池和高速储能飞轮的功率密度（单位质量的储能装置吸收和释放的最大功率）及高速储能飞轮所要采取的复杂安全保护措施，液压储能器更具吸引力。只有具有较高的功率密度的系统才能在短时间跟上车辆制动时的能量转换和储存要求。

在液压储能器中，以气囊式液压储能器最为常用，因为该类型的液压蓄能器尺寸紧凑，放置方便。液压储能器从充气状态到将系统中的压力势能转化为内能的压缩状态，以及将气体内能转换为压力势能的膨胀状态，是一个从系统主油路获取能量和释放能量的过程。而对于主回路来说，是将其自身能量"储存"到液压蓄能器，并在需要时利用所"储存"的能量。

系统中用液压泵和液压电动机作为机械能到液压能和液压能到机械能的功率转换单元，为达到调速目的，系统中功率转换单元至少有一个是变量的。而在要求速度调节范围和转矩调节范围较大时，则采用变量泵和变量电动机的结构形式。

由于通轴式轴向柱塞泵能够过零点操作，还可方便地放置，体积小，功率密度较高，因此在车辆用静液储能系统中被采用。

为了使系统结构紧凑，采用能够过零点的双向变量电动机是比较好的。但由于变量电动机在过零点及其附近时系统中有瞬时高压，因此选用单向变量电动机，而在系统主回路上采用换向阀来实现回收能量时的高压油液的流向。

6.4 电动机驱动系统

电动机驱动系统是新能源汽车的核心技术之一，它的主要任务是按驾驶员的驾驶意图，将动力电池的化学能高效地转化为机械能，经过变速器、驱动轴等机构驱动车轮。电动机驱动系统主要由电动机、功率器件和控制系统组成。电动机将电能转化成机械能驱动车辆，并在车辆制动时把车辆的动能再生为电能反馈到动力电池中实现车辆的再生制动。功率器件用来为电动机提供相应的电压和电流。控制系统一般包括中央处理器、检测单元、中间连接单元。它通过控制功率器件调整电动机的运行，以产生特定的转矩和转速。

电动机的分类方法主要有以下几种：

（1）根据工作电源分类，可分为直流电动机和交流电动机。其中，直流电动机又分为绕组励磁式直流电动机和永磁式直流电动机，交流电动机分为单相电动机和三相电动机。

（2）按结构及工作原理分类，可分为直流电动机、交流异步电动机和同步电动机。直流电动机又分为无刷直流电动机和有刷直流电动机，交流异步电动机分为感应电动机和交流换向器电动机，同步电动机分为永磁同步电动机、磁阻同步电动机和磁滞同步电动机。

（3）按用途分类，可分为驱动用电动机和控制用电动机。

（4）按转子的结构分类，可分为笼形感应电动机和绕线转子感应电动机。

（5）按运转速度分类，可分为高速电动机、低速电动机、恒速电动机。

新能源汽车最早采用的是直流电动机。随着电子技术和自动控制技术的发展及新能源汽车技术要求的提高，永磁无刷直流电动机、交流异步电动机、永磁同步电动机和开关磁阻电动机等显示出比直流电动机更为优越的性能，在新能源汽车中的应用越来越广泛。

1. 直流电动机

直流电动机具有起动加速时驱动力大、可调整控制单位、技术成熟等优点，但是直流电动机的电枢电流由电刷和换向器引入，换向时产生电火花，换向器容易烧蚀，电刷容易磨损，需经常更换，维护工作量大。接触部分存在磨损，不仅使电动机效率降低，还限制了电动机的工作转速。新研制的新能源汽车基本不采用直流电动机。

永磁无刷直流电动机是一种高性能的电动机。它既有交流电动机的结构简单、运行可靠、维护方便等诸多优点，又具备运行效率高、无励磁损耗、运行成本低和调速性能好等特点。因此，它在新能源汽车上的应用与日俱增。

直流电动机分为绕组励磁式直流电动机和永磁式直流电动机。在新能源汽车上应用的直流电动机中,小功率电动机采用的是永磁式直流电动机,大功率电动机采用的是绕组励磁式直流电动机。绕组励磁式直流电动机根据励磁方式的不同,可分为他励式、并励式、串励式和复励式 4 种类型。

2. 交流异步电动机

交流异步电动机在新能源汽车上的应用广泛,这是因为交流异步电动机采用变频调速时,可以取消机械变速器,实现无级变速,使传动效率大为提高。另外,交流异步电动机很容易实现正反转,再生制动能量的回收也更加简单。当采用笼形转子时,交流异步电动机还具有结构简单、坚固耐用、价格便宜、工作可靠、效率高和免维护等优点。

3. 永磁同步电动机

使用永磁同步电机的特斯拉 Model 3 如图 6.11 所示。永磁同步电动在机结构上与永磁无刷直流电动机相似,不同之处在于它采用正弦波驱动,所以其在具备永磁无刷直流电动机优点的同时,还具有噪声低、体积小、功率密度大、转动惯量小、脉动转矩小、控制精度高等特点,特别适合混合动力新能源汽车电动机驱动系统,以达到减小系

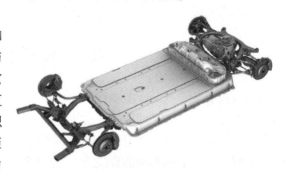

图 6.11 使用永磁同步电机的特斯拉 Model 3

统体积、改善汽车加速性能和行驶平稳性等目的。因此,永磁同步电动机受到了全世界各大汽车生产厂家的重视。

4. 开关磁阻电动机

开关磁阻电动机是一种新型电动机,因结构简单、坚固、工作可靠、效率高,其调速系统运行性能和经济指标比普通的交流调速系统好,具有很大的潜力,故被公认为一种极有发展前途的新能源汽车驱动电动机。

5. 轮毂电动机

毂是轮的中央部分,轮毂电动机是在轮中央部分放置的电动机,有时也称电动轮。轮毂电动机技术的最大特点就是将动力、传动和制动装置都整合到轮毂内,因此将电动车辆的机构部分大大简化,图 6.12 为轮毂电机的一种结构形式。

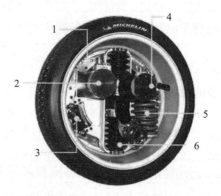

图 6.12 轮毂电动机的一种结构形式

1—制动盘;2—轮毂电动机(恒定功率:30 kW);3—制动卡钳;
4—主动悬挂电动机;5—减震弹簧;6—轮内主动悬架

轮毂电动机技术并非新生事物，早在1900年，保时捷公司就首先制造出了前轮装备轮毂电动机的电动汽车；20世纪70年代，这一技术在矿山运输车等领域得到应用。

当采用轮毂电动机时，电动汽车传动装置的多数部件可以省去。因为电动机可以带负载起动，所以电动汽车上无须传统内燃机汽车的离合器。因为驱动电动机的旋向可以通过电路控制实现变换，所以电动汽车无须内燃机汽车变速器中的倒挡就可以实现倒车。当采用电动机无级调速控制时，电动汽车可以忽略传统汽车的变速器。在采用轮毂电动机驱动时，还可以省略传统汽车的差速器。

轮毂电动机驱动系统根据电动机转子形式主要分为电动机高速内转子式和电动机低速外转子式两种。内、外转子这两种轮毂电动机在现代电动汽车上都有应用。

1）轮毂电动机的优点

图 6.13 所示为华人运通四轮转向轮毂电动机工程车 RE05，采用轮毂电机可省略大量传动部件，让车辆结构更简单。对于传统车辆来说，离合器、变速器、传动轴、差速器乃至分动器都是必不可少的，而这些部件不但质量大，让车辆的结构更加复杂，同时也存在需要定期维护和故障率高的问题。轮毂电动机很好地解决了这个问题。除了结构简单之外，采用轮毂电动机驱动的车辆可以获得更好的空间利用率，同时传动效率高。

图 6.13　华人运通四轮转向轮毂电动机工程车 RE05

采用轮毂电动机驱动后，电动汽车上将不会出现传统汽车车厢内地板上用于容纳传动轴和排气管的纵向凸起，为乘员腾出了更大的空间。

轮毂电动机可实现多种复杂的驱动方式。由于轮毂电动机具备单个车轮独立驱动的特性，因此，无论是前驱、后驱还是四驱形式，它都可以比较容易地实现，全时四驱在轮毂电动机驱动的车辆上实现起来非常容易。同时，轮毂电动机可以通过左、右车轮的不同转速甚至反转实现类似履带式车辆的差动转向，大大减小车辆的转弯半径，在特殊情况下几乎可以实现原地转向（不过此时对车辆转向机构和轮胎的磨损较大），对特种车辆很有价值。

轮毂电动机的两轴四驱形式非常有利于实现底盘集中控制，实现底盘集中控制后，底盘可实现如下功能：

(1) 电动轮转向，靠外侧车轮加驱动力而自动转向，不用单独设计电动转向机。

(2) 转弯时的轮间差速也可靠左、右电动轮来实现，轴间差速可靠前轴、后轴电动轮来差速，前、后轴根据地面附着条件动态实现四驱的四轮最大抓地驱动。

(3) 实现驱动和制动都能与地面附着力匹配。汽车在低附着路面起步和爬坡时，智能牵引力控制自动实现驱动防滑和转弯时的车身动态稳定控制。

(4) 便于采用多种电动汽车技术。轮毂电动机可以匹配纯电动汽车、混合动力电动汽车和燃料电池电动汽车 3 种类型。纯电动汽车、燃料电池电动汽车、串联式混合动力电动汽车（增程式电动汽车）都可用轮毂电动机作为主要驱动力。电动汽车的很多技术，如制动能量回收也可以很轻松地在轮毂电动机驱动车型上得以实现。

一轴采用轮毂电动机驱动，另一轴由传统发动机驱动；或一轴采用轮毂电动机驱动，另一轴采用混合动力驱动时，这种混合动力构型很有意义。这时轮毂电动机可作为起步或急加速时的助力，也可作为纯电动动力使用。

2) 轮毂电动机的缺点

虽然轮毂电动机有很多优点，但它也存在一些缺点，这对于它的应用有一定影响。

(1) 操控性能下降。普通轿车常常使用一些轻辅的材料（如铝合金）来制作悬挂部件，以减小簧下质量，提升悬挂的响应速度。可是轮毂电动机恰好较大幅度地增大了簧下质量，同时也增加了轮毂的转运惯量，这对车辆的操控性能是不利的。但是考虑到电动汽车大多限于代步而非追求动力性能，这一点不构成严重缺陷。

(2) 初始成本和控制难度增加。由于增加了电动机和功率转换器的数量，初始成本随之增加，而且在不同条件下对两个电动机进行精确控制的可靠性需要进一步的改进。近年来，由于电子控制器具有容错能力，其可靠性得到了很大的改善。例如，由 3 个微处理器组成的电子控制器，其中两个微处理器分别用于控制左、右两个电动机；另一个微处理器用于控制和协调，通过监测器来监测彼此的工作情况，以改善其可靠性。

6.5 能量管理系统

6.5.1 能量管理系统的功能

在新能源汽车驱动系统中，不同形式的能量混合后必须经过能量管理才能有效地向车辆提供动力，能量管理是新能源汽车的核心功能，没有有效的能量管理就无法实现新能源汽车性能的提供。车辆行驶提出的转矩需求必须经过能量管理模块，根据车辆动力混合方式、部件、策略的不同，合理地将能量需求分配到不同的驱动系统中。新能源汽车驱动系统中各种辅助能量装置的电气特性往往有很大差异，如何使这种由各种辅助能量装置构成的混合动力系统能够稳定、可靠、高效地工作，成为提高新能源汽车动力性的关键问题。各种电池多能量的分配控制是一个关键技术，对汽车的经济性、动力性及部件寿命有很大影响。对新能源汽车多能量分配方案的优化控制技术将成为推动新能源汽车发展的一项关键技术。

通过对纯电动汽车和混合动力电动汽车能量管理的研究和分析，再通过对燃料电池电动汽车能量管理优化控制的研究，建立合适的控制模型来克服燃料电池动态响应慢的弱点，快速跟踪车辆随时变化的行驶状态；根据车辆的动力需求，合理分配两种动力能量，使燃料电池和辅助电源都工作在较为理想的工作区间，使车辆获得最佳的动力性能；建立合理的能量反馈机制，以提高车辆的续航能力。也就是说，能量管理在新能源汽车中起到了核心的作用。

对新能源汽车动力系统能量转换装置的输出能量进行协调、分配和控制的软、硬件系统称为能量管理系统。

能量管理系统的硬件系统由一系列传感器、电子控制单位和执行元件等组成；软件系统的功能主要是对传感器的信号进行分析处理，对能量转换装置的工作状态进行优化分析，并向执行元件发出指令。因此，新能源汽车能量管理系统的功能是在满足汽车基本技术性能和成本等要求的前提下，根据各个能量储存装置、能量转换装置的特性及汽车的运行工况，使能量在能量转换装置（如发电机、电动机、储能装置、功率变换模块、动力传递装置、发电机和燃料电池等）之间按最佳路线流动，使整车的能量利用效率达到最高。

不同种类的电动汽车能量转换系统的构成不同，因此其能量管理系统的软、硬系统装置构成不同。蓄电池电动汽车的能量转换系统由发动机/发电机、蓄电池、功率变换模块及动力传递装置等组成，能量传递路线主要有从蓄电池到车轮（行驶）和从车辆到蓄电池（能量回收）两条，因此其能量管理系统最为简单。其主要任务是在满足汽车动力性能需求的前提下，使蓄电池储存的能量得到最有效的利用，并使汽车的减速和制动能量得到最大限度的回收，使汽车的能量效率达到最大。燃料电池汽车和混合动力电动汽车，其能量转换装置通常有发电装置（如发动机/发电机或燃料电池）、能量储存装置（蓄电池、超级电容器等）、功率变换模块、动力传递装置、充放电装置等。

其能量传递路线有4条：由发电装置到车轮；由蓄电池到车轮；由发电机装置到能量储存装置；由车轮到能量储存装置（能量回收）。

为了使新能源汽车具有良好的电驱动性能及合理的能量分配，新能源汽车的能量管理系统必须对能量系统的工作进行有效的监测与控制，使新能源汽车的能量进行最佳流动，以最大限度地利用能量，提高汽车的经济性能。所以，能量管理系统是电动汽车整车设计的一个重要环节。

6.5.2 能量管理系统的类型

1. 纯电动汽车的能量管理系统

纯电动汽车的能源是电能，电能的储存方式和来源不尽相同。目前电动汽车动力电池类型复杂，规格众多，性能不一，如锂电池、燃料电池、铅酸动力电池等。对不同的电动汽车，所选用的动力电池的要求也不一样，其能量管理系统也存在一定差别。

系统中各相关模块向能量管理系统电子控制单位提供的参数有各电池组的状态参数（如工作电压、放电电流和电池温度等）、车辆运行状态参数（如行驶速度、电动功率等）和车辆操纵状态（如制动、起动、加速和减速等）。能量管理系统具有对检测的状态参数进行实时显示的功能。电子控制单元对检测的状态参数按既定的算法和控制策略进行运算和决策，并向电池、电动机等发出合适的控制指令等，实现电池能量的优化管理与控制。

荷电状态指示器是能量管理系统的一个重要组成部分。电动汽车蓄电池中储存有多少能量，还能行驶多少千米，是电动汽车行驶中驾驶员必须知道的重要参数。与燃油汽车的油量表类似的仪表就是荷电状态指示器，这是能源管理系统的一个重要装置。

基于化学原理的蓄电池是一个非常复杂的系统。电池性能取决于极板材料、电解溶液浓度、反应温度、充电状态、放电时间等诸多因素。其充放电时呈现明显的非线性和非常小的动态内阻，并且随着充电次数的增加，各特性参数均有变化。电池能够放出电量的多少与充电状态、放电方式有关。由于上述原因，对能量管理系统的参数进行准确的检测和设计一个先进的、有效的能量管理系统的难度是很大的。

计算静态剩余电量时，应考虑电池放电电流、温度、电池老化和自放电等对容量的影响。剩余电量的预测可采用检测电压和内阻，进一步计算电量的方法。

电池管理系统是能量管理系统的一个子系统。它通过实时检测和估算电池状态，包括外电压、温度、电流、直流内阻、极化电压、剩余电量（State of Change，SOC）、最大可用容量、老化程度及一致性等，并据此提供电池组的优化使用方法，既防止电池组出现不合理使用，保障其使用的安全性和长寿命，又能最大限度地发挥其性能，提高车辆运行效率、驾驶的舒适性，实现电池容量和能量利用的高效性。电动汽车电池携带的能量是有限的，也是非常宝贵的。为了增加电动汽车的续航里程，对电池系统进行全面有效的管理是十分重要的。电池管理系统在汽车运行过程中需要完成的任务多种多样，其主要任务是保持电动汽车蓄电池性能良好，并优化各蓄电池的电性能和保存、显示测试数据等。

电池管理系统的主要作用如下：

（1）防止蓄电池过充电。在充电期间，电池管理系统应能连续测量电池组的各个蓄电池的电压、温度等参数，并能根据检测到的充电状态、电池电压、温度等参数调整充电参数，控制充电器，并尽量使所有蓄电池的状态一致。在充电过程结束时，应能及时停止充电，防止电池过充电。

（2）防止蓄电池过放电。蓄电池过度放电将导致其使用寿命缩短。因此，在放电期间，电池管理系统应能检测电池的放电状态，并控制蓄电池的放电过程。在每个蓄电池深度放电之前，停止放电过程，避免蓄电池过放电，使电能达到最佳利用。在放电结束时，电池管理系统给出电动机控制单元的最大放电电流的参考值，使蓄电池电压保持在正常范围内。

（3）温度控制及平衡。蓄电池的充电容量对温度特别敏感，电池组的各蓄电池应有相同的温度。因此，温度平衡系统便成了电池管理系统的一部分。电池管理系统应能测量各蓄电池的温度，并能通过加热和制冷方式控制蓄电池的温度。

（4）能量系统信息提示。在电动汽车行驶中，为了使驾驶员及时了解汽车可行驶的极限里程数和充电所需的时间等，电池管理系统应能检测蓄电池的剩余容量，并显示能量系统的有关信息，对汽车用电系统进行管理，以达到电能的合理分配和使用，最终实现节能、增加续航里程的目的。

（5）蓄电池状态测试及显示。为了保持蓄电池的优良性能，电池管理系统应实时检测蓄电池状态。根据驱动系统性能、蓄电池温度、使用的时间等预测和显示剩余容量；提供蓄电池性能参数，存储整个过程中的数据并传给控制计算机；对获得的蓄电池信息进行分析，提供蓄电池的诊断、故障分析信息，以便及时维护和更换；检测所有特性参数，为发现较差的蓄电池提供信息，便于早期发现容量已衰减的蓄电池并及时对其进行维护。

2. 混合动力电动汽车的能量管理系统

由燃料电池（或燃油发动机）与储能装置组成的混合动力电动汽车，其能量传递路线有4条。在每一条能量传递路线上的能量流的开始时刻、关闭时刻和大小等对整车的性能都有重要的影响。能量管理系统属于车辆控制系统的一部分，应在车辆控制系统选定的工作模式下对能量流的分配进行优化和最佳控制。

混合动力系统中所有的控制子系统通过CAN总线向多能量动力总成管理系统发送子系

统运行信息，同时接收多能量总成管理系统的控制命令。混合动力系统的控制协调通过多能量总成管理系统实现。混合动力电动汽车的能量管理系统十分复杂，并随系统组成的不同而呈现出很大的差异。目前混合动力电动汽车能量管理系统主要分为串联型混合动力能量管理系统和并联式混合动力能量管理系统两种。

3. 燃料电池电动汽车能量管理系统

燃料电池由于其特性曲线较软，不适宜作为电动汽车的唯一驱动能源，必须采取辅助能源与之配合，才能构成整个燃料电池电动汽车的动力系统。而动力蓄电池由于其各方面都具有成为车载辅助能源的优势，完全能与燃料电池匹配构成多能源动力系统为整车提供能量。

由于燃料电池和辅助动力电源提供的都是电功率，它们将各自的电功率输出到直流母线上，然后通过电动机带动传动系统。这是一个并联系统，在并联方案上也有很多不同的拓扑结构。

6.5.3 制动能量的利用

制动能量回收是把汽车制动时的一部分动能转化为其他形式的能量储存起来，在减速或制动的同时储存能量，然后在汽车起步或加速时释放储存的能量。制动能量回收对提高电动汽车的能量利用率具有重要意义。目前，我国的电动汽车制动能量回收可降低15%以上的能量消耗，可使续航里程延长10%~30%。

电动汽车制动能量回收系统主要由两部分组成，即电动机再生制动部分和传统液压摩擦制动部分，所以也可以将其视为机电复合制动系统。再生制动虽然可以回收制动能量并向车轮提供部分制动力，但其无法使车轮完全停止转运，制动效果受电动机、电池和车速等诸多条件的限制，在紧急制动和高强度制动条件下不能独立完成制动要求。因此，为保证汽车的制动安全性能，在采用电动机再生制动的同时，必须使用传统的液压摩擦制动作为辅助，从而达到既保证汽车的制动安全性能，又回收一定能量的目的。

电动汽车再生制动是利用电动机的电动机/发电机可逆性原理实现的。在电动汽车需要减速或滑行时，可以利用驱动电动机的控制电路实现电动机的发电运行，使减速制动时的能量转换成对蓄电池的电流，从而实现再生利用。由于摩擦制动一般采用液压形式，所以制动能量回收系统也可以称为再生-液压混合制动系统。从保证制动安全和提高能量利用率的角度考虑，再生-液压混合制动系统最适合电动汽车的综合制动系统。

所谓能量回馈，即电动机在再生制动模式下工作。在制动过程中，控制驱动器使电流方向与正向运行时相反，便会产生制动性质的转矩。当产生的电压高于蓄电池时，便可以将电流回馈至蓄电池中，达到能量回馈的目的。

感应电热势为梯形波有利于电动机产生的恒定转矩。由于换相时电流不能突变，因此，实际的相电流波形不是纯粹的方波，而是接近方波的梯形波，所以使转矩产生纹波。

电动汽车制动能量回收的原理及方法如下：

电动汽车的制动能量回收过程受到车辆运行状态、制动安全和蓄电池充电安全等条件的限制。制动能量回收控制策略需要与整车制动要求紧密结合，在实际应用中，制动能量回收应满足一定的约束条件，并采取相应的控制策略，相应的约束条件如下：

（1）满足制动安全的要求。在制动能量回收过程中，制动安全是第一位的。因此，根据整车的制动要求，回馈制动系统应保持一定的制动转矩，以保证整车的制动效能。在一般的减速过程中，回馈制动可以满足要求。当制动力矩需求大于系统回馈制动力矩时，不需要采用传统的制动方式。

（2）电动机系统的回馈能力。回馈制动系统在工作过程中，应考虑电动机系统在发电过程中的工作特性和输出能力。因此，需要对制动过程中的电流大小进行限制，以保证电动机系统的安全运行。

（3）电池组的充电安全。电动汽车常用的电源多为铅酸电池、锂离子电池、镍氢电池等。充电时，应避免电流过大，损坏蓄电池。因此，制动能量回收系统的容量除了考虑电动机系统的回馈能力外，还应包含蓄电池的充电承受能力。由于制动过程时间有限，因此，主要约束条件为充电电流的大小。

在回馈制动过程中，可采用的控制策略通常有最大回馈功率控制、最大回馈效率控制、恒转矩控制等。在恒转矩控制策略下，可以使整车保持制动需求的减速度完成制动过程，使制动过程满足制动力矩的需求。在回馈制动状态下，制动转矩由电动机的电磁转矩提供。对于永磁无刷直流电动机，电动机的电磁转矩与电动机的电流成正比，因此，通过控制回馈电流的大小来控制制动转矩的大小，可以实现对制动过程的控制。

扩展阅读

安全是第一要务，新能源汽车产业还在"爬坡过坎"

节能与新能源汽车产业发展部际联席会议强调：安全是事关新能源汽车产业持续健康发展的第一要务。面对当前新能源汽车产业的发展形势，要坚持"一手抓安全，一手抓发展"，加强安全隐患排查，加大对企业生产一致性的监督检查和召回管理工作力度，加快完善新能源汽车整车、动力电池和充电基础设施安全标准，提升新能源汽车全生命周期的质量安全水平。

2019年5月14日，节能与新能源汽车产业发展部际联席会议在北京召开，联席会议召集人、工业和信息化部部长苗圩主持会议并讲话，发展改革委、科技部、财政部、公安部、生态环境部、住房城乡建设部、交通运输部、商务部、应急管理部、国资委等20个联席会议成员单位的有关同志参加了会议。

会议专题研究了新能源汽车安全问题，工业和信息化部副部长辛国斌介绍了新能源汽车的安全形势和已开展的工作，与会代表深入讨论了《加强新能源汽车产业安全监管重点工作和部门分工》，并对下一阶段的工作提出了意见和建议。

会议指出，发展新能源汽车是党中央、国务院作出的重大战略决策。中央各部门以及地方各级党委、政府务实推进产业发展，我国新能源汽车产业在全球范围内形成了一定的先发优势。当前新能源汽车产业还处于"爬坡过坎"的关键阶段，对于各种发展中的问题，要正确对待、积极应对，通过高质量发展推动问题的解决。

会议强调，安全是事关新能源汽车产业持续健康发展的第一要务。新能源汽车安全涉及的内容多、环节多，要高度重视，采取坚决有效措施，抓早抓小、抓紧抓好，加快建立全面的安全保障体系，提升新能源汽车安全水平。

会议要求，面对当前新能源汽车产业的发展形势，下一步，各成员单位要各司其职、协调联动、多措并举，坚持"一手抓安全，一手抓发展"，加强安全隐患排查，加大对企业生产一致性的监督检查和召回管理工作力度，强化信息共享和联合惩戒，加快完善新能源汽车整车、动力电池和充电基础设施安全标准，提升新能源汽车全生命周期的质量安全水平；同时，还要不断提高新能源汽车产业创新能力，优化发展环境，增强发展韧性，推动产业高质量、可持续发展。

第7章 无人驾驶汽车

7.1 无人驾驶汽车的产生、发展与体系结构

7.1.1 无人驾驶汽车的产生

无人驾驶汽车之所以能够被国内外科研机构作为研究重点投入大量的资源，由军事应用向民用化发展，不仅因为其代表了高新科技水平，更因为它满足了人们对汽车技术发展的迫切需求。目前无人驾驶汽车与互联网的结合，形成了庞大的移动车联网络，未来还将形成更加智能的交通系统。

虽然完全意义上的无人驾驶汽车还没有走进普通人的生活，但综合了自适应速度控制、自动紧急制动等多项辅助驾驶功能的半自主驾驶汽车已经出现在市场上。

无人驾驶汽车是汽车行业发展的必然趋势，中国将会成为无人驾驶汽车大国。

作为一个复杂的智能系统，无人驾驶汽车涉及的内容主要有以下几方面：

（1）体系结构。体系结构是一个系统的"骨架"，确定了系统的基本组成框架和相互关系。对无人驾驶汽车系统来说，体系结构还包括系统信息的交流和控制调度，因此又起到了"神经系统"的作用。无人驾驶汽车体系结构定义了系统软、硬件的组织原则，集成方法及支持程序。一个合理的体系结构可以实现系统模块之间的恰当协调，并在系统的软、硬件上具有开放性和可扩展性。

（2）环境感知。无人驾驶汽车的环境感知像人类的视、听觉一样，利用各种传感器对环境进行数据采集，获取行驶环境信息，并对信息中的数据进行处理。环境感知系统为无人驾驶汽车提供了本车和周围障碍物的位置信息，以及本车与周围车辆等障碍物的相对距离、相对速度等信息，进而为各种控制决策提供信息依据。它是无人驾驶汽车实现避障、自定位和路径规划等高级智能行为的前提和基础。

（3）定位导航。无人驾驶汽车通过定位导航系统获得汽车的位置、姿态等信息，定位导航系统是无人驾驶汽车行驶的基础。常用的定位导航技术有航迹推算、惯性导航、卫星导航定位、地图匹配定位和视觉定位导航技术等。组合导航系统综合了两种或两种以上不同类型的导航传感器信息，可获得更理想的导航性能。

（4）路径规划。路径规划是指在一定环境模型的基础上，给定无人驾驶汽车的起始点与目标点后，按照其性能指标规划出一条无碰撞、能安全到达目标点的有效路径。路径规划主要包含两个步骤：一是建立环境地图；二是调用探索算法在环境地图中搜索可行路径。

（5）运动控制。无人驾驶汽车的运动控制分为纵向控制和横向控制，通过对节气门与制动的协调，纵向运动控制实现对期望车速的精确跟随；在保证车辆操纵稳定性的前提下，

横向运动控制实现无人驾驶汽车的路径跟随。

7.1.2 无人驾驶汽车的发展

无人驾驶汽车起源于无人驾驶平台（包括无人机、无人艇、无人潜水艇和地面无人驾驶汽车），目前在民用领域发展迅速。目前与无人驾驶这一术语相关的概念有辅助驾驶、主动安全、自主驾驶及智能车辆等。从发展历程来看，地面无人驾驶汽车起源于军事应用。从20世纪80年代起，西方发达国家即开始地面无人驾驶汽车的研究，并取得一系列成果。国外军用地面无人驾驶汽车的发展主要经历了3个阶段：在20世纪80年代之前，受限于通信、计算机等关键技术，地面无人驾驶汽车的发展侧重于遥控；20世纪80年代之后，随着相关技术的突破性发展，地面无人驾驶汽车得以进一步发展，出现了各种自主和半自主移动平台，但受定位导航、障碍识别、计算机控制等关键部件性能的限制，该时期的自主移动平台虽然在一定程度上实现了自动驾驶，但行驶速度低、环境适应能力弱，这些平台主要用于执行扫雷、排爆、侦察等任务；20世纪90年代以来，随着计算机、通信、人工智能等技术的突破，半自主型地面无人驾驶汽车得到了进一步发展，部分地面无人驾驶汽车参与了实战，检验了作战能力，使各国看到了这种无人驾驶汽车的前景，大大激发了各国研发地面无人驾驶汽车的热情，掀起了研究高潮。

在军事应用需求的推动下，无人驾驶汽车技术得到了不断发展和完善。在2000年之前，以美国卡内基·梅隆大学研制的NavLab系列和意大利的ARGO项目最具代表性，德国的VaMoRs-P系统也涉及很多无人驾驶汽车技术。我国在"八五"和"九五"期间，开始了"军用地面机器人"（Autonomous Test Bed，ATB）项目的相关研究。

为了激发相关研究人员的研究热情，推动无人驾驶汽车相关技术的发展，国内外都举办过无人驾驶汽车相关比赛。其中最具代表性的是美国DARPA无人驾驶汽车挑战赛和中国智能车未来挑战赛（Future Challenge），如图7.1和图7.2所示。这些比赛的一个共同点是：车辆在自主行驶时，不允许任何人员乘坐在车内。从一定意义上说，它们实现了真正的无人驾驶。

图7.1 美国DARPA无人驾驶汽车挑战赛

图7.2 中国智能车未来挑战赛

为研发具有自然环境感知与智能行为决策能力的无人驾驶汽车验证平台，国家自然科学基金委员会启动了"视听觉信息的认知计算"重大研究计划，并决定自2009年起，每年举办一届中国智能车未来挑战赛作为此重大研究计划的重要组成部分，旨在集成创新研发无人驾驶汽车，并通过真实道路环境下的自主行驶来检验研究成果，以促进无人驾驶汽车的研发交流及产业化应用。相比于国外研发的无人驾驶汽车，我国参加此项赛事的无人驾驶汽车更注重车辆感知自然环境并自动处理视、听觉信息的能力和效率。

第一届中国智能车未来挑战赛于2009年6月在西安举行。这次比赛的参赛队伍包括湖南大学、北京理工大学、上海交通大学、西安交通大学和意大利帕尔玛大学等。比赛要求无人驾驶汽车从起点无碰撞地自主行驶到终点。赛道中设有障碍物，考查无人驾驶汽车在直道行驶时的避障能力；设有交通信号灯，考查无人驾驶汽车识别信号灯的能力，以及红灯停、绿灯行的决策与控制能力。此外，还考查了无人驾驶汽车执行U形转弯的能力。第一届中国智能车未来挑战赛的成功举办，在中国无人驾驶汽车的发展史上具有里程碑意义，这是中国首次举办第三方无人驾驶汽车测试赛，推动了中国无人驾驶汽车驶出实验室，驶向实际环境。

第二届中国智能车未来挑战赛于2010年10月在西安长安大学举行。这届比赛分为静态交通标志识别、曲线行驶、有障碍定点泊车、寻位泊车和复杂环境综合测试5个比赛环节，主要测试无人驾驶汽车的基本能力和应对复杂环境的综合能力。

第三届中国智能车未来挑战赛于2011年10月在内蒙古自治区鄂尔多斯举行，与前两届比赛相比，这届比赛首次从封装道路环境走向真实道路环境，通过长约10 km，设有交通信号识别、静动态障碍物避让、汇入车流及U形转弯等无人驾驶行为测试内容的真实城区道路，综合测试其环境感知和智能决策能力。

第四届中国智能车未来挑战赛于2012年10月在内蒙古自治区赤峰举行。这届比赛汇聚了来自国内12所大学及14支来自科研机构的参赛车队。与往届比赛不同，这届比赛设置了长1.6 km的城市赛道和长15.8 km的乡村赛道。比赛在城区道路设置静态车辆干扰、假人通行避让、U形转弯、有人驾驶车辆干扰等测试无人驾驶汽车避让或汇入简单车流的能力，并在包括弯道和坡道等路段的乡村道路上设有雾天模拟装置，以检验无人驾驶汽车在复杂路况和恶劣天气环境下的无人行驶能力。

第五届中国智能车未来挑战赛于2013年11月在江苏常熟举行。这届比赛汇聚了国内外18支参赛车队。比赛在城郊道路（约18 km）和城区道路（约5 km）上举行，着重考核无人驾驶汽车的安全性、智能性、平稳性和速度。与以往相比，这届比赛的道路环境更加复杂和多样化，除行驶过程中常遇的障碍车、缓行车，以及道路临时阻塞和前方施工等场景外，还增加了拱桥、隧道、匝道口、学校门口等场景，重点考核无人驾驶汽车智能感知交通标志、人、车、物，以及自主决策和正确行为的控制能力。

在后续的几届比赛中参赛队伍逐渐增多，比赛主要分为无人驾驶汽车真实综合道路环境测试（高架道路环境和城区道路环境测试）和复杂环境认知水平能力离线测试两部分。这一赛事推动了无人驾驶汽车从试验场走向真实道路，从单纯的实验室研究走向校企合作，使无人驾驶汽车得到越来越多的认可。

7.1.3 无人驾驶汽车的体系结构

无人驾驶汽车的体系结构描述了汽车系统诸多部分的关系和组织架构，以及各部分之间的交互关系；定义了汽车软、硬件的组织原则、集成方法及支持程序；确定了系统的各组成模块的输入和输出。按照工作模型进行总体协调指挥，体系结构在无人驾驶汽车系统中的地位十分重要。

1. 分层递阶式体系结构

分层递阶式体系结构由感知、建模、任务规划、运动规划、运动控制和执行器等模块串联起来构成，如图 7.3 所示。前者的输出结果为后者的输入，又称为感知-模型-规划-行动结构。在这种体系结构下，执行器产生的动作不是传感器直接作用的结果，而是经过了一系列由感知、建模到规划、控制等阶段，具有解决特定任务的能力。

分层递阶式体系结构的构建根据用户对环境中已知对象的了解及相互关系的推测与分析，另一部分根据传感器模型的自主构造。这种体系结构缺乏实时性和灵活性，串联的结构系统导致可靠性不高，一个模块出现故障将导致整个系统瘫痪。这种实时反应功能只有将感知、规划、控制三者紧密集成在一个模块中才能实现。

2. 反应式体系结构

反应式体系结构是针对各种目标设计的基本行为，形成各种不同层次的能力的并联体系结构，如图 7.4 所示。每个控制层根据传感器的输入进行决策，高层次对低层次施加影响，低层次具备独立的控制系统，因此可以产生快速的响应，实时性强。整个系统可以方便灵活地实现从低层次到高层次的障碍规避，系统的鲁棒性和灵活性得到提高。此外，由于每层负责执行一个行为，且执行方式可以采用并联式，因此当一个层次模块出现故障时，其他层次仍然能够正常工作。

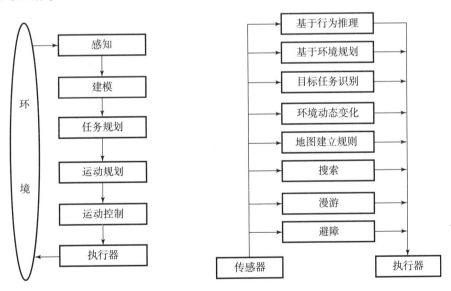

图 7.3 分层递阶式体系结构　　　　图 7.4 反应式体系结构

3. 混合式体系结构

混合式体系结构的规则在于，较低层次采用面向目标搜索的反应式行为，较高层次采用面向目标定义的递阶慎思式行为。混合式体系结构包括传感器、数据处理、数据存储、计算机建模和控制，可以实现一个或多个系统的控制，并且其中的体系可以完全自主，或通过其他方式进行交互。

体系的层次之间以时间/空间进行划分，高层次的时间和空间跨度很大，但分辨率很低；低层次的时间和空间跨度很小，分辨率很高。例如，基元层规划器的地图范围为 5 m，分辨率为 4 cm，车辆能够在狭窄的通道内前进和驻车，对路径进行精确规划；子系统规划器的地图范围为 50 m，分辨率为 40 cm，这个地图被用来规划 5 s 内的路径；车辆规划器的地图范围为 500 m，分辨率为 4 m，用于规划未来 1 min 内的路径，且考虑地形特征；区域规划器的地图范围为 5 km，分辨率为 40 m，用于规划未来 10 min 内的车辆行为。

4. Boss 无人驾驶汽车的体系结构

美国卡内基·梅隆大学研制的 Boss 无人驾驶汽车整合了现成的商业线控系统，实现了加速、制动、转向、变向挡位等自动操作。Boss 无人驾驶汽车的体系结构可以分为感知层、任务规划层、行为执行层和运动规划层等部分，如图 7.5 所示。

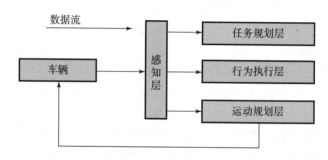

图 7.5 Boss 无人驾驶汽车的体系结构

其采用的传感器有 Applanix POS – LV220/420 GPS/LMU（APLX）、SICK LMS 291 – S05/S14 激光雷达、Velodyne HDL 64 位激光雷达、Continental ISF 172 激光雷达、IBEO Alasca XT 激光雷达、Continental ARS 300 雷达、Point Crey 摄像机。

感知层处理来自传感器的外围环境数据，包括车辆状态信息、道路信息、动态障碍物、静态障碍物地图及堵塞道路等信息。

任务规划层根据已有的路网信息计算所有到达下一任务检测点的可行路径，并与根据环境信息计算生成的可行路径进行对比，得到一个最优路径。

行为执行层结合感知层的环境信息和最优路径为运动规划层下达离散运动目标的局部任务，如车距保持、特定速度行驶、特定路线行驶等。

运动规划层包括两个规划器，用于结构化道路上行驶规划和非结构化道路的位置、方位和行驶方向的规划。两个规划器执行来自行为执行层的任务，使车辆达到任务目标，并且在任务过程中能规避任何障碍物。

7.2 无人驾驶汽车的环境感知

无人驾驶汽车的组成按照功能可分为环境感知、决策规划和车辆控制 3 个部分。其中环境感知是其他部分的基础，是实现辅助驾驶和自主驾驶的前提条件。环境感知技术在无人驾驶技术中起着非常重要的作用，如果没有环境感知功能，无人驾驶汽车就像驾驶员没有视、听觉一样。本节主要介绍无人驾驶汽车的环境感知技术基础，包括激光雷达、毫米波雷达、车载视觉传感器、基于机器人识别的道路识别、对复杂道路进行的图像预处理、行驶过程中的目标检测等。

7.2.1 环境感知的常用传感设备

在无人驾驶技术中,传感器负责提供无人驾驶汽车所需的信息,包括感知汽车自身、汽车行驶的周围环境等,为无人驾驶汽车的安全行驶提供及时、准确、可行的决策依据。因此,在无人驾驶技术中,传感器就相当于系统的感受器官,可以快速、精确地获取信息,是实现车辆安全行驶的前提。目前常用的环境感知传感器包括超声波传感器、红外线传感器、激光雷达、毫米波雷达、微波雷达、立体视觉摄像机等。根据各传感器的特点,在不同的环境下应选择不同的传感器。例如,在调整公路环境下,由于车速快,通常选用检测距离较大的微波雷达;在城市环境中,由于环境复杂,通常选用检测角度较大的激光雷达。

1. 相关传感器介绍

1)超声波传感器

超声波传感器是根据超声波的特性研制而成的传感器。超声波是一种振动频率高于声波的机械波,其频率高,波长短,绕射现象小,特别是方向性好,能够成为射线而定向传播。

超声波传感器的数据处理简单快速,检测距离较短,主要用于近距离障碍物检测。超声波在空气中传播时能量会有较大的衰减,难以得到准确的距离信息,一般不单独用于环境感知,或者仅应用于对感知精度要求不高的场合。

2)红外线传感器

红外线传感器是指利用红外线的物理性质进行测量的传感器。红外线具有反射、折射、散射、干涉、吸收等性质。红外线传感器与超声波传感器性能相似,只是红外线传感器不受光线、风、沙、雨、雪、雾的影响,因此它的环境适应性好,且功耗低。与超声波传感器相比,其探测视角小,方向性和测量精度有所提高。

目前,利用红外线传感器测距的原理主要有两种:一种是根据具有一定温度的物体会发出红外线的原理,通过检测红外线的强弱来测量距离。当物体温度一定时,物体相隔越远,红外线强度越弱。红外线强度和距离存在一定的对应关系,而通过这个对应关系就可测出物体的距离。另一种与超声波测距相似,通过检测红外线发生器发射出一定频率的红外线,到红外线接收器接收到经前方障碍物反射回来的反射波信号的时间差来求出目标距离。

3)激光雷达

激光雷达是以发射激光束来探测目标位置的雷达系统。根据扫描机构的不同,激光雷达有二维和三维两种,它们大部分都是靠旋转的反射镜将激光发射出去并通过测量发射光和物体表面反射光之间的时间差来测距的。三维激光雷达的反射镜还附加一定范围内俯仰,以达到面扫描的效果。用激光雷达测量时间差主要有脉冲检测法、相干检测法和相移检测法3种不同的方法,其中脉冲检测法是通过测量激光脉冲传播往返时间差来完成的。

二维激光雷达和三维激光雷达在无人驾驶汽车上得到了广泛应用。与三维激光雷达相比,二维激光雷达只在一个平面上扫描,结构简单,测距速度快,系统稳定可靠;但也不可否认,将二维激光雷达用于地形复杂、路面高低不平的环境时,由于其只能在一个平面上进行单线扫描,因此不可避免地会出现数据失真和虚报的现象。同时,由于数据量有限,用单个二维激光雷达也无法完成越野环境下的地形重建工作。

4) 毫米波雷达

毫米波雷达是指工作频率选在 30~300 GHz 频域（波长为 1~10 mm，即毫米波波段）的雷达。毫米波雷达波束窄，角分辨率高，频带宽，隐蔽性好，抗干扰能力强，体积小，质量小，而最大优点是可测距离远。与红外、激光设备相比，毫米波雷达具有对烟、尘、雨、雾良好的穿透传播特性，不受雨、雪等恶劣天气的影响，抗环境变化能力强。

车载毫米波雷达根据测量原理的不同，一般分为脉冲方式和调频连续波方式两种。采用脉冲方式的毫米波雷达需要在短时间内发射大功率脉冲信号，通过脉冲信号控制雷达的压控振荡器从低频瞬时跳到高频；同时，在对回波信号进行放大处理之前，需将其与发射信号进行严格的隔离。这种雷达在硬件结构上比较复杂，成本高。目前大多数车载毫米波雷达都采用调频连续波方式。毫米波雷达因其硬件体积小且不受恶劣天气影响等优点，被广泛应用于汽车的自适应巡航系统、汽车防撞系统等商用汽车产品中。调频连续波雷达的测量原理如图 7.6 所示。

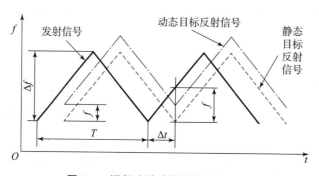

图 7.6　调频连续波雷达的测量原理

调频连续波雷达结构简单、体积小，最大的优势是可以同时得到目标的相对距离和相对速度。它的基本原理是当发射的连续调频信号遇到前方目标时，会产生与发射信号有一定延时的回波，再通过雷达的混频器进行混频处理，而混频后的结果与目标的相对距离和相对速度有关。

5) 立体视觉

人的立体感是这样建立的：双眼同时注视某物体，双眼视线交汇于一点，即注视点。从注视点反射回双眼视网膜上的光点是对应的，且这两点将信号传入大脑视频中枢合成一个物体完整的像。立体视觉不但使人看清了物体，而且使人能够辨别这一物体与周围物体间的距离、深度、凸凹等。

双目立体视觉理论建立在对人类视觉系统研究的基础上，通过双目立体图像处理，获取场景的三维信息。其结果表现为深度图，再经过进一步处理就可得到三维空间的景物，实现二维图像到三维图像的重构。采用立体视觉进行环境距离感知和障碍检测是一种很有前景的方法，但目前还有很多问题需要解决，如研究视觉像素点匹配的新方法，使其既有较好的鲁棒性，又没有太大的计算量。

6）激光雷达测距传感器

利用激光雷达测距技术可以得到车辆周围的深度信息，从而可以准确地发现车辆周围存在的障碍。

7）车载视觉传感器

车载视觉起源于生理视觉，是基于机器视觉的理论知识，并结合光学、微电子技术、计算机技术等知识及车辆运动的特点而形成的。车载视觉是无人驾驶技术的重要组成部分，相当于驾驶员的眼睛，是未来无人驾驶技术发展的重点。

（1）机器视觉的特点。机器视觉用机器代替人眼来作测量和判断，即通过图像获取装置（如CMOS和CDD）将目标的光线信号转化为图像模拟电信号，传送给专用的图像处理系统，再根据像素分布、亮度和颜色等信息，转变为数字化信号。最后，计算机对这些数字信号进行各种运算，以抽取目标的特征，进而获得相应的识别信息。一般会将机器视觉与计算机处理技术相结合，故机器视觉又称计算机视觉，它是一种利用摄像机获取图像信息，再利用计算机处理图像信息，获取识别信息的系统。

（2）车载视觉的特点。车载视觉是机器视觉在车辆上的应用，需要满足车辆行驶环境及车辆自身行驶的特点。影响车载视觉的因素主要有以下几方面：

①天气变化。天气变化主要影响场景的光线强度变化状况。光源角度直射及物体的反光会引起摄像机过度曝光，而光线过暗又会产生摄像机曝光不足。这些都会在摄像机图像中产生无纹理的高光或低光区域。

②车辆运动速度。车辆运动速度与车载视觉图像质量成反比。当车辆速度较小时，图像质量接近摄像机静止时拍摄的图像质量，质量较好；车辆速度较大时，受摄像机拍摄帧频的限制，会在所拍摄图像上产生运动模糊，失去纹理特征或产生错误纹理，而且车辆速度越大，所拍摄的图像质量就越差，对视觉算法的实时性要求也越高。

③车辆运动轨迹。车辆运动轨迹主要分为直线与曲线。当车辆运动轨迹为直线时，摄像机前、后帧图像中特征匹配重叠率较高，摄像机水平面基本与地面平行；当车辆运动轨迹为曲线时，由于车辆转弯时的惯性作用，车辆将会出现侧倾现象，使摄像机水平面倾斜于水平地面，从而降低匹配重叠率，同时对特征形状造成影响。

④随机扰动。它包括车辆轮胎的滑移及地面颠簸抖动，将使视觉图像产生运动模糊。

⑤摄像机安装位置。摄像机安装位置为分车内和车外、仰角与俯角。由于车辆一般行驶在室外阳光下，安装在车外的摄像机曝光只需要对照度进行调节即可；而安装在车内的摄像头可能受到车内阴影的干扰，使拍摄外部环境图像时产生过曝光或曝光不足的现象。同时，由于环境中光照强度不均匀，地面上会出现高、低光区域，如光斑等。摄像机视角越朝下，对照度越敏感，越容易出现过曝光或曝光不足；而摄像机视角越平行于路面，由于视觉图像中像素精度与距离成反比，因此图像算法的精度就越低。

车载视觉对视觉系统获取图像的质量要求更高：首先，摄像机输出给计算机图像的速度一定要快，这样才会给行驶中的无人驾驶汽车提供相关图像导航信息；其次，摄像机输出给计算机的图像应包含尽可能多的灰度纹理信息，尽量避免出现纯黑或纯白色区域的图像，以保证图像识别算法的顺利运行。

视频图像采集工作流程如图7.7所示。

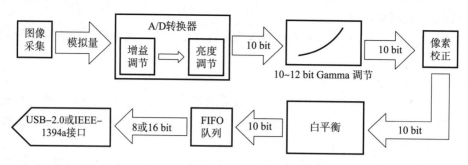

图 7.7 视频图像采集工作流程

2. 传感器标定

通过传感器标定可以确定传感器输入与输出之间的关系。无人驾驶汽车在道路上行驶时，需要通过实时识别周围环境来规划出一条安全、快速的可行驶路径，因此传感器标定是环境识别的基础。例如激光雷达和摄像机的标定、摄像机和激光雷达的联合标定对环境的识别是很重要的。

3. 时间上的数据融合

由于激光雷达、摄像机等传感器的数据采集通道不尽相同，其采样频率也各有差异，因此导致了传感器的信息采集在时间上存在差异，继而引出了需要对各传感器数据在时间上进行同步的问题。常采用 GPS 授时的方法实现传感器间的时间同步，通过给不同的传感器授予不同的 GPS 时间，将时间变量作为一个同步参数处理。该方法可以获得高精度的融合结果，但实时性受到一定的限制。当然也可以使用多线程技术和数据双缓存技术对激光雷达数据、摄像机数据等进行时间上的同步。创建激光雷达数据采集线程和摄像机数据采集线程，并利用双缓存当前数据的方法可以解决传感器自身接收机制引起的数据滞后问题，保证程序中待处理的数据是当前时刻的最新数据。

7.2.2 基于机器视觉的道路识别

1. 无人驾驶汽车环境感知

无人驾驶汽车环境感知通常需要提取路面信息，检测障碍物，并计算障碍物相对于车辆的位置。主动感传系统，如激光雷达或毫米波雷达在驾驶环境障碍物检测中显示了一些良好的性能：激光雷达通过发射和接收激光束并计算发射和接收的时间差来测距，提供了高精度的测量结果，但对恶劣天气，如雨、雾、雪等天气敏感。另外，激光雷达也有一些固有的限制，如对于很小的障碍物，如 50 m 外的电线杆，由于它们占有的扫描角小于激光雷达的分辨率，因此激光雷达无法检测到它们。毫米波雷达通过检测反射波来测距，即使在恶劣的天气下也能够提供足够的精度，近年来得到了广泛应用；但它也有缺点，通常来说毫米波雷达视场较小，测向精度较低。

驾驶员在驾驶车辆时，80% 的环境信息来自人的视觉感知。与雷达相比，视觉系统视场宽，侧向精度高，成本低，而且它是被动传感器，相对来说不受其他传感器影响，可以提供亮度和深度信息。因此，基于视觉的高效、低成本的环境感知将成为无人驾驶汽车未来产业化的主要方向。

2. 结构化道路检测

道路检测是无人驾驶汽车视觉导航研究的重要问题之一。只有精确了解车辆道路信息，才可以准确获得相对于车道的位置和方向。在真实城市交通环境中最常见的是结构化道路，结构化道路是指具有清晰车道标志和道路边界等的标准化道路。

3. 复杂环境下车道检测图像预处理

在实际道路行驶状况中，环境物体的相互遮挡、光源位置透射角度的变化，会造成摄像机外部环境的光照突然变化或光照程度不均匀，使摄像机提取的图像中出现多块纯白色或纯黑色区域，即高、低光区域。这些高光或低光区域使图像识别算法失去目标。图像预处理是解决这些问题的一种重要途径，目前存在多种图像调节方法。

4. 非结构化道路检测

有些道路，如乡村公路、土路等，在结构上符合道路的特征，但由于缺少车道线等道路标志，因此无法采用检测车道线的方法进行识别。这类道路统称为非结构化道路。对于这类道路，一般采用基于机器学习的道路检测算法。其算法框架如图7.8所示。

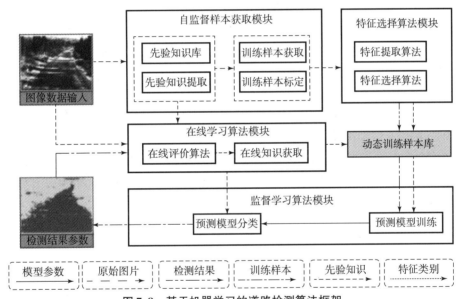

图7.8 基于机器学习的道路检测算法框架

7.2.3 行驶环境中的目标检测

可以使用单目摄像机、立体视觉、单线激光扫描、多线激光扫描、毫米波雷达、摄像机与激光扫描机的融合、摄像机与毫米波雷达的融合等实现行驶环境中的目标检测。不同类型的传感器，以及不同的型号及配置方式会带来观测空间、被感知对象的不同，并从根本上影响数据处理算法、环境感知性能及结果。在面向无人驾驶汽车环境感知总体任务实现的集成系统中，如何优化传感器系统及多模态数据融合处理框架，并在保证总体任务实现的同时，提高传感器系统及数据融合效率等问题，仍需要深入研究。

1. 行人检测

基于视觉的行人检测方法主要有基于背景建模的方法和基于统计学习的方法等。基于背景建模的方法是首先分割出前景，提取其中的运动目标，然后进一步提取特征，分类判别。

该方法的鲁棒性不高，抗干扰能力较差，而且模型过于复杂，对参数也较为敏感。基于统计学习的方法根据大量训练样本构建行人检测分类器，其所提取的特征一般有目标的灰度、边缘、纹理、形状、梯度直方图等信息。运动是行人检测中的另一个重要线索，然而在摄像机运动的情况下，有效地利用运动特征是具有挑战性的。

2. 车辆检测

基于单目视觉的车辆检测方法可分为基于外观（appearance）的方法和基于运动（motion）的方法。前者直接从单帧图像中检测车辆，而后者则使用连续帧图像进行检测。单目图像缺乏直接的深度测量，大多使用基于外观的方法。早期的单目视觉车辆检测使用图像中的对称性和边缘特征来进行检测。近年来研究人员采用更通用并具鲁棒性的特征，如HOG特征、Haar-like特征来对车辆进行检测，这些特征可被用来直接对图像中的目标进行分类和检测。

3. 交通信号灯和交通标志检测

目前，不同的国家和地区所采用的交通信号灯的样式不尽相同。我国现行的交通信号灯遵循的是国家标准《道路交通信号灯》（GB 14887—2011）和《道路交通信号灯设置与安装规范》（GB 14886—2016）。虽然交通信号灯的样式各不相同，但其灯的颜色都是由红、黄和绿或者红和绿组成。在城市环境下，车辆行驶主要遵守机动车信号灯和方向信号灯的指示。

基于色彩的交通信号灯识别方法在背景环境相对简单的情况下，如背景为天空，能够有效地检测和识别出交通信号灯；但对于背景环境相对复杂的情况，如存在车辆、行人或广告牌等影响的城市道路环境，基于色彩的交通信号灯识别方法很容易出现虚警现象。基于形状特征的识别方法可有效地减少基于色彩特征识别出的虚警，但需要建立形状特征规则。对不同样式的交通信号灯来说，需要建立不同的形状特征规则。交通信号灯识别所采用的系统结构可分为图像采集模块、图像预处理模块、识别模块和跟踪模块。其系统结构如图7.9所示。

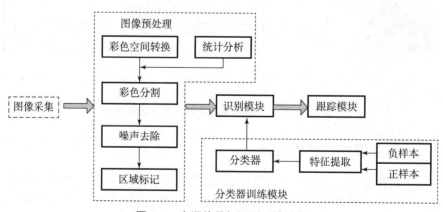

图7.9 交通信号灯识别系统结构

7.3 无人驾驶汽车的定位与导航

7.3.1 GPS与定位数据融合技术

定位技术用于提供车辆的位置、姿态等信息，是无人驾驶汽车行驶的基础。常用的定位技术有航迹推算技术、惯性导航技术、卫星导航定位技术、路标定位技术、地图匹配定位技术和视觉定位技术等。除此之外，无人驾驶汽车在未知环境中从一个未知位置开始移动，在移动过程中根据位置估计和地图进行自身定位，同时在自身定位的基础上建造增量式地图，实现自主定位和导航的技术称为同时定位和地图创建。由于任何一种单独定位技术都有无法克服的弱点，因此组合导航系统成为研究的热点。组合导航系统综合了两种或两种以上不同类型的导航传感器信息，使它们优势互补，以获得更高的导航性能。组合导航系统以其低成本、高性能的突出优点得到广泛应用。无人驾驶汽车的定位需要获得汽车的航向数据和位置数据。

在无人驾驶汽车定位系统中，航向与位置信息是通过安装在无人驾驶汽车上相应的传感器得到的。从单个传感器得到的信息存在各种干扰和误差，而使用多个传感器信息，从冗余的信息中对数据进行融合，可以得到较为精确的定位和定向信息，从而实现较高精度的航向估计和位置估计。其具体方法是在分析现有传感器的特点后建立融合模型，采用滤波算法进行融合估计。

1. 电子罗盘与速率陀螺的航向数据融合

在无人驾驶汽车定位系统中，航向与位置信息是通过安装在无人驾驶汽车上相应的传感器得到的。从单个传感器得到的信息存在各种干扰和误差，而使用多个传感器信息从冗余的信息中选择数据并对其进行融合，可以得到较为精确的定位和定向信息，从而实现较高精度的航向估计和位置估计。具体方法是在分析现有传感器的特点后建立融合模型，采用滤波算法进行融合估计。本节以电子罗盘和速率陀螺的航向数据融合模型为例进行介绍。

速率陀螺能感受载体的转向运动，不受外界环境的干扰，但存在漂移，且漂移速率不恒定；电子罗盘感受地磁场的变化，易受外界环境的干扰。这两种传感器具有很好的互补性，而且因信息源不同，测量噪声相对独立，有利于数据的融合处理。电子罗盘和低成本固态速率陀螺融合估计航向的方案，能实现低成本、较高精度、较好鲁棒性的航向估计。

2. 全球导航定位系统

卫星导航定位技术中应用最广泛的是全球导航定位系统（Global Positioning System，GPS）。GPS可以向全球用户提供连续、实时、高精度的三维位置及三维速度和时间信息；能够进行全球、全天候和实时的导航，且定位误差与时间无关，具有较高的定位和测速精度。

GPS由空间卫星系统、地面监控网和用户接收系统组成。GPS定位系统各组成部分的相应功能如下：

1）空间卫星系统

空间卫星系统指GPS卫星星座，由21颗工作卫星和3颗在轨备用卫星组成，分布在6个轨道平面中，相邻轨道之间的卫星彼此成30°角，每个轨道面上都有4颗卫星。如果定位作差分，则基准站和移动站要同步观测至少5颗卫星。

2）地面监控网

地面监控网包括1个主控站、3个注入站和5个监测站。它们的作用是实现对空间卫星的控制。主控站拥有许多以计算机为主体的设备，用于数据的收集、计算、传输和诊断等；注入站可根据各监控站提供的GPS卫星观测数据，计算星历和卫星钟的改正参数；监测站配有GPS接收机、环境数据监测仪、原子频标和处理机等，均为无人值守的数据采集中心。

3）用户接收系统

用户接收系统主要由无线电传输和计算机技术支撑的GPS接收机和GPS数据处理软件

组成。GPS 接收机的主要功能是接收、追踪、放大卫星发射的信号，获取定位的观测值，提取导航电文中的广播星历以及卫星时钟改正参数等。GPS 数据处理软件的主要功能是对 GPS 接收机获取的卫星测量记录数据进行预处理，并对处理的结果进行平差计算、坐标转换和分析综合处理，计算出用户所在位置的三维坐标、速度、方向和精确时刻等。

GPS 定位是利用到达时间测距的原理来确定用户的位置。首先测量信号从卫星发现至到达用户所经历的时间段，时间段乘以信号的速度便得到了从卫星到接收机的距离，而卫星的位置是已知的，于是通过测量与 3 个以上的卫星的距离便可以计算得到接收机的三维位置。

3. 航迹推算

航迹推算（Dead Reckoning，DR）利用载体上一时刻的位置，根据航向和速度信息，推算得到当前时刻的位置，即根据实测的无人驾驶汽车行驶距离和航向计算其位置和行驶轨迹。它一般不受外界环境的影响，但由于其本身误差是随时间累积的，故单独工作时不能长时间保持高精度。假设无人驾驶汽车为一个质点，在一个平面上作二维运动，在二维直角平面坐标系中进行运动分析。航迹推算定位方法采用绝对坐标系，坐标纵轴通常指向北方，而横轴指向东方，如图 7.10 所示。

4. GPS/罗盘/里程计融合导航定位系统

GPS/罗盘/里程计融合导航定位系统由 GPS 以及罗盘、里程计和导航计算机组成。定位系统组成框架如图 7.11 所示。GPS 独立给出无人驾驶汽车所在位置的绝对经度、纬度和海拔高度，罗盘作为航向传感器测定无人驾驶汽车的航向，而里程计作为速度传感器测定汽车在单位时间内行驶的路程。导航计算机采集各传感器数据并作航迹推算、GPS 坐标变换及相关数据预处理，由融合算法估计出无人驾驶汽车的动态位置。这与在极坐标系中通过极点、极角、距离就可以确定点的位置是相同的道理。GPS 获取汽车的绝对经度、纬度和海拔作为于极点的位置；罗盘获取汽车的航向相当于极角；里程计获取单位时间内汽车行驶里程作为距离；三个要素获取之后可以估算出动态目标的位置。GPS/罗盘/里程计融合导航定位系统是一种相对低成本的导航系统，在这个系统上进行 GPS/DR 数据融合，可以实现较高精度的导航定位。

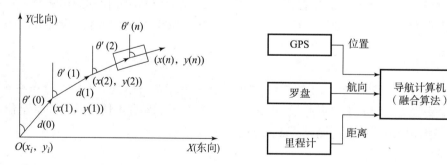

图 7.10　航迹推算定位方法　　　　图 7.11　定位系统组成框架

7.3.2　地图创建技术与 SLAM

1. 即时定位与地图创建

在先验地图已知的情况下，无人驾驶汽车可以根据已知地图不断进行自身位置的校正，实现精确定位；但在未知环境中，无人驾驶汽车完全没有或只有很少、很不完善的环境知识，其只能通过自身所带的传感器来获取环境信息，并经过信号处理抽取有效信息以构建环境地图。创建环境地图还必须知道无人驾驶汽车在各个观测点的位置，所以当无人驾驶汽车在一个未知的环境中导航时，就面临一个两难的问题，即为了创建环境地图模型，就需要知道各个时刻的位置；而为了定位，就需要知道环境的地图模型。两者相互影响，且其各自的性能都会对对方的表现产生作用。因此，需要对两个模型同时进行维护，进行同步的定位与地图创建。

即时定位与地图构建（Simultaneous Localization and Mapping, SLAM）也称并行建图与定位（Concurrent Map and Localization, CML），指的是无人驾驶汽车在未知环境中，从未知位置出发，在运动过程中通过环境信息进行车体位置与航向的确定，同时创建环境地图并对地图进行实时更新，或在已知环境中通过环境信息对车体位置和航向进行确定。SLAM 为车辆的位姿估计提供了新思路，在保证定位精度的同时，提高了定位信息的输出频率，最高能与环境传感器的信息采集频率相当。

2. 视觉里程计

随着计算机视觉技术的发展，视觉传感器越来越多地被用来进行车辆定位和运动估计。首先，视觉传感器所提供的丰富的感知信息，既可以满足车辆自定位要求，也能够为其他重要的任务提供信息，如目标检测、避障等；其次，视觉传感器相对其他传感器来说成本较低，且体积小，在布置上更为灵活。另外，基于视觉的定位和运动估计还可以独立于地形及地形-轮胎接触特性，如不受轮胎打滑的影响等。因此，近年来大量研究者对车载视觉里程计技术进行了研究，也获得了许多成果。视觉定位技术主要是根据车载摄像机实时拍摄的视频信息来计算运动物体的运动参数，以实现无人驾驶汽车的自主定位。其中，最为常见的是车载视觉里程计，它能够综合完成目标检测、避障等任务，而且成本低廉。

视觉里程计利用车载摄像机采集到的图像信息恢复车体本身的六自由度运动，包括三自由度的旋转和三自由度的平移。由于类似于里程计的航迹推算，这种基于图像信息的自运动估计方法被称为视觉里程计技术。视觉里程计的基本步骤包括特征提取、特征匹配、坐标变换和运动估计。当前大多数视觉里程计系统均基于此框架。

7.3.3 无人驾驶汽车路径规划

无人驾驶汽车路径规划是指在一定环境模型的基础上，给定无人驾驶汽车起始点和目标点后，按照性能指标规划出一条无碰撞、能安全到达目标点的有效路径。经过几十年的发展，路径规划技术已取得非常瞩目的成就。

路径规划主要包含两个步骤：建立包括障碍区域与自由区域的环境地图，以及在环境地图中选择合适的路径搜索算法，快速实时地搜索可行路径。路径规划结果对车辆行驶起着导航作用，它引导车辆从当前位置行驶到达目标位置。如图 7.12 所示，黑色曲线表示从车辆起始位置到目标位置的一条有效途径。

图 7.12 路径规划图

7.4 无人驾驶汽车的控制技术

7.4.1 无人驾驶汽车运动控制

无人驾驶汽车运动控制分为纵向控制和横向控制。纵向控制是指通过对节气门和制动的协调，实现对期望车速的精确跟随；横向控制实现无人驾驶汽车的路径跟踪，其目的是在保证车辆操纵稳定性的前提下，不仅使车辆精确跟踪期望道路，同时使车辆具有良好的动力性和乘坐舒适性。在无人驾驶汽车的行驶过程中，车辆的横向运动和纵向运动存在耦合关系，通常将纵向运动和横向运动进行解耦，设计两个独立互补的控制器，对其分别进行控制。

1. 无人驾驶汽车的纵向控制

无人驾驶汽车采用节气门和制动综合控制方法实现对预定速度的跟踪，纵向控制系统如图 7.13 所示。根据预定速度和无人驾驶汽车实测速度的偏差，节气门控制器和制动控制器根据各自的算法分别得到节气门控制量和制动控制量。切换规则根据节气门控制量、制动控制量和速度偏差确定是选择节气门控制还是制动控制。未选择的控制系统回到初始位置，如按切换规则选择了节气门控制，则制动控制执行机构将回到零初始位置。

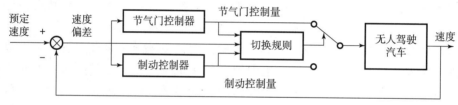

图 7.13 纵向控制系统

2. 基于滑模变结构理论的无人驾驶汽车横向控制

在道路上行驶的无人驾驶汽车由于受到许多已知或未知干扰的作用，对其横向运动的精确控制十分困难。

1) 自动转向控制系统的结构

自动转向控制系统作为无人驾驶汽车车体控制系统中的重要组成部分，主要通过控制车辆的横向运动，使车辆精确跟踪期望道路，因此其控制性能和品质直接影响无人驾驶汽车的智能行为表现。同时，由于无人驾驶汽车行驶工况的复杂性，自动转向控制系统不仅受到已知或未知的干扰作用，而且无人驾驶汽车的车速变化范围较大，因此如何设计对干扰鲁棒并且对变化车速适应的自动转向控制系统是无人驾驶汽车技术中的关键问题之一。

纵观国内外无人驾驶汽车的发展历史和现状，自动转向控制算法的设计涉及经典控制理论、现代控制理论及智能控制理论。学者们将各种理论应用于无人驾驶汽车转向控制系统中，以求良好的控制性能。由于无人驾驶汽车在行驶过程中受到干扰和不确定性的作用，因此所设计的自动转向控制算法必须对这些干扰具有鲁棒性和适应性。滑模变结构控制作为一种鲁棒控制策略，对干扰和不确定性具有较强的鲁棒性和抗干扰性。

2) 自动转向控制系统的模型

自动转向控制是通过控制前轮偏角实现对无人驾驶汽车横向运动的精确控制，以保证车辆沿期望道路行驶。因此，自动转向控制系统的输入为期望前轮偏角，而输出则为车辆与道路之间的偏差信号或车辆行驶状态。车辆与道路之间的偏差信号包括横向位置偏差、方向偏差及它们的变化率等，而车辆行驶状态是指横摆角速度、质心侧偏角（或横向速度）等。具体以哪些物理量作为输出量，取决于自动转向反馈控制系统的结构。自动转向控制系统如图 7.14 所示。

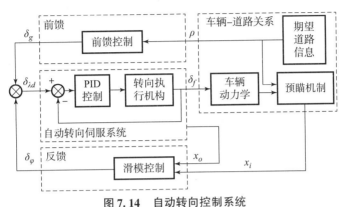

图 7.14 自动转向控制系统

3. 基于车辆动力学约束的速度规划

在车辆行驶过程中合理的纵向规划除了保证车辆的平顺行驶外，还直接影响行驶中的横向稳定性和纵向稳定性。横向稳定性指车辆的最大横向加速度不超过预设阈值，而纵向稳定性是指不会因制动距离不足导致与前方障碍物碰撞。基于环境信息的自主局部路径规划与跟踪功能模块确定了车辆当前待执行的路径。

车辆要求在保证足够制动距离的前提下尽可能地高速行驶。一方面考虑到运动规划是局部的，假设每个规划周期规划范围外的环境都是危险的，只有使待执行路径末端车速为零才能保证不会因为制动距离不足而发生正面碰撞；另一方面，在待执行路径的其他部分尽可能保持最高速度行驶。基本速度规划程序以给定路径的长度、车辆的初始速度、最大速度、期望加速度和期望减速度作为输入，确定实际的速度－路径长度关系并计算输出给定路径上任意位置的基本速度规划值。用于速度规划的指定路径如图 7.15 所示。

车辆执行给定路径的速度规划，其基本过程由加速、匀速、减速 3 部分组成。值得注意是，在车辆运行过程中不断执行速度规划，但是每个控制周期只能执行速度规划最初阶段的结果，导致速度规划的终止状态为零，这并不意味着车辆实际移动到该状态时速度降为零，而是由于车辆移动，终止状态也随之发生变化。因此车辆在规划路径上的实际速度由实时速度规划结果决定，基本速度规划结果如图 7.16 所示。

将给出路径的终止状态设置为零的好处在于，上层规划根据实际情况实时调整终止状态，能够方便地实现连续行驶、避障停车和到全局终点位置停车。当车辆连续行驶时，终点状态随车辆运动不断前移，车辆将一直不会进入减速阶段。而当遇到障碍物或到达任务终点时，上层规划将给出的路径终点固定在障碍物前方或任务终点处，车辆便能够按照速度规划结果，安全顺利地完成制动。

图7.15 用于速度规划的指定路径

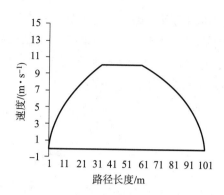

图7.16 基本速度规划结果

7.4.2 无人驾驶汽车稳定性控制

1. 汽车稳定性控制系统概述

在 ABS 和 TCS 的基础上,为了防止汽车高速行驶时失控状态的出现或加剧,近年来又出现了汽车稳定性控制(Vehicle Stability Control,VSC)系统。VSC 系统主要用来控制汽车的横摆力矩,将车轮侧偏角限制在一定范围内,并在紧急情况下对汽车的行驶状态进行主动干预,防止汽车在高速行驶的转弯或制动过程中失控。

VSC 系统主要在大侧向加速度、大侧偏角的极限工况下工作,它是利用控制左、右两侧车轮制动力或制动力矩之差产生的横摆力矩来防止出现难以控制的侧滑现象,保证汽车的路径跟踪能力和控制效果。

由于在实际行驶过程中,汽车纵向力学和侧向力学的响应同时存在,因此,在研究内容上无法将其明确地区分开,尤其对与汽车高速转弯特性相关的 VSC 系统,它同时涉及纵向和侧向动力学两方面内容。尽管 VSC 系统是以体现汽车操纵稳定性的横摆角速度和汽车侧偏角等作为控制指标,但其控制效果却主要由车轮的纵向力提供,以其产生的相应横摆力矩来实现。

2. 汽车稳定性控制系统的组成和工作原理

1)汽车稳定性控制系统的组成

汽车稳定性控制系统主要由 ABS、TCS、YSC 3 个子系统组成,其中,ABS 和 TSC 只在制动和加速时工作,直接控制车轮的纵向滑动率,提高汽车的制动或驱动性能,同时间接控制汽车的侧向稳定性;YSC 在汽车行驶的任何时刻都起作用,它直接控制汽车的侧向稳定性(由车轮侧偏角和汽车横摆角速度表征)。

最初的 VSC 系统以 ABS 和 TCS 为主,主要依赖轮速传感器提供汽车的状态信号,仅能控制各车轮的纵向滑动率,间接实现对汽车的横摆控制。近年来 VSC 系统又增加了转向盘转角传感器,可以确定驾驶者期望的行车路线,ECU 将其与汽车实际位置状态比较后,发出指令调节各轮的驱动力或制动压力,以提高汽车在转向过程中的操纵稳定性。

2)汽车稳定性控制系统的工作原理

由于制动或转向等因素,会出现汽车驶出行驶轨道或发生激转等危险工况。采用 VSC 系统的主要控制目标就是通过施加一个横摆力矩 M_z 来减少或消除汽车行驶方向的偏差,在保证驾驶员希望的行驶轨迹的同时,也保证了汽车的行驶稳定性。

VSC 系统的工作原理说明：由于汽车的行驶状态主要由行驶速度、侧向速度和横摆角速度来决定，因此，VSC 系统的 ECU 能根据转向盘转角和制动主缸压力等信号判断驾驶员的驾驶意图，计算出理想的汽车运行状态参数值，通过与传感器测得的汽车实际状态信号值的比较，根据控制逻辑算法计算出横摆力矩，然后通过控制液压调节制动系统，对汽车施加制动力，以实现所需要的汽车横摆力矩。同时，还可根据需要与发动机管理系统进行通信，改变驱动轮的驱动力，以实现对汽车运行状态的调节。

3. 控制方式

实际采用的汽车稳定性控制方法很多，其中调节车轮的制动力或驱动力的方法最为有效。其控制目标可以是汽车横摆角速度或者汽车侧偏，也可以是汽车侧偏角或滑移率。

1）控制制动系统压力

根据汽车轮距、轴距、制动器和轮胎特性等参数，有所需的横摆力矩可估算出各制动轮缸的液压参数。具体执行方式主要有以下两种：

（1）仅控制单个车轮的制动压力。

过度转向控制是通过对外侧前轮施加制动力来实现的。不足转向控制分两种情况：对前、后轮都可用于 YSC 控制的 VSC 系统，通过对内后轮施加制动力实现不足转向控制；对于只有前轮进行 YSC 控制的 VSC 系统，则是通过对内前轮施加制动力进行的。

更合理的控制方法是根据各车轮制动时的横摆力矩的变化特性，对 4 个车轮的制动力进行优化分配，从而达到控制汽车行驶轨迹、保证汽车行驶稳定性的要求。

（2）控制两个对角车轮的制动压力。

实现过度转向控制时，在对外前轮增加一定制动力变化量的同时，对内后轮减少相应的制动力变化量。在不足转向时，则对内后轮增加所需的制动力变化量，同时对外前轮减少相应的制动力变化量。由于施加的制动力矩并不改变整车制动，因此汽车的加（或减）速度并不改变。该方法的局限性是需要减压的车轮必须具备足够的初始制动力。

2）发动机控制

发动机控制就是根据与汽车稳定性要求相应的车轮驱动力，计算出所需的发动机输出转矩，将此指令送给发动机 ECU，使发动机输出转矩调整至所需值。

在驱动工况下，为了产生所需的横摆力矩变化量，必须控制驱动轮的平均驱动力矩和所需的驱动轮之间的驱动力矩差，即车轮上所需的锁止力矩与制动力矩之差。

汽车在严重不足转向工况下高速行驶时，仅用制动力控制已超出其极限，此时必须通过降低发动机的输出力矩来使车辆减速。该方法对前轮驱动的汽车效果更好。

汽车在严重过度转向的工况下高速行驶时，也因车速过快，仅用制动力不足以控制，因此必须通过降低发动机的输出力矩来使汽车减速。该方式较合适后轮驱动汽车。

7.4.3 车联网与车路协同

1. 无人驾驶汽车的机遇与挑战

无人驾驶汽车面临着前所未有的挑战。车联网使无人驾驶汽车不再是单独的移动车辆个体，通过车辆与车辆（Vehicle to Vehicle，V2V）及车辆与基础设施之间（Vehicle to Infrastructure，V2I）的通信，可以实现无人驾驶汽车与其他车辆、基础设施及人类之间的交互，形成一个庞大的信息网络。凭借这种优势，多个无人驾驶汽车之间可以完成编队，通过交叉口、多任务分配等多种优势，形成一种全新的智能交通方式，为现有的交通系统注入新的血液，促进智能交通系统的进一步升级与发展。与此同时，现有的智能交通系统也可以为无人驾驶汽车在道路上行驶提供丰富的交通信息，为其早日融入现实交通，为社会与人类服务奠定良好的基础。为了实现这一目标，国内外的政府机构、科研单位与相关企业已在无人驾驶汽车的政策法规、技术研发等方面做了很多努力，并提出了许多新的发展目标与规划。

2. 车联网与智能交通系统

无人驾驶汽车替代传统汽车还需要一定的时间，而这期间必然会存在无人驾驶汽车与传统汽车并行的时期。无人驾驶汽车不仅要实现有人驾驶与无人驾驶的无缝衔接，能够进行良好的人机交互，还要具有车与车交互的功能。车联网和智能交通系统将人、车、路综合起来，用系统的观点进行考虑，并把先进的计算机、通信、控制技术运用于交通系统，能够治理城市交通拥堵，提高交通安全水平，并为无人驾驶汽车提供技术和智能道路设施的支持，使无人驾驶汽车预知道路环境（如交通信号灯、交叉口、匝道等）的信息。可以说，车联网和智能交通系统是无人驾驶汽车技术发展的催化剂。

1) 车联网

车联网通常是指通过 V2V、V2I、V2P（Vehicle toperson，车与人）、车与传感设备等的交互，实现车辆与公众网络通信的动态移动通信系统，车联网的结构如图 7.17 所示。它利用通信、互联网和物联网技术将各种车辆进行广泛联网，进而展开各种综合应用；通过 V2V、V2P、车与路互联互通实现信息共享，收集车辆、道路和环境的信息，并在信息网络平台上对多源采集的信息进行加工、计算、共享和安全发布。

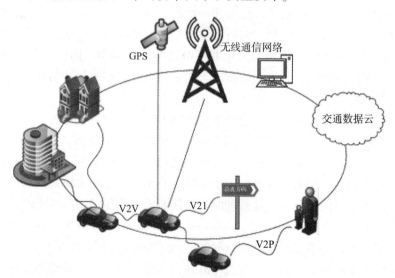

图 7.17 车联网的结构

无人驾驶汽车之间的通信可以大大降低交通事故的发生率。在公路上正常行驶的一辆汽车突然制动，后面有一辆汽车跟随，车中驾驶员从发现制动灯亮起到踩下制动踏板，这个过程需要一段时间。若驾驶员注意力不集中，需要的时间则更长。如果这两辆车可以进行通信，只要前车踩下制动，就可以同时向后车发出信号，而后车接收到信号后能迅速采取减速，甚至紧急制动。不仅如此，V2V 还可以让无人驾驶汽车提前知道彼此的存在，能降低视野盲点较大的交叉口的交通事故率。

无人驾驶汽车与道路基础设施之间的通信技术可以使汽车提前得知路口交通信号灯的状态，且道路旁的通信装置也能侦测附近一段路的拥堵情况，并发送信号给较远的车辆，从而使汽车绕开拥堵路段。道路信号也可以上传到网络中，再传送给更远的车辆，以便更多的汽车合理规划出行路线，如图 7.18 所示。

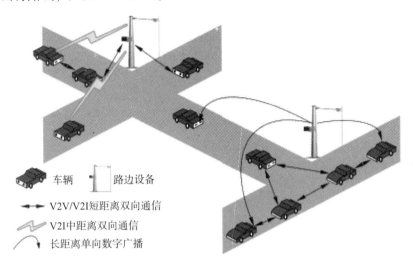

图 7.18　无人驾驶汽车与基础设施之间的通信

2）智能交通系统

智能交通系统是将先进的信息技术、通信技术、传感技术、控制技术及计算机技术等有效地集成运用于整个交通运输管理体系，从而建立起一种在大范围内全方位发挥作用的、实时、准确、高效的运输和管理系统。它以信息的收集、处理、发布、交换、分析和利用为主线，为交通参与者提供多样性服务，即利用高科技使传统交通模式变得更加智能化，更加安全、节能、高效率。

智能交通系统借助系统的智能化，可以将车辆运行调整到最佳状态，使车辆在道路上安全、自由地行驶，保障人、车与路的和谐统一，在极大地提高运输效率的同时，充分保障交通安全，改善环境质量，提高能源利用率，且管理人员能实时掌握道路与车辆的情况。智能交通系统还可以为未来高度智能的无人驾驶汽车提供良好的交互设施，使无人驾驶汽车能够更方便地服务于人。

在技术支持方面，智能交通系统能够为无人驾驶汽车提供先验信息，提高无人驾驶汽车的识别效率和识别准确率，促进无人驾驶汽车的安全可靠运行。例如，现在的无人驾驶汽车在识别交通信号灯方面仍然有一定困难。如果其交通信号灯识别模块在无人驾驶汽车行驶的过程中全程起作用，会占用大量的处理器内存，而这会造成处理器资源的浪费并且识别率低和准确率较低。将智能交通系统和无人驾驶汽车结合后，无人驾驶汽车可以提前得知交通信号灯的大致位置和可能出现的图像区域，这样在离交通信号灯一定距离时启动交通信号灯识别模块，将会大大降低其占用内存，而且在预知交通信号灯信息的情况下，需要处理的图像像素也会大大减少，这样针对某一块区域进行红、绿、黄的识别将大大提高其识别的准确率和效率，提高无人驾驶汽车的运行可靠性。

目前的智能交通系统主要涉及车辆控制、交通监控、车辆管理和旅行信息等，其组成可分为交通信息服务系统、交通管理系统、公共交通系统、车辆控制系统、物流管理系统、紧急救援系统、电子收费系统7个部分。无人驾驶汽车的发展必将促使智能交通系统发展新的技术,以适应二者之间的交互,如无人驾驶汽车与道路设施之间的传感器信息交互。在交互信息的引导下,无人驾驶汽车视觉感知与导航将会更加准确和实用。

智能交通技术和无人驾驶技术的相互促进、传感器技术和信息技术的不断发展、处理器和芯片性能的不断提高,都可能为未来的出行提供解决方案。无人驾驶汽车将是未来智能交通中的重要组成部分,无人驾驶技术和车联网技术的发展将助推智能交通迈上新的台阶。

扩展阅读

无人驾驶汽车的相关赛事

为了推进无人驾驶技术更快、更好地发展,DARPA 于 2004—2007 年共举办了 3 届 DARPA 无人驾驶挑战赛,见表 7.1。

表 7.1　DARPA 无人驾驶挑战赛

第 1 届	2004 年在美国的莫哈维沙漠进行。共有 21 支队伍参加赛事,其中 15 支队伍进入了决赛,但决赛中,没有一支队伍完成整场比赛。卡内基·梅隆大学的 Sandstorm 行驶最远,共行驶了 11.78 km
第 2 届	2005 年在美国举行,共有 195 支队伍申请参加,其中有 5 支队伍(Stanley、Sandstorm、Hlghlander、Kat-5、TerraMax)通过了全部考核项目。其中,来自斯坦福大学的 Stanley 以 30.7 km/h 的平均速度、6 时 53 分 8 秒的总时长夺冠,赢得了 200 万美金,同时,也标志着无人驾驶汽车的速度获得了重大突破
第 3 届	2007 年 11 月,DARPA 城市挑战赛在美国加利福尼亚州一个已关闭的空军基地举行。这届比赛的任务是参赛车辆在 6 小时内完成 96 km 的市区道路行驶,并要求参赛车辆遵守所有的交通规则。这届比赛不仅要求参赛车辆在完成基本的无人驾驶,检测和主动避让其他车辆的同时,还要遵守所有的交通规则。由于需要根据其他车辆的动作实时作出智能决策,这对于车辆软件来说是一个特殊的挑战。来自卡内基·梅隆大学的 Boss 以总时长 4 时 10 分 29 秒、平均速度 22.53 km/h 的成绩取得了这次挑战赛的冠军

我国的高科技公司——百度也加入了无人驾驶汽车领域的研究,其发展历程见表 7.2。

表 7.2　百度无人驾驶汽车的发展历程

2013 年	百度开始无人驾驶汽车项目,其技术核心是"百度汽车大脑"
2015 年 12 月初	百度无人驾驶汽车在北京进行自动驾驶测跑,完成了从进入高速公路到驶出高速公路这两种不同道路场景的切换
2015 年 12 月 14 日	百度宣布正式成立自动驾驶事业部
2017 年 4 月 17 日	百度展示了与博世合作开发的高速公路辅助功能增强版演示车
2018 年 7 月 4 日	百度在第二届百度 AI 开发者大会(Baidu Create2018)上宣布,其与厦门金龙合作生产的首款 Level4 级自驾巴士"阿波龙"已经量产下线

世界智能驾驶挑战赛(表 7.3)作为世界智能大会的重要组成部分,由天津市人民政府、国家发展和改革委员会、科学技术部、工业和信息化部、国家互联网信息办公室、中国工程院、中国科学院共同主办,中国汽车技术研究中心、中国生产力促进中心协会、中国人工智能学会智能驾驶专业委员会等专业机构和东丽区人民政府共同承办。世界智能驾驶挑战赛以"智能改变世界,创新驱动为未来"为主题,定位于"高起点、入主流、国际化",致力于打造世界级智能汽车品牌赛事,搭建全球性智能汽车交流平台,构建国际化技术实践测评标尺,旨在通过汽车智能化功能测评、汽车自动驾驶测评、汽车智能网联测评和汽车信息

安全测评等一系列立体化、实践性、全方位的测评，为国家决策、产品技术提升、社会消费认知提供权威、公正、第三方的服务。

表7.3 世界智能驾驶挑战赛

第1届	第1届世界智能驾驶挑战赛于2017年6月29日由天津市政府联合国家发改委等部门举办。此次挑战赛的主题为"以智能改变世界，创新驱动为未来"，共吸引了63支车队参加，参赛车队由知名企业、著名高校及研究机构的队伍组成。本次世界智能驾驶挑战赛由天津市人民政府、国家发展和改革委员会、科学技术部、工业和信息化部、国家互联网信息办公室、中国工程院、中国科学院共同主办，是世界智能大会的重要组成部分
第2届	第2届世界智能驾驶挑战赛于2018年5月15—17日成功举办。本届挑战赛由国家发展和改革委员会、科学技术部、工业和信息化部、国家互联网信息办公室、中国科学院、中国工程院、中国科学技术协会、天津市人民政府共同主办，由天津市东丽区人民政府与中国汽车技术研究中心有限公司、中国生产力促进中心协会、中国人工智能学会智能驾驶专业委员会共同承办。全国政协副主席万钢，天津市政协副主席尚斌义，中国工程院院士李德毅，英国驻广东总领事馆国际贸易部尖端制造及交通行业副总监毕伟以及天津市东丽区、中汽中心的主要领导及嘉宾出席并观看了比赛。通信电子创新基地的黄老师和黄炳华学长也受邀观看了比赛
第3届	第3届世界智能驾驶挑战赛于2019年5月15—17日在天津东丽区举办，在赛事组别方面，设置了无人驾驶挑战赛、信息安全挑战赛和虚拟场景挑战赛等3个组别，包括乡村越野赛、高速公路赛、城市街区赛和IEC极限赛（Intelligent Extreme Challenge）。其中IEC极限赛为2019年新增，测试参赛车辆在路径规划、伦理困境等方面的判断能力；另外，本届比赛调整了智能驾驶挑战赛各比赛场景和场景数量，其中乡村越野赛设置了16个场景，高速公路赛设置了5个场景，城市街区赛设置了21个场景，IEC极限赛设置了3个场景。场景的变化提高了比赛的难度，以适应智能网联汽车技术的发展需求。挑战赛改变了赛制，设置了初赛、复活赛、决赛和附加赛共4个阶段，其中附加赛可根据参赛队伍的自身情况选择参加与否，赛制的改变提高了该赛事的观赏性

参 考 文 献

[1] 国家教育委员会高等教育二司. 普通高等院校本科专业目录及简介 [M]. 北京：科学出版社，1989.

[2] 中华人民共和国教育部. 1962年高等学校招生专业介绍 [M]. 北京：高等教育出版社，1962.

[3] 中华人民共和国高等教育部. 高等学校招生升学指导（专业介绍部分）[M]. 北京：高等教育出版社，1957.

[4] 李红梅，江志斌，郑益慧. 强化工程能力培养的高校课程体系改革 [J]. 高等工程教育研究，2013（5）：140-144.

[5] 鲁植雄. 车辆工程专业导论 [M]. 北京：机械工业出版社，2016.

[6] 喻凡，林逸. 汽车系统动力学 [M]. 北京：机械工业出版社，2016.

[7] 智淑亚. 汽车车身结构与设计 [M]. 北京：机械工业出版社，2014.

[8] 肖生发，沈国助. 汽车文化 [M]. 北京：机械工业出版社，2016.

[9] 李琴. 解读汽车技术中的人文内涵 [M]. 北京：技术与应用，2009.

[10] 廖小平. 伦理的代际之维 [M]. 北京：人民出版社，2004.